Karl Theodor Kalchschmidt

Geschichte der Klosters, der Stadt und des Kirchspiels von St.

Georgen

Karl Theodor Kalchschmidt

Geschichte der Klosters, der Stadt und des Kirchspiels von St. Georgen

ISBN/EAN: 9783743302518

Hergestellt in Europa, USA, Kanada, Australien, Japan

Cover: Foto ©ninafisch / pixelio.de

Manufactured and distributed by brebook publishing software
(www.brebook.com)

Karl Theodor Kalchschmidt

Geschichte der Klosters, der Stadt und des Kirchspiels von St. Georgen

Geſchichte

des

Kloſters, der Stadt und des Kirchſpiels

St. Georgen

auf dem badiſchen Schwarzwald.

Von

Karl Theodor Kalchſchmidt.

Mit 7 Tafeln in Lichtdruck und 7 Abbildungen im Text.

Heidelberg.

Carl Winter's Univerſitätsbuchhandlung.

1895.

Vorwort.

Wie ein Bewohner eines Hauses zuweilen sich fragt, wer wohl die gewesen sind, welche vor ihm im Hause ein= und ausgingen, und was sie an Freud und Leid unter diesem Dache erlebt haben mögen, so ist es auch dem Glied einer ganzen Gemeinde von hohem Interesse, die Geschichte derselben kennen zu lernen, zumal wenn es seine Heimat= gemeinde ist.

Während einer nunmehr zehnjährigen Wirksamkeit im hiesigen Kirch= spiel habe ich mich auch mit der Geschichte desselben vertraut gemacht; und was ich zunächst zu meinem eigenen Gewinn und Genuß erforscht hatte, das glaubte ich auch für meine Gemeinde darstellen zu sollen, nachdem die „Geschichte des Klosters und der Pfarrei", eine fleißige Arbeit meines Vorgängers Ed. Christ. Martini, längst nicht mehr zu haben und nur noch in wenigen Exemplaren hier vorhanden ist. So habe ich denn bei der Abfassung dieses Buches als dessen Leserkreis in erster Reihe die Kirch= spielsgenossen im Auge gehabt; ihnen vor allen will ich erzählen, was in früheren Jahren und Jahrhunderten hier geschehen ist, was ihre Vor= fahren erstrebt und erlebt, geleistet und gelitten haben. Und nun widme ich dieses Buch meinen lieben Gemeindegliedern hin und her im Kirch= spiel als eine Arbeit ihres Pfarrers, der durch dieselbe auch in späteren Tagen noch zu ihnen reden möchte, wenn er selbst nicht mehr unter ihnen weilt; ich widme es mit dem Wunsche, daß die Geschichte der Ver= gangenheit ihnen zu einer Lehrerin der Gegenwart werde auf die Zu= kunft hin.

Durch die Geschichte des Klosters wie auch durch spätere Kapitel, namentlich dasjenige über die Uhrenmacherei und die übrige Industrie, scheint mir das Buch aber im stande zu sein, auch über das Kirchspiel hinaus einiges Interesse zu finden. Für Freunde der Klostergeschichte habe ich in den Anmerkungen die Quellen nachgewiesen und sonstige Notizen gegeben.

Von dem Großherzoglichen Generallandesarchiv in Karlsruhe und der Fürstl. Fürstenbergischen Hofbibliothek in Donaueschingen habe ich freundlichste Unterstützung erfahren. In liebenswürdiger Weise hat Herr Professor Dr. Rober in Villingen (jetzt in Rastatt), der gründliche Kenner der Geschichte unserer Gegend, mir litterarische Hinweise gegeben; eben solche habe ich von Herrn Pfarrer Dr. Bossert in Nabern, dem württembergischen Kirchenhistoriker, erhalten. Ihnen, sowie manchen andern, auch manchen Gemeindegliedern und unter diesen besonders auch den hiesigen Industriellen danke ich bestens für jede Förderung meiner Arbeit. Leider trifft den Herrn Dekan Schmoller in Derendingen, welcher als Sohn eines St. Georgianers allezeit ein lebhaftes Interesse für St. Georgen hatte und mir außer einigen Manuskripten auch ein Bild von St. Georgen aus dem Anfang des Jahrhunderts zur Verfügung gestellt hat, mein Dankesgruß nicht mehr unter den Lebenden.

Schließlich spreche ich meinem lieben Nachbarn, Herrn Robert Weißer junior, für die große Mühe, welche er sich gegeben hat, um das Büchlein mit Bildern zu schmücken, auch an dieser Stelle meinen herzlichsten Dank aus.

St. Georgen, 11. November 1894.

Kalchschmidt,

evang. Pfarrer.

Inhaltsverzeichnis.

— —

VI. Die badische Zeit.

Erster Abschnitt.

Von der Gründung des Klosters bis zum Jahrhundert der Reformation.

1. Kapitel.

Die Vorgeschichte.

er Schwarzwaldhügel, auf welchem 865 Meter über dem Meere heute die Stadt St. Georgen sich erhebt, war vor etwas mehr als 800 Jahren noch von einem „dichten, schauerlich starrenden Walde" bedeckt. Wohl hatten viele Jahrhunderte zuvor unfern die Römer sich einen Weg gebahnt und das Kloster Reichenau hatte schon seit geraumer Zeit in der Nähe seinen nördlichsten Besitz; aber auf dem Roßberg und seinem Vorhügel „war noch keine einzige menschliche Wohnung gewesen".[1]

In dieser Waldeinsamkeit entstand im Frühjahr 1084 lautes Leben. Es erschienen Klosterbrüder aus Hirschau, Artschläge erschollen durch den hohen Tann und bald grüßte eine Kapelle von der Höhe das Peterzeller Kirchlein brunten im Thal.

Damals war eine friedlose, traurige Zeit für das deutsche Reich. Kaiser Heinrich IV. und Papst Gregor VII. rangen miteinander um die Oberherrschaft. Nach dem Chronisten war „ein wüst, wild Wesen in allen Landen, kein gewiß Haupt war im Reich; so waren auch zwei

Bischöfe zu Konstanz zumal miteinander, da jeder seinen Anhang hatte, ja ein Teil den andern verfolgte". Der Papst hatte den Geistlichen verboten, von weltlichen Fürsten ein Kirchenamt anzunehmen; die Bischöfe aber, welche vom Kaiser Amt und Macht empfangen hatten, hielten zu diesem, und auf einer Synode zu Mainz kündigten 19 Erzbischöfe und Bischöfe dem Papst den Gehorsam. Andererseits waren manche deutschen Fürsten, die ihren eigenen Vorteil von einer starken Kaisermacht bedroht glaubten, auf seiten des Papstes. Sie wählten Rudolf von Schwaben zum Gegenkönig, und das Reich war von Kampf und Hader durchtobt.

Zu den eifrigen Anhängern des Papstes und des Gegenkönigs ge= hörte auch der Schirmvogt der Reichenau, Namens Hezelo*). Er wird ein Freiherr von Degernau genannt. Als Herzog Rudolf im Jahr 1080 in der Schlacht an der Elster fiel, wurde Hezelo in seinen poli= tischen Hoffnungen getäuscht; zur selben Zeit erfuhr er häusliches Leid durch den Tod seiner Gemahlin Bertha. Er beschloß darum, sich aus der Welt zurückzuziehen und dem Zug seiner Zeit folgend in ein Kloster zu gehen. Sein Ahnherr Landold I., welcher in Schwaben, im Breis= gau, Hegau und am Bodensee begütert gewesen war, hatte im Jahr 960 in Walda zu Ehren des Märtyrers Georg, des Patrons der Ritterschaft, ein Bethaus erbaut. Dieses Walda ist nicht, wie man früher immer vermutet hatte und wie auch die späteren St. Georgischen Klosterbe= wohner gemeint hatten, die Burg Walbau in Martinsweiler, sondern Königseckwald bei Hoßkirch im alten Eritgau und jetzigen württem= bergischen Oberamt Saulgau.[2]

Jene Kapelle in Walda beabsichtigte nun Hezelo zu einem Klöster= lein zu erweitern, um in dasselbe das Erbbegräbnis seiner Familie zu verlegen und selbst seine letzten Lebenstage in demselben zu verbringen. Er verband sich zu dem Zweck mit Hesso, der vermutlich dem Geschlechte der Freiherren von Usenberg angehörte. Auch dieser hatte den Wunsch, sich in ein Kloster zurückzuziehen, nachdem sein einziges Kind in einem Regenbach verunglückt war.[3]

So stifteten die beiden vornehmen und reichbegüterten Herren am 4. Januar 1083 das Kloster im Dorfe Walda.[4] In einer glänzenden Versammlung zu Eratskirch, zu welcher mehr als 30 Edelleute sich ein= gefunden hatten, übergab Hezelo mit Zustimmung seines Sohnes Her= mann dem Grafen Mangold von Alshausen das Dorf Walda mit der

---

*) Auch Hezilo, Ezel genannt.

Bestimmung, daß derselbe das in Walba zu errichtende Kloster gegen eine jährliche Abgabe dem Schutz des römischen Stuhles anvertraue. Am selben Tag und Ort hat auch Hesso fast alle seine ererbten Besitzungen in die Hand Hezelos gegeben, damit sie der Stiftung zu gut kämen. Und noch ein Dritter, Namens Konrad, übergab zum nämlichen Zweck einige Güter. Von diesem Konrad erfahren wir sonst nichts, als daß er ein Kriegsmann war.

Dieselben Herren kamen am 7. März 1083 zum zweitenmal zu= sammen, diesmal in Walba selbst. Dort überantwortete Graf Mangold die Schenkungen der Stifter dem zu gründenden Kloster. So wurde die Stiftung vollzogen und der erste Besitz gesichert. Erbaut wurde das Kloster jedoch an einem andern Orte, als den die Stifter bestimmt hatten.

2. Kapitel.
Die Gründung des Klosters.

Hezelo und Hesso wandten sich nunmehr an den Abt Wilhelm von Hirschau, damit dieser das Kloster erbaue und nach der Regel der Be= nediktiner einrichte. Wilhelm war ein Mann von großer Thatkraft und weitgehendem Einfluß. Er hatte es sich zur Lebensaufgabe gemacht, die Benediktinerklöster in Deutschland durch die sogenannte Hirschauer Regel zu erneuern und zu vereinigen. So hat er eine größere Anzahl von Klöstern teils gegründet, teils neu organisiert; man nennt dieselben Hirschauer Reformklöster. In dem Orden erhielt der Papst damals ein starkes und eifriges Werkzeug zur Verwirklichung seiner Bestrebungen. Im Jahr 1077, dem Jahr von Kanossa, hatte der Gegenkaiser Rudolf bei Abt Wilhelm in Hirschau das Pfingstfest gefeiert und die deutsche Kaisermacht hat von Hirschau aus eine tiefgehende Schädigung erfahren.[5]

Abt Wilhelm kam auf Hezilos Bitte persönlich nach Walba. Er erklärte den Ort aber für das Klosterleben als ungeeignet[6] und ver= weigerte seine Mitwirkung, wenn nicht für die Gründung ein günstigerer Platz gewählt würde. Die Stifter waren jedoch der Meinung, daß die einmal für Walba vollzogene Stiftung nicht ohne weiteres und jedenfalls nicht ohne päpstliche Genehmigung verlegt werden dürfe; Abt Wilhelm holte darum die letztere durch den Hirschauer Mönch Rupert ein, und nunmehr verlegte er die Stiftung „auf einen Schwarzwaldhügel, welcher um seiner Lage willen mit Recht der Scheitel Alemaniens genannt werden mag", d. h. nach dem Ort, wo heute St. Georgen steht.[7] Die eine

1*

Hälfte dieses Platzes gehörte dem Hezilo eigentümlich, die andere schenkte Hesso, indem er sie von Walter von Thengen gegen eine Besitzung in Fützen eintauschte.

Jetzt ging es rüstig an die Arbeit. Am 22. April 1084 erschienen Hesso und Konrad[3] nebst einigen Hirschauer Ordensbrüdern am Grün= dungsort; im Juni wurden noch einige Hirschauer Brüder nachgesandt, bald lichtete sich der Wald und auf dem freien Platze, der im Norden vom Roßberg geschützt ist und nach den andern Seiten offen einen Blick ins Brigachthal gewährt, entstand eine hölzerne*) Kapelle[9] nebst einigen Klosterzellen. Das war der bescheidene Anfang des Klosters St. Georgen, mit dessen Geschichte diejenige des Orts, welcher um das Kloster entstand und von ihm den Namen erhielt, sowie der Umgegend jahrhundertelang verbunden ist.

Am 24. Juni 1085 wurde die Holzkapelle von dem Konstanzer Bischof Gebhard in Anwesenheit des Abtes Wilhelm dem Märtyrer Georg geweiht und der künftige Zehnten aus der Nachbarschaft, soweit er noch niemand gehörte, dem Kloster geschenkt. Auf Grund dieser Be= stimmung sind hernach Furtwangen und Tennenbronn dem Kloster zehnt= pflichtig geworden. Am 16. Januar 1086 berief Hezelo noch einmal eine auserlesene Versammlung, worunter Graf Mangold von Alshausen, Bischof Gebhard von Konstanz und Abt Wilhelm von Hirschau, nach St. Georgen; er verkündete feierlich die Verlegung der Stiftung und machte dann derselben neue Schenkungen. Bald darauf nahm er die Gelegenheit einer Synode zu Konstanz wahr, um auch auf dieser die Geschichte der Stiftung kundzugeben und sich zu Gunsten derselben aller Eigentumsrechte auf die bisherigen Schenkungen öffentlich und feierlich zu begeben (am 1. April 1086).

Das war das letzte öffentliche Auftreten Hezelos. Bald darauf wurde er krank. Er ließ sich noch in den Orden aufnehmen und brachte seine letzte Lebenszeit in St. Georgen zu. Schon im März des Jahres 1088 hatte er die Überreste seiner Vorfahren in das nunmehrige Erb= begräbnis zu St. Georgen verbringen lassen, in welchem auch er bei= gesetzt wurde, als er am 1. Juni 1088 sein Leben beschlossen hatte. Er wurde als der „rechtschaffenste Schwabe und treueste Streiter des heil. Petrus" betrauert. Der zweite Stifter Hesso lebte fast 30 Jahre im Kloster und starb 1114.

---

*) Die Holzkirchen waren damals in Süddeutschland üblich.

2. Kapitel.
Die Äbte aus Hirschau.

In der ersten Zeit war das Kloster St. Georgen von Hirschau ab=
hängig. So war es der Wille der Stifter. Hezilo erbat sich von Wil=
helm den ersten Abt[10] für St. Georgen. Wilhelm sandte seinen bis=
herigen Prior Heinrich. Abt Heinrich wurde am 6. Dezember 1086
geweiht, starb aber schon am selben Tage des nächsten Jahres. Er wird
„ein rechtschaffener Mann und eifriger Förderer der klösterlichen Zucht"
genannt.

Auch den zweiten Abt setzte Wilhelm aus seinen Hirschauer Ordens=
geistlichen; derselbe hieß Konrad. Von ihm heißt es, er sei ein stiller,
frommer, tugendhafter Mann gewesen, „aber zu einfältig, als daß er
dem Amt eines Abtes hinlänglich Genüge leisten könnte". Wilhelm
setzte ihn darum noch im Jahre 1088 ab und berief ihn nach Hirschau
zurück. Nun machte sich der Stifter Hesso nach Hirschau auf und erbat
sich den Prior Theoger von Reichenbach als dritten Abt. Nach längerem
Weigern nahm dieser die Wahl schließlich an. Wilhelm brachte ihn
selbst nach St. Georgen und von Konstanz her kam der Bischof zur
Weihe auf einen Sonntag 1088. Aber Bischof Gebhard, ein Zähringer*),
konnte es nicht gestatten, daß vom Hirschauer Abt ohne sein Wissen und
seinen Willen ein Abt seines eigenen Sprengels abgesetzt und ein neuer
berufen wurde. Obwohl er selbst erst im Dezember 1084 auf Wilhelms
Empfehlung hin aus einer Hirschauer Mönchszelle auf den Konstanzer
Bischofstuhl berufen worden war, mußte er doch das eigenmächtige Vor=
gehen Wilhelms zurückweisen. Er hielt zwar an jenem Tag in St. Ge=
orgen zunächst das Amt ab, als aber dann Wilhelm mit dem neuge=
wählten Abt vortrat und dessen Weihung verlangte, verweigerte der
Bischof dieselbe solange, bis Wilhelm den neuen Abt des Gehorsams
entbunden und die volle Unabhängigkeit St. Georgens von Hirschau zu=
gesichert hätte. Diese Forderung des einstigen Schülers mußte den
Hirschauer Meister einen schweren Kampf kosten. Erst am folgenden Tag
hatte er ihn ausgekämpft. Nun wurde Theoger von Gebhard geweiht,
und seit der Zeit war St. Georgen von Hirschau unabhängig.[11]

Theoger oder Dietger hat die Würde eines Abts von St. Georgen
von 1088 bis 1118 inne gehabt.[12] Seine Wahl war jedenfalls eine

*) Bischof Gebhard war ein Bruder des Markgrafen Hermann I. von Baden,
des Ahnherrn unseres badischen Fürstenhauses.

glückliche, denn er brachte das Kloster zu hoher Blüte. Er zeichnete sich durch Frömmigkeit, Gelehrsamkeit, Kunstsinn und haushälterische Gaben aus. Gegen seine Mönche war er so streng, daß einige derselben das Kloster verließen, weil die Anforderungen in Buß= nnd Gebetsübungen ihre Kräfte überstiegen. Noch strenger war er gegen sich selbst. Manche Nacht brachte er mit Psalmengesang zu. Als sie ihn einstmals im Kloster vergeblich gesucht hatten, ging ein Mönch nach ihm aus, und er fand ihn vor der verschlossenen Thür einer hölzernen Kapelle im Gebet liegend. Der fallende Schnee hatte ihn ganz bedeckt, und der Suchende hatte ihn nur dadurch gefunden, daß sein Fuß ihn streifte.

Als Wilhelm von Hirschau am 5. Juli 1091 gestorben war, wurde Theoger das geistige Haupt der Klöster, welche die Hirschauer Regel angenommen hatten, und der Mittelpunkt der Äbte, welche die Forderungen des Papstes gegen den Kaiser im Volk zur Geltung brachten. Man rief seine Hilfe an zur Gründung oder Reformierung von Klöstern. So hat er das Kloster Hugshofen im Elsaß dem Verfall entrissen und das Kloster Gengenbach erneuert. Den Klöstern Otto=beuren in Schwaben, St. Ulrich zu Augsburg und Abmont in Steier=mark hat er aus seinen Schülern Äbte gesetzt. [13] Zeitweilig haben auch fremde Äbte sich nach St. Georgen unter Theogers Zucht begeben. Vor=nehme und Geringe kamen damals nach St. Georgen; viele gaben dem Theoger ihre Kinder, Knaben und Mädchen, zur Erziehung, was in Hirschau selbst nach der Regel nicht gestattet war.

Auch in Rom ist Theogers Bedeutung nicht unbekannt und unge=wertet geblieben: der Papst Urban gab ihm den Ehrentitel eines aus=erlesenen Sohnes der römischen Kirche.

Der Stifter Hesso reiste selbst nach Italien, und erwirkte von Papst Urban II. die Bulle vom 5. März 1095, durch welche das Kloster die päpstliche Bestätigung erhielt. Dieselbe wurde 1105 durch Paschalis II. erneuert und auf die unterdessen gemachten Erwerbungen ausgedehnt. Fernere päpstliche Bestätigungen erhielt das Kloster von Innocenz II. 1139, Alexander III. 1179, Martin IV. 1284. Für den Genuß des päpstlichen Schutzes hatte das Kloster alljährlich einen Byzantiner Gold=gulden zu entrichten, etwa ein Zwanzig=Markstück. [14] Wichtig war, daß dem Kloster das Recht zuerkannt wurde, seinen Schirmvogt selbst zu wählen.

Auch in den Schutz des römischen Reiches wurde das Kloster auf=genommen und zwar zuerst im Jahr 1108 von Kaiser Heinrich V. Im Jahr 1112 hat derselbe sein Privileg erneuert. Weitere Bestäti=

gungsbriefe erhielt das Kloster durch die Kaiser Friedrich II. 1245, Rudolf I. 1282, Karl IV. 1354 und Karl V. 1521.[16]

Theoger hat wie sein Lehrer Wilhelm einige Klöster gegründet. So stiftete er im Jahr 1102 das Frauenkloster Amtenhausen bei Donaueschingen und sammelte etwa 100 Nonnen aus vornehmem und geringem Stande in demselben. Drei Jahre später erbaute er das durch Brand zerstörte Kloster St. Marx bei Gebweiler im Elsaß wieder auf und stellte es soweit wieder her, daß eine große Anzahl Nonnen in demselben leben konnten. Ebenfalls im Elsaß hat er das Kloster Luxheim bei Saarburg erbaut.[16]

Daneben vergaß er nicht, für sein eigenes Kloster Sorge zu tragen. Im Jahr 1096 begann er, die hölzerne Kapelle und die Zellen durch steinerne Bauten zu ersetzen. Die Abteikirche und die übrigen Klostergebäude ließ er geschmackvoll ausstatten. Der Chronist erzählt: „Er hat den Anfang gemacht zu dem neuen Klostergebäude und zu unserer Lieben Frauenkirch, in Form eines Kreuzes, führte einen breiten und weiten Bau mit notwendigen Gemächern und Gewölben, die mit schönen Gemälden geziert wurden, so daß er wohl mit Augustus hätte sagen können: Ich habe ein hölzernes Haus angetroffen und ein steinernes hinterlassen".

Auch den Künsten und Wissenschaften war Theoger geneigt; er selbst hat ein Werk über Musik[17] geschrieben und eine Erklärung des Psalters verfaßt.

Unter Theoger bestand das Kloster seine erste Gefahr. Die Bauern von Asen bei Donaueschingen klagten über Beeinträchtigung im Waldgenuß und meinten: „was zuvor im Wald zu ihrem Gebrauch gemein, nehmen jetzt die Mönch' allein". Mit Spießen bewaffnet zogen sie nach St. Georgen in der Absicht, das Kloster zu zerstören. Die Mönche waren gerade in der Kirche versammelt und sangen Psalmen. Durch diesen Gesang seien die vor dem Thor stehenden Aufrührer so erschüttert worden, daß sie ihre feindliche Absicht aufgaben, um Verzeihung baten, Geschenke brachten, sogar sich selbst in die Leibeigenschaft des Klosters gaben. Nach einem andern Bericht habe aber vielmehr der Schirmvogt Berthold „die Bauern zu Paaren getrieben und den Aufstand glücklich gedämpft".

Diese Gefahr war glücklich abgewendet; der Anfang des neuen Jahrhunderts brachte eine andere Not. Eine allgemeine Teurung, die infolge der Kriegsjahre und anhaltenden Mißwachses entstanden war, hatte im Jahr 1101 ihren Höhepunkt erreicht. Auch in St. Georgen herrschte bittere Not. Es fehlte sogar das trockene Brot im Kasten, und die Mönche faßten daher schon die Auswanderung nach befreundeten Klöstern ins Auge. Doch kamen sie über die nächste Not dadurch hinaus, daß Theoger 60 Pfund Silber leihweise aufnahm. In jener Zeit kehrte ein reicher Wormser Bürger Namens Leutfried krank im Kloster ein. Er fand liebevolle Pflege und ließ sich als Mönch auf= nehmen. Als er drei Tage darauf starb, fielen seine Güter dem Kloster zu.

Gegen Ende seines Lebens ward Theoger noch zu einer höheren Würde berufen. Während er auf einer Visitationsreise im Elsaß gerade im Frauenkloster St. Marx sich aufhielt, kam ihm die Nachricht zu, daß er zum Bischof in Metz erwählt sei. Dort hatte der Kardinal Kuno von Paläftrina im Namen des Papstes den kaiserlich gesinnten Bischof ab= gesetzt und die Wahl der päpftlich Gesinnten war auf den Abt des fernen Schwarzwaldklosters gefallen. Dieser weigerte sich, sie anzunehmen, da er der Sohn eines Priesters sei wie die meisten seiner Vorfahren. Kuno drohte jedoch dem Abt, der nicht ziehen wollte, und seinen Mönchen, die ihn nicht lassen wollten, mit dem Bann, wenn er nicht bald sein neues Amt antreten würde.[18] So folgte denn Theoger mit schwerem Herzen dem Ruf. Mit den Worten: „Bewahr dich Gott, du Kloster; möglicher ist, daß dir an Holz denn am zeitlichen Gut gebreche" verließ er nach schmerzlichem Abschied von den Brüdern die alte Heimat. In Corvey empfing er vom Kardinal die Bischofsweihe; aber seines Bischofs= amtes ist er nicht froh geworden. Die Metzer hielten ihm die Thore verschlossen, so daß er seine Bischofsstadt nie betreten hat. Vor dem Stadtthore wurden ihm im Tumult die Gewänder vom Leib gerissen und der Krummstab entwunden. Er kehrte um, und nachdem er noch an der Synode zu Rheims teilgenommen hatte, kam er im Gefolge des Papstes Calirt II. in das Kloster Kluny, in welchem er einige Monate zubrachte. Hier beschloß er am 29. April 1120 sein thatenreiches und wechselvolles Leben.

2. Kapitel.

Die übrigen Äbte bis zum 16. Jahrhundert.

Unterdessen war in St. Georgen Abt Werner erwählt worden. Er war ein Freiherr von Zimmern und regierte von 1118 bis 1134. Wir finden ihn noch in den Fußstapfen Theogers. Auch er erneuerte einige Klöster. So sandte er nach Gengenbach einen Abt, um die von Theoger

begonnene Reformierung des bortigen Klosters zu vollenden. Nach
Prüflingen in Bayern gab er seinen Prior Erbo[19] und nach Matters=
dorf den Mönch Eppo als Abt. Auch er hat einige neue Klöster ge=
gründet. Als er eines Tages (es war im Jahr 1123) mit dem Abt
von Reichenau gegen Neustadt ritt, strauchelte sein Pferd und stürzte mit
ihm in die Tiefe. Die Begleiter stiegen auf mühevollem Pfad in das
Thal hinab und vermeinten, den Abt zerschmettert aufzufinden; sie trafen
ihn aber zu ihrer freudigen Überraschung unversehrt in einer Kapelle im
Gebet. Zum Dank für die wunderbare Errettung erbaute Werner an
diesem Ort das Frauenkloster Friedenweiler bei Neustadt. Im Jahr
1126 gründete er das Nonnenkloster St. Johann bei Zabern im Elsaß
und im folgenden Jahr stiftete er das ablige Nonnenkloster zu Urspringen
bei Schelklingen in Schwaben. Ferner kamen zu Werners Zeit einige
weitere Klöster unter die Aufsicht St. Georgens, nämlich Krauchthal im
Elsaß und Wibersdorf im Westrich (Lothringen).[20] Abt Werner starb
am 14. Dezember 1134, nachdem er das Kloster um eine größere Anzahl
von Gütern vermehrt hatte.

Das Kloster war rasch zu großer Blüte gekommen; balb jedoch
zeigten sich Spuren des Zerfalls. Schon unter Werners Nachfolger
Friedrich, welcher zunächst von 1135 bis 1138 die Würde innehatte,
ging die Klosterzucht zurück. Er war nicht durch einhellige Wahl berufen,
sondern „durch Trug" gewählt. Die Mönche, welche ihm ihre Stimme
nicht gegeben hatten, versagten den Gehorsam und verklagten den Abt
beim römischen Stuhl. Der Papst Innocenz II. nötigte den Abt zurück=
zutreten, worauf Johannes von Falkenstein erwählt wurde aus dem
Geschlecht der Falkensteiner, die auf den Schlössern bei Schramberg
wohnten.[21] Er erlangte 1139 vom Papst die Bestätigung aller Rechte
und Freiheiten des Klosters, und setzte es durch, daß das Klosterkapitel
dem Hause Falkenstein die Schirmvogtei erbweise übertrug. Im Jahr
1141 dankte er ab und nun kam sein Vorgänger Friedrich wieder zu
Ehren. Dieser wurde jetzt einstimmig wiedergewählt und „mit großen
Ehren in sein Amt eingesetzt", das er noch 13 Jahre verwaltete.

In der Zeit von 1154 bis 1168 finden wir als Abt einen gewissen
Sintram, der irrtümlicherweise sonst auch Guntram genannt wird.[22]
Er erlangte von Friedrich dem Rotbart im Jahr 1163 einen kaiserlichen
Gnadenbrief, in welchem der Besitz des Klosters Lurheim bestätigt wurde.
Von seinem Nachfolger Werner II. (1108—1170) ist nichts weiter be=
kannt. Von 1170 bis 1188 besaß Mangolb die Prälatur. Er war

aus vornehmem Geschlecht, ein Sohn des Grafen Diepold von Berg. Drei seiner Brüder waren Bischöfe. In der ihm erteilten Bulle Alexanders III. wird zum erstenmal Rippolbsau[23] erwähnt. Die Zelle St. Nikolaus zu Rippolbsau war ein Priorat, das ganz unter St. Ge= orgen stand. Die St. Georgener Mönche haben die Rippolbsauer Wasser fleißig gebraucht. Es waren nunmehr neun Klöster, die unter St. Ge= orgen standen und vom Abt zu St. Georgen von Zeit zu Zeit visitiert wurden, nämlich: Amtenhausen, Friedenweiler, Rippolbsau; Urspringen; St. Marx, St. Johann, Luxheim, Krauchthal; Wibersdorf.

Abt Mangold trat 1188 zurück. Sein Nachfolger Albert wurde nach zwei Jahren abgesetzt. „Hierdurch bei den vaterlosen Brüdern zu St. Georgen das sehnliche Verlangen nach ihrem ehevorigen Hirten Mangold rege gemacht wurde." So kehrte Mangold 1190 in die Prälatur zurück, allein noch im selben Jahr wurde er abberufen. Er war zunächst Abt in Tegernsee und Kremsmünster, von 1206 an Bischof von Passau; als solcher starb er 1215.[24]

In St. Georgen folgte ihm Dietrich (oder Theodorich, 1191 bis 1209) und auf diesen kam Burkard (1209—1220). Er kaufte von Ulrich von Gunbelfingen die Kapellen und Güter zu Diebenhofen und Herbrechtshofen. Zu seiner Zeit starb das Geschlecht der Herzöge von Zähringen aus, welche des Klosters Schirmvögte waren.

Unter Heinrich II., der 39 Jahre lang (von 1220—1259) die Abtei besaß, wurde St. Georgen von einem schweren Unglück heimgesucht. Der Blitz schlug im Jahre 1224 in die Abteikirche und zerstörte sie mit den meisten übrigen Klostergebäuden.[25] Das Kloster konnte die Unkosten des Neubaus aus eigenen Mitteln nicht bestreiten und der Abt wandte sich darum an weitere Kreise mit der Bitte um Unterstützung. Die letztere ist ihm auch reichlich zu teil geworden.

Damals regierte Kaiser Friedrich II., der Hohenstaufe. Der alte Haber zwischen Kaiser und Papst war wieder entbrannt. Der Kaiser war im Bann und die Reichsstände darum teils für ihn teils wider ihn. Abt Heinrich stand auf seiten des Kaisers, der ihm 1245 einen Freiheits= brief ausstellte, in welchem er alle früheren Freiheiten mit Ausnahme der Schirmvogtei bestätigte. Doch hielt sich der Kaiser meist in Italien auf und in Deutschland war Wilhelm von Holland Gegenkönig ge= worden, so daß der Abt von der kaiserlichen Gunst wenig Gewinn hatte. Auch scheinen ihm die Anhänger des Kaisers Friedrich nicht getraut zu haben, denn sie brandschatzten das Kloster und brachten es in Schulden.[26]

Darum näherte sich der Abt dem Papste wieder und zwar durch die
Vermittlung des Bischofs Heinrich von Straßburg und des Grafen Ul=
rich von Württemberg. Auf ihre Bitte hin erteilte der Papst dem Kloster
im Jahr 1248 die Erlaubnis, die Einkünfte von zehn Patronatskirchen
auf ein Jahr zum Klosterbau zu verwenden, doch so, daß es den Unter=
halt der Kirchendiener bestritt.

Dreißig Jahre lang war an der neuen Kirche und dem Kloster
gebaut worden; 1255 vollzog der Bischof Eberhard von Konstanz die
Einweihung.

In dieser Zeit begann das Interregnum, das Zwischenreich, während
dessen das deutsche Reich kein einheimisches Haupt hatte und das Faust=
recht nur die Gewalt des Stärkeren gelten ließ. Bei der allgemeinen
Unsicherheit ließ Abt Heinrich die Urkunden über des Klosters Besitz
und Freiheiten vervielfältigen und die Abschriften an verschiedenen Orten
verwahren.

Auch der nächste Abt, Dietmar (1259—1280), hatte unter dem
Faustrecht zu leiden. Ein Edelmann, von Werenwag, beschimpfte und
mißhandelte ihn, ja er warf ihn in das Gefängnis. Vom Aussatz be=
fallen, ließ er ihn jedoch wieder frei. Noch üblere Behandlung erfuhr
der Abt durch das Faustrecht im eigenen Kloster. Die Klosterzucht war
damals zerfallen. Die Mönche bezogen wieder eigene Einkünfte, die sie
für sich verbrauchen durften. So stiftete 1279 der Villinger Bürger
Dieprecht Liebermann dem Kloster ein Zinsgut zur Unterhaltung des
ewigen Lichtes mit der Bestimmung, daß sein Sohn, ein St. Georgener
Mönch, zu seinen Lebzeiten die Nutznießung des Gutes haben solle. In
solcher Zeit empörten sich die Mönche wider den Abt und einer derselben
brachte ihm während des Gottesdienstes eine schwere Wunde bei. Doch
erholte sich der Mißhandelte wieder.[27] Er starb am 12. April 1280.

Nach ihm kam Bertholb (1280—1284). Irrtümlicherweise wird
dieser sonst Eberhard genannt.[28] Er soll im Jahr 1282 am Reichstag
zu Augsburg teilgenommen und den Titel eines Reichsfürsten erhalten
haben. Kaiser Rudolf I., der Habsburger, erteilte ihm ein Diplom, in
welchem er die Rechte und Freiheiten seines Klosters bestätigte und dessen
Treue gegen den Kaiser belobte.[29]

Im Juni 1283 wurde zwischen den Klöstern St. Georgen und
Zwiefalten, welche beide den Anspruch auf Reichsunmittelbarkeit machten,
ein Bruderbund geschlossen, durch welchen sie sich gegenseitig Hilfe in
der Not, ja Sitz und Stimme in den Kapiteln zusicherten.[30]

„Da in vielen Ländern die Klöster für unfähig zu erben geachtet werden", so erlaubte Papst Martin IV. im Jahr 1284 dem Kloster, von allen Gütern, sofern sie nicht Lehen waren, Besitz zu nehmen, die durch Erbschaft oder unter sonstigem Rechtstitel den Klostergeistlichen zu= fallen würden. Zu jener Zeit waren die Einkünfte des Klosters so ver= mindert, daß Bertholb von Hausach elf Mark Silber zur Auslösung verpfändeter Güter lieh.

Von Abt Walter (1284—1286) ist aus seiner kurzen Amtszeit nichts zu berichten. Sein Nachfolger Burkard (1286—1289) führte wegen einer Strecke Waldes im Breitenbrunn einen Prozeß mit der Stadt Villingen; im Jahr 1291 verglich sich Abt Berthold II. (1289—1307)[31] dahin, daß er den strittigen Platz zwischen dem Rehlin= walb und dem Breitenbrunn den Villingern überließ, wogegen er 30 Mark Silber und „den Garten bei der Roßgrube" erhielt. Zu Bertholds Zeit verkaufte Heinrich von Kürneck im Jahr 1292 die Grundstücke um sein Schloß Kürneck, die er sieben Jahre zuvor von der Stadt Villingen geschenkt erhalten hatte, um 27 Mark gangbare Münze an das Kloster.

Von Interesse ist uns aus der Zeit des Abtes Ulrich, der ein Herzog von Teck war und von 1307 bis 1334 regierte, daß derselbe mit zwei seiner Brüder, die gleichfalls im Kloster waren, eine Stiftung für das Siechenhaus machte. Dieses Spital stand auf dem Gut des sog. Märgenbeck und von ihm hat das Gewann noch heute den Namen Spittelberg. Abt Ulrich schenkte unter anderem den Garten beim Spital. Im Jahr 1328 fand ein nicht bedeutender Klosterbrand statt; die re= staurierten Gebäude wurden am 12. Oktober jenes Jahres wieder geweiht.

Von Heinrich III., einem Freiherrn von Stein (1334—1347), ist überliefert, daß er ein trauriges Ende nahm. Als er eines Tages von einer Visitationsreise nach Elsaß und Lothringen zurückkehrend in Gengenbach übernachtete, wurde er — es war am 7. Oktober 1347 — am Morgen tot im Bett gefunden. Der Chronist berichtet, man habe den Kaplan des Abtes, Ulrich von Trochtelfingen, der mit ihm geritten war, im Verdacht gehabt, seinen Herrn ermordet zu haben.[32]

Merkwürdigerweise wurde dieser Kaplan trotz des Verdachtes der Blutschuld zum Nachfolger des Ermordeten erwählt. Er hat als Ulrich II. von 1347 bis 1368 die Würde innegehabt, aber unwürdig und zum Schaden des Klosters regiert. Der Chronist bemerkt mit einiger Bos= heit von ihm: „hat einen Teufel in seinem Schilt". Unter Ulrich wurden die gottesdienstlichen Übungen vernachlässigt, die Zahl der Mönche ver=

minderte sich, das Klostergut wurde vergeudet und zu allem Unglück brannte das Kloster zweimal ab (zwischen 1350 und 1360). Bischof Heinrich von Konstanz setzte den „heidnischen und zänkischen" Mann als einen „unnützen Herrn" ab und Johann II., Graf von Sulz, ein Reichenauer Mönch, besaß von 1359 bis 1364 die Prälatur. Der Trochtelfinger appellierte jedoch an den Papst und wurde von diesem wieder in sein Amt eingesetzt. Johann kehrte darum im Jahr 1364 nach der Reichenau zurück. Der wiedereingesetzte Ulrich getraute sich jedoch nicht wieder nach St. Georgen: er wohnte im St. Georgischen Pfleghof zu Rottweil, wo er am 9. März 1368 starb. Über seinen Tod habe „das ganze Land sich gefreut".[33]

Eberhard der Kanzler, der auf ihn folgte und 1368—1382 regierte, brachte das Kloster wieder in besseren Stand. Er sorgte für den Gottesdienst, stellte die Klosterzucht wieder her, richtete die Gebäude wieder auf, entlastete die Güter und vermehrte sie. Mit den damaligen Schirmvögten scheint das Kloster bittere Erfahrungen gemacht zu haben, denn im Jahre 1379 faßte der Konvent den einstimmigen Beschluß, keinen aus dem Geschlechte der Schirmvögte von Falkenstein mehr in das Kloster aufzunehmen. Sollten die letzteren eine Abtwahl zu beeinflussen suchen, so sei diese an einem anderen Orte vorzunehmen. Dieser Beschluß solle künftig in jedem Jahre vom Prior dem Konvent vorgelesen und dann von allen aufs neue beschworen werden.[34]

Der nächste Abt, Heinrich Grüel (Griewel oder Grambiel), von 1382—1391, war zuvor Prior in Amtenhausen gewesen und machte als Abt mit diesem Kloster einen Vertrag, der ihn als Abt auch über Amtenhausen bestätigte.

Einen tüchtigen Abt hatte das Kloster von 1391—1427 in Johannes Kern.[35] Derselbe erweiterte die Klostergebäude und erhielt zu dem Zweck den Großzehnten von Schwenningen vom damaligen Rektor Mittelhofer an der dortigen Pfarrkirche. Abt Johannes bestimmte, daß künftig nicht nur wie bisher adlige Personen, sondern Angehörige jedes Standes im Kloster aufgenommen werden durften. Sein Ansehen nach außen war so groß, daß er zur Zeit des Konstanzer Konzils im Jahre 1417 dem Provinzialkapitel des Benediktinerordens zu präsidieren berufen wurde. Hervorragende Männer haben ihn mit dem Titel eines Fürstabtes geehrt.

Von den nächstfolgenden Äbten ist wenig zu melden. Silvester Billing aus Eßlingen regierte von 1427—1433, Heinrich Ungericht von 1434—1457. Letzterer war aus einer angesehenen Familie zu Sulz, wie auch der nach ihm kommende Abt Johann Schwigger (1457 bis 1467). Dessen Nachfolger Heinrich Marschall, der aus vornehmem Geschlechte war und von 1467—1474 den Abtsstab führte, hatte allerlei Verdrießlichkeiten mit einem Leibeigenen des Klosters, Georg Reuter aus Kürnach, welcher im Verein mit anderen dem Kloster durch Räubereien Schaden zufügte und in Hornberg hingerichtet wurde.

Der letzte Abt, von welchem in diesem Kapitel noch die Rede sein soll, ist Georg von Asth, der von 1474—1505 die Prälatur innehatte. Aus seiner Zeit ist uns zunächst von Wichtigkeit, daß in seinem ersten Jahr ein Klosterbrand sich ereignete. „Das Gotteshaus und Viehhof verbrunnen, so daß Georg viel bauen muß.“ Da dieses die letzte Brand=heimsuchung ist, aus welcher das Kloster wieder erstand, so unterbrechen wir die Geschichte der Äbte und des Klosters, um einmal auf die Kloster-gebäulichkeiten einen Blick zu werfen und sodann nach dem übrigen Be-sitz wie auch nach dem Rechtsstand des Klosters zu fragen.

Zweiter Abschnitt.
Die Gebäulichkeiten, der Besitz- und Gerichtsstand des Klosters.

1. Kapitel.
Die Klostergebäude.

Der im Frühjahr 1084 aufgeführte Bau bestand, wie wir schon gehört haben, aus einer hölzernen Kapelle und einigen gleichfalls aus Holz errichteten Zellen. Schon Abt Theoger ließ an ihrer Stelle steinerne Gebäude aufrichten. Später wurden mannigfache Erweiterungen vorgenommen. Das Kloster wurde in den Jahren 1224, 1328, 1350—1360, 1474 von Brandunglück betroffen, was mancherlei Veränderungen verursacht haben wird. Doch dürfen wir annehmen, daß Theogers ursprünglicher Bauplan im ganzen auch in der Folgezeit eingehalten worden ist. Denn bei den meisten Klöstern des Mittelalters finden wir dieselben Grundformen. In der Regel schließen sich an die Nord-, oft auch an die Südseite der Kirche die Hauptgebäude des Klosters zu einem Quadrat an. Rings um dieses läuft nach dem Hofe zu geöffnet der sogenannte Kreuzgang, ein Hallengang, auf welchen alle anstoßenden Gelasse führen. Das Kloster St. Georgen war so angelegt, daß die Kirche den nördlichen Flügel, die Prälatur die Ostfront und die Wohnung der Mönche den südlichen Flügel eines nach Westen hin offenen Vierecks bildeten.[1] Dasselbe finden wir bei dem Kloster, das die hiesigen Benediktiner in Villingen erbauten, nachdem sie von hier vertrieben worden waren.

Die Abteikirche war „unserer lieben Frau" geweiht und von Theoger in Kreuzform angelegt. Sie hatte zehn Altäre; es wird ein Altar des Petrus, Paulus, der h. Katharina, ein Kreuzaltar und ein Altar des Begräbnisses des Herrn genannt. Nach den Angaben Martinis, die auf ben Ausmessungen bes früheren Klosterknechts und Amtsbieners, späteren Accisors Gottfried Schlegel beruhen, war die Kirche 77,7 Meter lang; das Schiff hatte eine Breite von 14,7 und der Chor eine solche von etwa 10 Meter. Im Jahre 1754 schreibt der damalige Pfarrer von St. Georgen, Johann Georg Wüst, zu dessen Zeit die Wände des Chors noch in ihrer ganzen Höhe aus den Trümmern ragten, derselbe sei allein so groß gewesen, als sonst eine Dorfkirche zu sein pflege. Unter dem Chor befand sich das Erbbegräbnis des Stifters Hezilo; es wurde mit Hermann, dem Sohne Hezilos, abgeschlossen. Aus Hezilos Geschlecht wurden in St. Georgen begraben[2]:

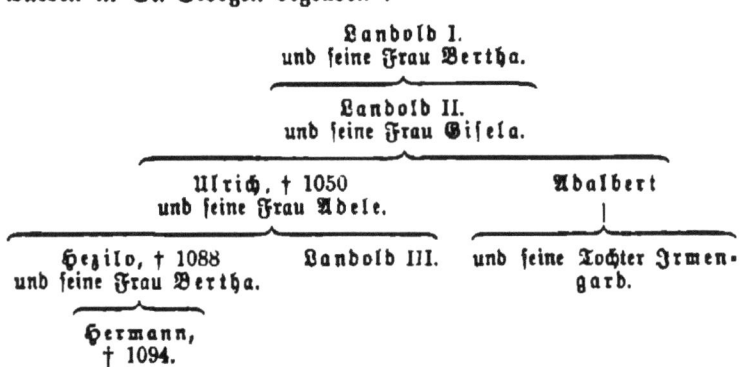

Landolb I.
und seine Frau Bertha.

Landolb II.
und seine Frau Gisela.

Ulrich, † 1050   Abalbert
und seine Frau Adele.

Hezilo, † 1088   Landolb III.   und seine Tochter Irmen-
und seine Frau Bertha.   garb.

Hermann,
† 1094.

Am 30. März 1085 hatte Hezelo die Gebeine seiner Vorfahren und die einer Kammerfrau seiner Mutter von Walba nach St. Georgen überführen lassen; er selbst wurde 1088 und sein Sohn Hermann, der letzte des Geschlechtes, im Jahr 1094 in St. Georgen beigesetzt.

Westlich von der Kirche stand, rechts vom vorderen Eingang derselben, der Turm, dessen Modell noch heute in unserer evangelischen Kirche zu den Füßen eines St. Georgstandbildes zu sehen ist. Auch sollen zwei Nebentürme vorhanden gewesen sein.

Mit der Kirche war da, wo heute die Kleinkinderschule steht, durch die Sakristei[3] verbunden die Prälatur. Sie enthielt die Wohnung des Abtes, eine unterirdische Kapelle des heil. Benedikt und eine weitere Kapelle unter der Abtstube. Diese war „allen Heiligen" geweiht und in ihr war das Erbbegräbnis der Herren von Burgberg. Sie wurde im Jahr 1296 von den Herren Hugo, Krafto und Konrad von Burgberg erbaut[4] und 1297 geweiht, zugleich mit den Einkünften von vier Höfen in Tunningen begabt. Endlich wird noch eine dritte Kapelle innerhalb der Präfektur erwähnt, welche „die obere" heißt.

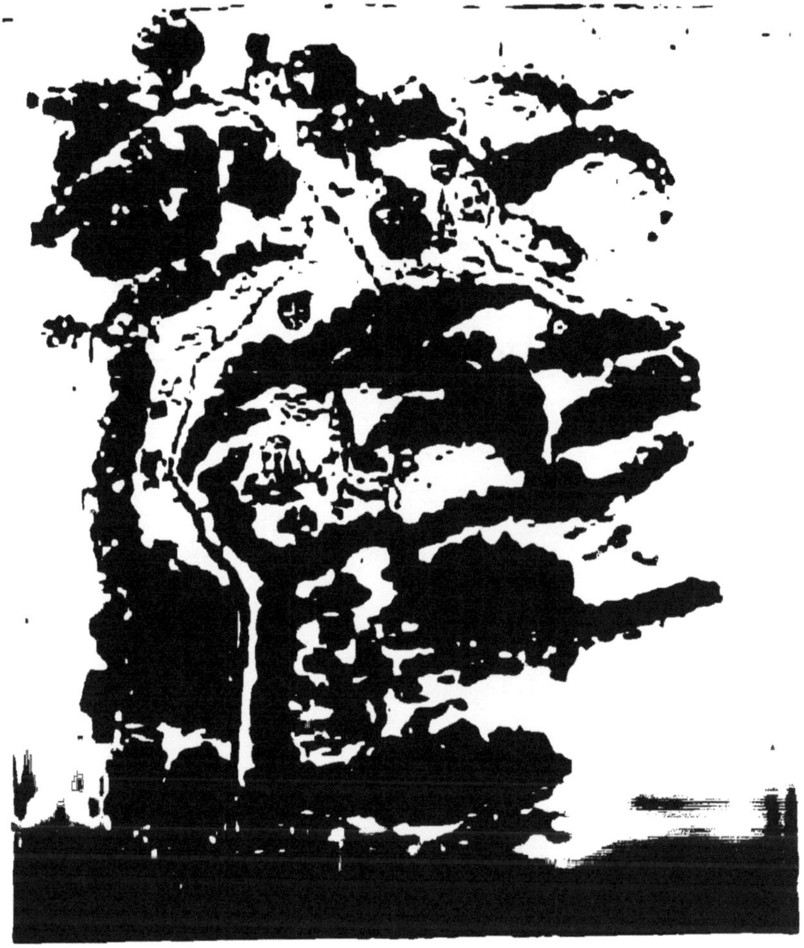

Teil eines [illegible] aus dem [illegible]

ben Aus
Accifors
bas Schi
10 Met
Georgen
noch in
so groß
Chor be
Hermar
wurden

H
unb se

Q
unb b
überfi
letzte

selben
Kirch
sollen

bie E
Abte
Rapu
in i
im
berg
Höf
inne

Teil eines alten Bildes aus dem Klosterarchiv.

Der Südflügel umfaßte ohne Zweifel die Zellen der Mönche, das Refektorium (Speisesaal) und die Kellereien.

Vielleicht westlich von diesem Flügel stand eine Kapelle der heil. Jungfrau. In dieser war das Begräbnis der Freiherren von Zimmern. Noch zu Lebzeiten des Hezilo war Herr Werner von Zimmern in das Kloster eingetreten, nachdem er seine Gemahlin, eine Gräfin Sophie von Veringen, hier hatte beerdigen lassen.[5]

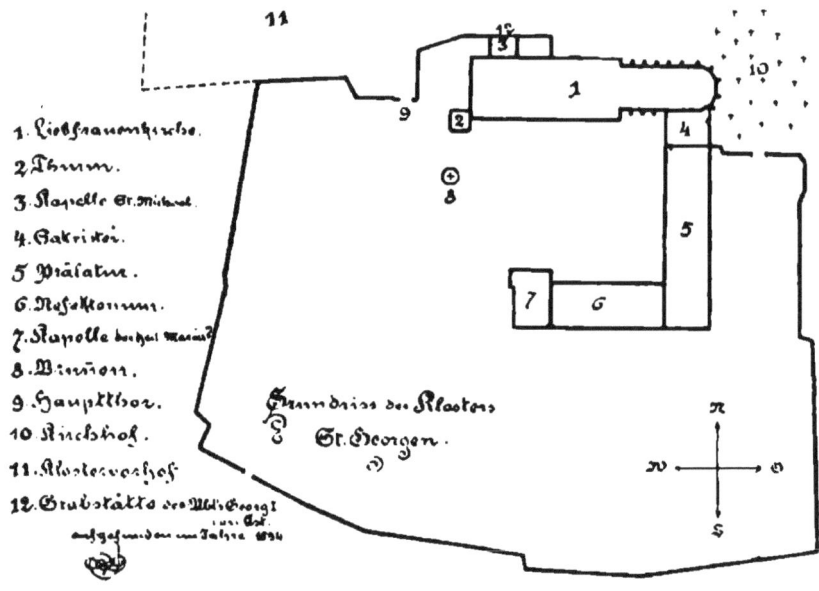

1. Liebfrauenkirche.
2. Thurm.
3. Kapelle St. Michael.
4. Sakristei.
5. Prälatur.
6. Refektorium.
7. Kapelle der heil. Maria?
8. Brunnen.
9. Hauptthor.
10. Kirchhof.
11. Klostervorhof
12. Grabstätte des Abts Georg I.
    und Graf.
    aufgefunden im Jahre 1894.

Grundriss des Klosters
St. Georgen.

Nach seinem Tode wurde er an ihrer Seite beigesetzt und seine Söhne erbauten dann diese Kapelle zu einem Erbbegräbnis ihres Geschlechtes. Sie hatte mehrere Altäre. Dem Altar des heil. Michael schenkte Hugo von Biesingen ein Gütchen in Dauchingen (1281). Ein Werner von Zimmern stiftete das Erträgnis einer Wiese bei Thierstein, und Mar= garetha von Ramsperg schenkte Einkünfte aus der Langenschiltach. Aus einer Widmung, welche Burkard von Falkenstein dem Altar der heil. Katharina machte (Güter in Niebereschach), ersehen wir, daß auch die Herren von Falkenstein hier ihre Gruft hatten.[6] Mithin waren im Kloster St. Georgen außer der Gruft der Stifter noch die Begräbnis= stätten der Abelsgeschlechter von Zimmern, von Falkenstein und von Burgberg.

Am 12. Oktober 1328 ist das Kloster mit Kreuzgang, Kirchhof und den vier Kapellen der heil. Magdalena, der 11000 Jungfrauen, des heil. Stephanus und der heil. Bernhard und Wilhelm nach dem Brand unter Abt Ulrich von Teck geweiht worden. Nach den Bränden unter Ulrich von Trochtelfingen wurden die Kapellen der heil. Maria, des Benedikt, des Nikolaus, der Maria Magdalena und Aller Heiligen im Jahr 1370 wieder geweiht. Aber die Herren von Zimmern waren unzufrieden, weil zu St. Georgen sich niemand ihrer Gruft angenommen habe und sie verlegten das Erbbegräbnis nach Meßkirch.[7] Infolge einer Feuersbrunst waren Glocken herabgefallen und hatten einen steinernen Sarg zertrümmert: die Marienkapelle hatte mithin einen Turm mit Glocken. Daß auch der Schmuck „geschmelzter Fenster" in St. Georgen vorhanden war, erfahren wir aus der Notiz, daß in derselben Kapelle ein Glasfenster mit Wappen, Schild und Helm derer von Zimmern, von Heideck und von Magenheim sich befand.[8]

Bilder von St. Georgen aus früherer Zeit scheinen auch im Kloster- archiv später nicht mehr vorhanden gewesen zu sein. Der Verfasser der Jahrbücher erwähnt nur eine alte Zeichnung, auf welcher das Kloster und einige dazu gehörige Orte, z. B. Peterzell, Mönchweiler, Walba, an- gegeben seien. Martini bedauert, daß dieselbe verloren ging. Durch einen glücklichen Zufall ist sie uns zur Hand gekommen.[9] Die gemalte Karte enthält außer den Gemeinden des Kirchspiels auch Mönchweiler, Nußbach, Villingen und das zwischen Villingen und Mönchweiler einst gelegene, aber im dreißigjährigen Krieg untergegangene Kirchdorf Bocken- hausen. In Oberkirnach ist die St. Wendelskapelle noch eingezeichnet und die Ruine Walbau, die innerhalb der Gemeinde Buchenberg steht, ist als Walba vermerkt. Wir geben nebenstehend denjenigen Teil wieder, welcher St. Georgen und Peterzell darstellt. Ein anschauliches und rich- tiges Bild der Klostergebäude gewinnen wir daraus nicht. Denn gerade in Bezug auf die Stellung der Gebäude ist die Karte vielfach verzeichnet. Doch erkennt man an den Türmen der Lorenzkirche in St. Georgen, der Kirchen in Nußbach, Peterzell, Mönchweiler und Villingen die Gestalt, welche dieselben noch heute haben.

Zur größeren Sicherheit war das Kloster von einer Mauer um- geben. Diese Ringmauer maß auf der Westseite 102, auf der Südseite 182 und im Osten 109 Meter. Gegen Norden bildete die Kirche einen Teil der Grenze, die hier 156 Meter betrug. Die letzten Überreste der Kloster- mauer finden sich in der Gartenmauer des Karl Haas'schen Wohnhauses.

Innerhalb der Mauer hinter der Kirche lag der Gottesacker und auf diesem stand die Michaelskapelle. Breuninger berichtet in seiner „Ur= quelle des weltberühmten Donaustromes" [10]: „Wiederum eine kleine Ka= pelle stehet an dem fordern Eingang der Kirche lincker seits, in welcher der Abt Georgius de Asth begraben liget, auf dessen Grabstein sein Bild= niß mit beigesetztem Wappen, darinnen er einen Karpffen führet, einge= hauen ist". Diese Grabkapelle des Abtes von Asth ist offenbar jene Michaelskapelle. Als im Sommer 1893 über den Platz des einstigen Klosterkirchhofs eine neue Straße angelegt wurde, ist ein Stück des steinernen Fußbodens sowie ein Teil der nördlichen Seitenwand jener Kapelle freigelegt worden. Auch der Grabstein des Abtes wurde noch aufgefunden und, wenn auch nicht ohne starke Beschädigung, herausgehoben. Ein Teil der Figur des Abtes sowie das Wappen ist noch deutlich er= kennbar, ebenso die Umschrift der rechten Seite: Georgius de Asth ab- bas huius cenobii inceptor, d. h. Abt Georg von Asth, Anfänger dieses Klosters*). Beim Öffnen des Grabes unter dem Stein wurde noch der Schädel nebst einigen starken Knochen und etwas Grablinnen aufgefunden.

Einige steinernen Reste des Klosterbaus, die dabei aus der Ver= schüttung gegraben wurden, weisen die Formen der Spätgotik auf.

An dem Gebäude der Kleinkinderschule ist ein Grabstein, aus der Klosterzeit stammend, eingelassen; in denselben ist eine große Lilie ein= graviert, welche die Stelle des Kreuzes einnimmt. Er stammt wohl aus dem 13. Jahrhundert. Im Garten der Gewerbehalle ist ein frühroma= nischer Pfeilerstrunk aus rotem Sandstein aufgestellt, der ebenfalls aus dem Kloster stammt. Eine Anzahl Gegenstände aus dem Kloster St. Georgen sind allmählich nach Rottweil verbracht worden und werden dort in der Lorenzkapelle aufbewahrt.

Spätere Ausgrabungen dürften vor allem auf dem Platze der ein= stigen Prälatur mit der unterirdischen Kapelle noch mancherlei Erinne= rungen zu Tage fördern.

---

*) Diese Bezeichnung erhielt der Abt, weil er angefangen hatte, das abge= brannte Kloster wieder zu erbauen.

2. Kapitel.
Die Gemeinden des jetzigen Kirchspiels.

a. St. Georgen.

Das zunächst um das Kloster liegende Gelände gehörte als eine Schenkung der Stifter Hezelo und Hesso dem Gotteshaus von Anfang an, und zwar scheint jene Schenkung ungefähr das Gebiet der heutigen Gemeinden St. Georgen und Brigach umfaßt zu haben.[11] Das Kloster errichtete in seiner Nähe zwei Meierhöfe, deren einer auf der Sandreute, der andere „vorn am Berg beim Schänzlein" stand. Diese beiden Höfe bildeten den Anfang des Dorfes St. Georgen. Die Nähe des Klosters mit seinen Mauern, seinen Gottesdiensten und mancherlei Vorteilen lockte zur Ansiedelung. In einem Halbkreis um das westlich von der Kirche stehende Haupttor des Klosterhofs bildeten eine Anzahl von Häusern den sog. Klostervorhof, der wiederum durch zwei Thore abge= schlossen war, von denen das „kleine Thor" beim Gasthaus zum Abler, das „große Thor" beim Wohnhaus von Oswald Obergfell stand.

Außerhalb des Klostervorhofs standen auf dem Spittelberg das Spital und vor diesem die Laurentiuskirche. Das Spital wurde 1325 von Abt Ulrich von Tech aus seinem und zweier Brüder Leibgeding beschenkt. Genannt sind „die fünf Lehen in der niederen Schiltach, das in Tennen= brunn zur Linde, die im Hohenbach, die Güter zu dem Innrenwald" u. f. w., sowie der Baumgarten vorn am Siechenhaus und eine Wiese bei der Mühle.[12] Von diesem Spital sind keine Spuren mehr vorhanden.

Die Lorenzkirche ist anfänglich wahrscheinlich die Gottesackerkapelle für die Bewohner des ursprünglichen Klostergebiets außerhalb des Klosters gewesen. Die beiden Stäbe Brigach und Oberkirnach brachten sie dann käuflich an sich und machten sie zu ihrer Pfarrkirche. Der jeweilige Klosterpropst war Pfarrer von St. Lorenz. Als die Abteikirche zerstört war, wurde St. Lorenz das Gotteshaus für das Kirchspiel. Der Vogt von Brigach aber hatte den Ehrenplatz unter den fünf Vogtsstühlen inne bis zum Jahr 1865.

Am Fuße des Berges hat das Kloster eine Mühle und unweit da= von zur Züchtung von Fischen einen Weiher angelegt, deren Namen Klostermühle und Klosterweiher*) noch heute ihren Ursprung anzeigen.

---

*) Vom Klosterweiher war einst eine heute fast vergessene Sage so bekannt, daß selbst fremde Kriegsleute, die in die Gegend kamen, nach ihm frugen. In der

Weiter abwärts am rechten Ufer der Brigach stand das Bruber=
haus. Es ist dasselbe wahrscheinlich des „Bruder Paulus=seligen Häus=
lein", das im Jahr 1439 Abt Heinrich den Brüdern Hans Hirfer und
Kaspar Bonenacker übergab, nachdem Bruder Heinrich auf alle Ansprüche
an dasselbe verzichtet hatte. Ein vom Aussatz befallener Bruder eines
Abtes habe es sich als einsam stehende Wohnung erbaut. [13] Daneben
stand eine Kapelle. Noch im Jahr 1719 waren die Überreste derselben
vorhanden. Diese Kapelle und das Häuslein waren mit einem Wasser=
graben umgeben und eine Zugbrücke führte zu ihnen. Heute ist nur
noch der Name „das Bruberhaus" vorhanden, mit welchem diejenigen
Wohnungen bezeichnet werden, die auf der Stelle und in der Nähe des
alten Bruberhauses erbaut sind. Vielfach findet sich die Annahme, daß
ein unterirdischer Gang das Bruberhaus mit dem Kloster verbunden habe.

Der zu St. Georgen gehörige Zinken Stockwald hieß früher auch
Rielinwald; über seine Entstehung sind keine Nachrichten vorhanden.

Auch die erste Entwickelung des Ortes St. Georgen ist in Dunkel
gehüllt. Am 21. August 1507 erhob Kaiser Maximilian I. das Dorf
zu einem Marktflecken, indem er an St. Georgentag und Michaelis je
einen Jahrmarkt und an jedem Samstag einen Wochenmarkt zu halten
gestattete.

St. Wendelskapelle zu Kürnach — so lautet die Sage — hing eine schöne Glocke,
welche den Namen Susanna hatte. Man beabsichtigte, sie nach St. Georgen zu
verbringen und lud sie auf einen mit einem Stier bespannten Wagen. Schon war
man auf dem Spittelberg angelangt, als der Wagen mit der Glocke wieder den
Berg hinunterrumpelte. Hart am Weiher blieb er stehen. Erzürnt führte der
Fuhrmann den Stier wieder den Berg hinab und spannte ihn nochmals ein. Während
bei uns nach einer schönen alten Sitte ein rechtschaffener Fuhrmann noch heute sein
Gespann mit den Worten antreibt: „Hü, in Gottes Namen!" rief jener dagegen,
„Hinauf muß die Glocke, es sei Gott lieb oder leid, hü!" Sie kamen auch richtig
den Berg hinauf, aber kaum waren sie oben angelangt, so rollte der Wagen wie
von einer unsichtbaren Hand getrieben wieder zurück. Mit Poltern und Krachen
ging es den Berg hinab in den Weiher hinein, der über Fuhrmann, Wagen und
Tier seine Wasser wieder schloß. Seither hat man nichts mehr von ihnen gesehen,
aber alle Jahre in der Fastenzeit hört man nächtlicherweile den Stier aus dem
See brummen. Der alte Magister Breuninger, der uns diese Sage erzählt hat,
fügte mit Entrüstung hinzu: „und es sollen vor alten Zeiten in diesen Tagen sich
Leute bei unserem Weiher eingefunden und auf das Hagenbrummeln Achtung gegeben haben".

b. Brigach.

Unter bem Hirzwald und zwar im Keller des Hirzbauernhofs entspringt die Brigach, welche dem Dorf den Namen gegeben hat. Was vor fast 200 Jahren schon Breuninger gewünscht hat, ist erst in unseren Tagen in Erfüllung gegangen, indem die Brigachquelle durch den Schwarzwaldverein in ein Granitbecken gefaßt worden ist.

Daß bas freundliche Thal mit seinen saftigen Wiesen schon früh besiedelt worden ist, erscheint wahrscheinlich. Doch sind aus früherer Zeit keine Nachrichten vorhanden. Wie schon Martini mitgeteilt hat, haben Berthold von Fallenstein und seine Gemahlin Ursula von Lupfen nebst ihren Söhnen Konrad und Aigilward 1422 bas Vogtrecht über Brigach und Sommerau dem Abt Johannes von St. Georgen versetzt. Mit Brigach allezeit verbunden erscheint der Zinken Sommerau, bessen westlichster Bauernhof einst so auf der Wasserscheide stand, daß der Regenablauf der einen Seite des Daches nach dem Rhein, der der andern Seite nach der Donau ging. Von einem Hof in Sommerau, dem Glashof, erfahren wir, daß er 1477 von Abt Georg dem Georg Kammerer vom Kesselbach verkauft worden ist. Das Wohnhaus des Hofbauern Storz in Sommerau trägt die Jahreszahl 1556.

Die beiden Glashöfe waren einst Meierhöfe des Klosters und mußten „Alles, was auf diesen Höfen an Vieh, Butter, Käs, Eiern, auch Früchten u. s. w. erzeugt worden", an das Kloster abliefern.

Lange Zeit hindurch nahm Brigach unter sämtlichen fünf Dörfern des Kirchspiels den ersten Rang ein.

o. Oberkirnach.

Dem Namen Kürnach*) begegnen wir in der Geschichte des Klosters schon früh. Das Kürnachthal gehörte den Herzogen von Zähringen. Ein Dienstmann Berthold IV. von Zähringen, Werner von Roggenbach, hatte Besitzungen in Roggenbach, Villingen, Aasen und Dauchingen dem Kloster Thennenbach übertragen. Einige Jahre vorher aber hatte Berthold dieselben Güter an St. Georgen geschenkt. St. Georgen trat mit seinen Ansprüchen zurück und wurde durch ein Gut zu Klengen entschädigt (etwa 1175). Nach dem Tode Werners machten St. Georgen und Thennenbach Ansprüche auf jene Güter, deren einige im unteren Kürnachthal lagen. Die Sache kam bis an den Papst und wurde schließ-

---

*) Das ist bie frühere richtige Schreibweise.

lich dahin entschieden, daß das Kürnacher Gut Eigentum St. Georgens sein solle, die Thennenbacher aber gegen einen Jahreszins von 12 Pfennigen Breisgauer Münze es innehaben sollten.[14] Das war 1187. Diesen Teil des Thales erstand 1506 Villingen von Thennenbach. Werner hatte auf der Roggenbach gewohnt. Eine zweite Burg im Kürnachthal hieß Kürnegg. Im Jahre 1292 verkaufte Heinrich von Kürnegg die Grundstücke um sein Schloß, die er von Villingen geschenkt erhalten hatte, um 27 Mark gangbare Münze an unser Kloster.[15] Im selben Jahr verkaufte Graf Egon von Fürstenberg das obere Thal an Heinz den Schenk von Zell um 90 Mark Silber als ein Erblehen. Die Veste Kürnegg kam 1365 an Heinrich von Ranbegg und Rainer von Neuenegg. Ulrich von Neuenegg trat im Jahre 1373 seinen Anteil an der Vogtei und den Gütern an St. Georgen ab. Zehn Jahre später kam auch die Burg Kürnegg an das Kloster, das dieselbe im gleichen Jahre an den Bürgermeister Hans Heimburger zu Villingen wieder verkaufte.

Das obere Thal ist immer bei St. Georgen geblieben und hat zum Unterschied von dem unteren Teil den Namen Oberkirnach bekommen.

Innerhalb dieser Gemeinde und zwar am Kesselberg auf dem Hofgebiet des Stoffelsbauern stand einst die Kapelle St. Wendel, von der jetzt keine Reste mehr vorhanden sind. St. Wendel war einst eine vielbesuchte Wallfahrtskapelle. Aus dem ergiebigen Opfer ist ein Heiligenfonds errichtet worden, der später teilweise zum Bau des Turmes der Lorenzkirche verwendet worden ist.[16]

In den Jahren 1630—1633 war in Oberkürnach ein Eisenbergwerk, von Württemberg betrieben, nachdem dieses schon im Jahr 1604 „am Kesselberg beim Hürschwald ein Erzgraben" unternommen hatte. Das von ihm gelieferte Eisenerz war aber etwas zu hart, so daß man es mit den Erzen aus Fluorn und Hochmessingen, das zu weich war, vermischte. Als dann zu Fluorn auch härteres Eisen gefunden wurde, ließ man das Kürnacher Werk eingehen.

d. Langenschiltach.

Dieser Stab hatte zur Unterscheidung von der unteren Schiltach den Namen Lange oder Krumme Schiltach. Die im Jahre 1808 angelegten Familienbücher haben noch die Bezeichnung Krummenschiltach, die unterdessen ganz außer Gebrauch kam. In früheren Jahrhunderten sind darunter die Häuser am Flüßchen Schiltach verstanden, während die Vogtey und das Föhrenbächlein immer besonders aufgeführt werden.

Die ersten Nachrichten stammen aus der Zeit des Abts Ulrich von Teck. Dieser kaufte noch als Prior von St. Georgen im Jahre 1303 einen Wald von Friedrich von Hornberg. Abt Ulrich nebst zwei seiner Brüder schenkten dem Spital zu St. Georgen unter anderem fünf Lehen in der Schilta. Die Nonne Margaretha von Ramsperg in Friedenweiler kaufte für 25 Mark Silber einige Lehen in der Langen Schiltach und stiftete sie dem Altar der heil. Katharina dahier.

Im Jahre 1352 erscheint Ritter Burkard von Kürnegg in der Schiltach, Vogtey und Verenbächlin begütert. Sein Schwiegersohn Johannes von Stahleck verkaufte die Güter an den Villinger Bürger Heinrich von Tunningen, welchen 1360 Graf Haug von Fürstenberg belehnte. Heinrich von Tunningen und sein Sohn Konrad kauften dazu im Jahre 1368 den Besitz, welchen die Familie der Falkensteiner zu Langenschiltach hatte, unter anderem Güter im Kaltenbrunn und am Rupertsberg, sowie mehrere Güter im Verenbach.

Am 18. Januar 1412 gestattete der Lehensherr Graf Konrad von Fürstenberg einem Nachkommen des Heinrich, dem Hans Tunninger, seine Güter in der Schiltach, im Verenbächlin und der Vogtey um 200 Gulden zu verpfänden.[17] Dieser gab sie seiner Gemahlin und behielt sich nur ein Leibgeding von 60 Gulden vor (im Jahre 1417). Als im Jahre 1428 dessen Sohn Hans der Jüngere gestorben war, belehnten die Grafen von Fürstenberg den Konrad Enger in Villingen, den Schwiegervater Hans des älteren.[18] Ein Teil der Güter, nämlich die im Verenbächlin, kam an Hans Bletz in Rottweil. Die übrigen Lehen kamen auf Matthias Thunninger, von diesem auf Georg Truchseß in Ringingen und im Jahre 1478 auf Jakob von Falkenstein, den Vormund des jüngeren Georg Truchseß. Des letzteren Mutter, Agatha von Ringingen, verkaufte[18] am 12. Dezember 1483 die Güter ihres Sohnes um 71 Gulden rheinisch an den Abt Georg in St. Georgen, welcher am Heiligabend desselben Jahres den Hans Dietrich von Rottweil als Vorträger damit belehnte.

Auch diejenigen Güter, welche Hans Bletz in seinen Besitz gebracht hatte und die das halbe Verenbächlein umfaßten, erstand derselbe Abt im Jahre 1491 von dessen Enkel um 200 Gulden. Mit diesen wurde gleichfalls Hans Dietrich belehnt.[19]

Zwar machte die Familie der Tunninger Ansprüche auf ihren früheren Besitz in der langen Schilte. Sie ließ dieselben aber zu Gunsten des Abtes Nikolaus im Jahre 1519 fallen. So war das Kloster von diesem Jahre an im alleinigen Besitz der Langenschiltach.

e. Peterzell.

Als der erste Klosterbau in St. Georgen erstand, war die Kapelle zu Peterzell schon vorhanden. Hier war die äußerste Station des Klosters Reichenau gegen Norden. Die Urkunden dieses Klosters geben vielleicht noch einmal näheren Aufschluß über die Gründung der Zelle St. Peters; sicher ist, daß sie wenigstens in die Zeit nach Karl dem Großen zurückweist.

Neben der Reichenau waren auch die Falkensteiner hier begütert. Als unter Abt Heinrich III. Johann Stählin von Villingen in das Kloster St. Georgen eintrat, brachte er das halbe Dorf Mönchweiler und einen Wald bei Peterzell mit. Im Jahre 1369 kam der Reichenauer Anteil an Peterzell zu St. Georgen. Abt Eberhard von Reichenau verkaufte an Abt Eberhard von St. Georgen „den Weiler, den man nennt St. Peterszelle auf dem Schwarzwalb, und den Mühlbach dabei (Mülben) und auf dem hohen Brunn und die Lehen am Ruprechtsberg und auch die Lehenschaft der Hofstatt zu Walbau und die Vogtei über die vorgenannten Güter". Der Kaufpreis betrug 160 Goldgulden. Es ist hieraus ersichtlich, daß die jetzige Lage des Peterzeller Gewanns, das längs der Brigach hin und dann um den Rupertsberg sich zieht, von der Zeit des Reichenauer Besitzes datiert.

Was Falkenstein in Peterzell besaß, kam zunächst an Hornberg und 1445 an Württemberg. Von da an hatte Peterzell die zwei Herren

St. Georgen und Württemberg, bis das letztere mit der Übernahme des Klosters auch in den ganzen Besitz Peterzells kam. Bei dem Kauf zwischen den Äbten von St. Georgen und Reichenau war der Kirchensatz und das Kirchenlehen zu Peterzell vom Kauf aus= geschlossen. Das fünf Stunden entfernte Deislingen soll früher nach Peterzell eingepfarrt gewesen sein und seine Toten zur Beerdigung dahin= gebracht haben.[20] Das Kirchlein, in dem nach mündlicher Überlieferung Melanchthon einmal geprebigt haben soll, ist mehrmals umgebaut worden. Vom ältesten Bau aus der karolingischen oder nachkarolingischen Zeit sind nur noch wenige Reste vorhanden. Den schönen, gotischen Chor, in dem noch ein gotisches Sakramentshäuschen sich findet, schließt ein romanischer Triumphbogen mit dem Datum einer Renovation: 1603 ab, und vom Chor aus führt eine niedrige Thür, deren Sturz mit früh= romanischem Bildwerk verziert ist, in die gewölbte Sakristei. Der ro= manische Turm hat eine Spitzbogenthüre. Auf dem Sattel des Turm= dachs sitzt ein Dachreiter; die Glocken hängen jedoch unterhalb desselben im Turmviereck. Die Mauerschlitze des Turmes, die als Schießscharten gedient haben mögen, lassen auf ehemalige Befestigung schließen.[21]

3. Kapitel.
Des Klosters übriger Besitz.

Außer den Kirchspielsgemeinden hat noch eine Anzahl anderer Ort= schaften dem Kloster zugehört. So aus der nächsten Umgebung Mönch= weiler mit Stockburg. Die beiden noch heute miteinander ver= bundenen Orte haben wohl von jeher zusammengehört und zwar als Besitz der Familie Stähelin. Dieselbe hatte auf der Burg zu Stockburg ihren Stammsitz und besaß auch fast ganz Mönchweiler, wo ebenfalls (in der Nähe der Kirche, die dem heil. Antonius geweiht war) eine Burg stand. Die Erinnerung an diese Familie ist noch heute in dem Namen des „Stählinbrunnen" bei Stockburg vorhanden. Schon der Stifter Hezelo und sein Sohn Hermann hatten dem Kloster ein Gütchen zu Stockburg geschenkt, auch im Jahr 1094 wurde ein weiteres Gütchen zu Stockburg dem Kloster gewidmet. Johannes Stählin trat in das Kloster und schenkte demselben seine Güter, worunter das halbe Dorf Mönch= weiler (1339). Durch mehrfache Käufe war 1373 der größte Teil von Mönchweiler und Stockburg im Besitz von St. Georgen. Was noch übrig war, verkaufte der Besitzer Friedrich Pebemler, Bürger in Villingen, Anno 1430 gleichfalls an das Kloster. Bei Mönchweiler besaß der Abt drei Fischweiher, die später trocken gelegt worden sind.

Burkard von Hausen hatte 1095 seine erblichen Besitzungen bei Schabenhausen dem Kloster gestiftet. In der Folgezeit schmolz das Dörfchen Schabenhausen bis auf zwei Höfe zusammen, welche die ganze Gemarkung umfaßten und unserem Kloster „mit aller Obrigkeit, Beschwerd und Dienstbarkeit" gehörten.

Der unweit Schabenhausen gelegene Ort Kappel soll seinen Namen von einer Marienkapelle, um welche eine Ansieblung entstanden war, erhalten haben. Das Kloster kaufte den einen Teil des Dorfes im Jahr 1511, während die andere Hälfte erst 1677 an Württemberg kam; von da an wurden alle Renten aus diesem Flecken an das Klosteramt St. Georgen abgeliefert.

Auch einige württembergische Orte sind hier zu verzeichnen, welche einst dem Kloster gehörten und noch im vorigen Jahrhundert dem Klosteramt unterstanden: Hausen, Wilbenstein, Bühlingen, Rothenzimmern. Das Kloster war in mehreren Hausen begütert; schon die Bulle Alexanders III. führt Besitzungen in Hausen an. Hausen ob Rottweil ist — wenigstens hälftig — am längsten in dessen Besitz geblieben. Auch das benachbarte Bühlingen und der Burgstall Wilbenstein bei Horgen, welcher in einen Lehenhof verwandelt worden war, sowie Rothenzimmern bei Leidringen sind noch in den Haisch= und Zinsbüchern der späteren Klosterverwaltung aufgeführt.

Was sonst noch das Kloster an unbeweglichem Gut besaß, zählen wir zunächst an der Hand des Gründungsberichtes auf.

Der erste Besitz war das heutige Königseckwald bei Hoßkirch; wie dieses so stammten auch Degernau und Ingolbingen vom Stifter Hezelo. Diese beiden Ortschaften sollten, wenn Hezelos Sohn Hermann kinderlos sterben würde, an das Kloster fallen. Nachdem Hermann ohne Leibeserben gestorben war, heiratete seine Witwe Helwid den Elsässer Ulrich von Hurningen. Dieser lieferte aber die beiden Orte dem Kloster nicht aus. Erst als der Klostervogt Berthold von Zähringen sich der Rechte St. Georgens annahm, gab Ulrich sie 1114 heraus. Nach Bertholds Tod riß der jüngere Ulrich von Hurningen diese Güter, über welche Heinrich von Schweinhausen die besondere Vogtei hatte, wieder an sich. Doch zwang ihn Kaiser Heinrich V. am 31. Dezember 1124, diesen Besitz dem Kloster zuzustellen. Die Kirche von

Ingolbingen wird besonders genannt; sie ist von 1509 an von einem
St. Georgener Klosterherrn versehen worden. Der Stifter Hesso hatte
seine Güter in Fützen am Randen gegen die Hälfte des Klosterplatzes
ausgetauscht; Walter von Dunningen aber schenkte einen Teil davon dem
Kloster wieder. — Hezilo und sein Sohn Hermann stifteten ihre Besitzungen in Stockburg, Oberbaldingen, sowie Äcker, Wälder und
Weinberge in Enbingen und Gottenheim am Kaiserstuhl. Der
zweite Stifter Hesso wiederum widmete dem Kloster die Villa Stetten,
O.-A. Rottweil, wie auch Äcker und Weinberge und die Hälfte der Kapelle zu Kleinkems. Die Schenkungen des dritten Wohlthäters, Konrad, lagen in Osternborf, Bachhaupten und Hilbweinshausen.
Ebenfalls in der ersten Klosterzeit wurde der Klosterbesitz erweitert durch
Güter in Heuchlingen, Bolstern, Eichen (Saulgau), Kalkofen
(Sigmaringen), Aulfingen (bei Engen), Thuningen (Tuttlingen),
im Kinzigthal, in Leibringen (O.-A. Sulz), Dintenhofen (das
bis zur Aufhebung des Klosters bei demselben blieb), Weilstetten (Gemarkung Laichingen, O.-A. Münsingen).

Das Welchenfeld und Harprechtsfeld, welche der Gründungsbericht
im weiteren nennt, ist durch Martini dahin bestimmt worden, daß
ersteres im Stockwald liege, und letzteres der Alpirsgrund sei. Volkmar
von Friebingen „übergab Gott und dem heil. Georg", was er in
Martinsweiler besaß. Auch in Mahlspüren, Dormettingen
(O.-A. Rottweil), Auttagershofen (O.-A. Laupheim), Storzeln (im
Hegau, oder Starzeln bei Hechingen?), Villingen (bei Rottweil),
Sulzbach, Arnoldsbach, Schweinsbach (letztere drei Orte im
Kinzigthal), Wolfartsreute (O.-A. Saulgau), Gönningen (O.-A.
Tübingen), Nehren (O.-A. Tübingen), Altheim (A. Meßkirch oder
O.-A. Rieblingen), Beuron im Donauthal war das Kloster begütert.
Ferner werden Dellmensingen (O.-A. Laupheim), Einbach (A. Wolf-
ach) genannt. Im Jahr 1092 vermachte Burkard von Staufen dem
Gotteshaus ein bedeutendes Besitztum in Forchheim und Enbingen
am Kaiserstuhl.

Auch zu Renguishausen am Heuberg, Dauchingen bei Villingen,
Wiehlen (A. Lörrach), Blansingen, Ettisweiler (bei Sigmaringen),
Schaffhausen am Kaiserstuhl, ferner in einer Gemarkung Hagenbuch
an der Dreisam*), Neuhausen bei Villingen, Erbmannsweiler, Dürr-

---

*) Die Gemeinde ist nicht genannt.

wangen und Storkenhausen (O.=A. Bahlingen), Roßwangen (eben=
dort), Weiler bei Schönberg, Weilersbach bei Villingen, Mengen
(O.=A. Saulgau), Bickelsberg (O.=A. Sulz), Zimmern (O.=A.
Hechingen), Klengen, Ensisheim (O.=A. Sigmaringen) kommen
Schenkungen an das Kloster vor.

Die Witwe Hermanns vermachte 1095 ein Gut bei Knöringen
und ein solches bei Matthies. Zu den Orten, in welchen St. Georgen
Eigentümer ward, gehören ferner: Wälflingen (O.=A. Rieblingen),
Weilderf bei Salem am Bodensee, Eschach, Schwenningen, Ehe=
stetten bei Ebingen, Gunningen am Hohenkarpfen, Altheim (O.=A.
Rieblingen), Jppingen (A. Donaueschingen).

Im Jahr 1132 schenkte Heinrich von Staufenberg, der zu St.
Georgen Mönch ward, seinen beträchtlichen Besitz in Owingen (O.=A.
Hechingen), Jsingen (O.=A. Sulz), Bettighofen (bei Ehingen), Mim=
menhausen am Bodensee, Bräunlingen, und dem dabei gelegenen,
jetzt abgegangenen Steingart, in Klengen und Überauchen.

Rudolf von Schallstadt fügte vier Jahre später Güter in Endingen
hinzu. Ebenso wurde das Kloster in Beckhofen im Brigachthal, Bocken=
hausen (einem untergegangenen Kirchdorf zwischen Villingen und Mönch=
weiler) begabt. Es erhielt Äcker, Wiesen und Wälder in Nordstetten
und Erdmannsweiler, ein Wäldchen bei Schönbronn (O.=A. Rottweil).
Friedrich von Wolfach begabte St. Georgen mit der Kirche zu Hausach.

Soweit der Gründungsbericht, welcher die Stiftungen zwischen 1084
und 1155 enthält. So groß die Zahl derselben ist, so ist sie in
Wirklichkeit gewiß noch größer gewesen, da der Bericht eine Lücke von
25 Jahren der stiftungsfreudigen Zeit hat.

Die Bulle Alexanders III. erwähnt 1179 noch eine Anzahl anderer
Orte.[23] So Rieffern im Elsaß gegenüber Kleinkems, Sintingen
bei Fischbach, Mühlhausen bei Rottweil, Grüningen und Aasen,
Wahlwies, Engen, Schlatt, Achern (oder Achkarren am Kaiser=
stuhl), Bühl, Trudenheim bei Hagenau, Schaffolzheim bei Straß=
burg, Eckboldsheim im Unterelsaß, Bela, Seelbach u. a.

An Kirchen sind erwähnt die zu Stetten, Fützen, Kems, Eckwald,
Ingolbingen, Ehestetten, Leibringen, Schopfloch,[24] Dürrwangen, Schwen=
ningen, Mühlhausen, Furtwangen, Tennenbronn, Hausach, Achern,
Mühlheim am Neckar, Seelbach und Bockenhausen.

Von besonderem Interesse sind uns noch Furtwangen und Tennen=
bronn.

Die Urbarmachung der Gegend und die Gründung von Furt=
wangen geschah wohl auf Anordnung unseres Klosters hin. Von St.
Georgen aus wurde der Gottesdienst in Furtwangen versehen, bis im
Jahr 1483 ein ständiger Pfarrer nach Furtwangen kam, der aus der
Zahl der hiesigen Mönche bestimmt wurde und zum äußeren Kloster=
konvent gehörte. Das Kloster hatte die Gerichtsbarkeit, und das Weis=
tum von Furtwangen vom Jahr 1482 bestimmt unter anderem: „Es
ist von alters her das Recht gewesen, wenn ein neuer Herr, ein Abt zu
St. Georgen, erwählt wird, der soll nach seiner Wahl nach Furtwangen
kommen und hat sodann die Bauernschaft ohne Ausnahme vor ihm zu
erscheinen, alle volljährigen Eigenleute, Lehenleute, Dienstleute, Leibge=
dingsleute und Häusler oder Sölberer, die sollen dem Herrn Abt Treue
und Gehorsam schwören, des Gotteshauses Nutz zu fördern, dessen
Schaden abzuwenden und zu rügen oder anzuzeigen ohne Gefährde".[25]
So gehörte auch aller Zehnten von Furtwangen dem Kloster und es ist
anzunehmen, daß derselbe von der Schenkung herrührte, welche der Bischof
Gebhard bei der Klosterweihe dem Gotteshaus gemacht hat, indem er der
neuen Stiftung allen Zehnten der Umgegend schenkte, soweit er noch
nicht vergeben war.

So war es auch bei Tennenbronn, wo das Kloster „von alters
her" den großen Fruchtzehnten besaß. Dort gründete der Abt ein Wald=
kirchlein und stiftete zu demselben einen Heiligenfonds. Darum war er
der Lehensherr des Pfarrers der Pfarrkirche und des Heiligenfonds. In
seinem Recht auf den Heiligen und die Vogtei teilte er sich später mit
dem Herzog von Württemberg und der Herrschaft Schramberg. Auch
in Tennenbronn wurde der Gottesdienst von einem St. Georgener Mönch
gehalten, der auf einem St. Georgischen Bauernhof wohnte. Im dreißig=
jährigen Krieg haben die Brüder Jakob und Simon abwechselungsweise
in Tennenbronn und in Mönchweiler den Gottesdienst versehen. Der
Stab Langenschiltach war früher zum Teil nach Tennenbronn eingepfarrt;
im Jahr 1836 wurde der Tennenbronner Teil in das St. Georgener
Kirchspiel einbezogen.[26]

Daß ein Leutfried von Worms seinen Besitz in seiner Vaterstadt
dem Kloster gewidmet, haben wir schon früher gelesen. Ein Gut in
Buggingen im Breisgau wurde 1271 vom Kloster an Konrad von
Burgund verkauft. Im Jahr 1295 erhielt St. Georgen einen Hof in
Hochemmingen, 1411 einen solchen in Kirchdorf.

So war es ein reicher Besitz, welcher der Abtei allmählich zuge=
fallen war. Ringsum im Schwarzwald, in der Baar, im Hegau, am
Bodensee, tief hinein in das Württemberger Land, drunten im Kinzig=
thal, drüben im Elsaß, oben am Rhein, an den Rebhügeln des Kaiser=
stuhls — überall befand sich St. Georgisches Besitztum. Nach dem
Chronisten soll das Kloster in 210 Ortschaften begütert gewesen sein.

Schließlich erwähnen wir noch, daß St. Georgen in den Städten
Villingen, Rottweil und Straßburg je einen eigenen Pfleghof
besaß. Der Hof zu Straßburg war in der Schiltgasse, genannt „zum
Korb". Der „Jerger Hof" zu Rottweil ist im Jahr 1707 an das
dortige Dominikanerinnenkloster verkauft worden. Das in der Hafnergasse
zu Villingen gelegene Haus wurde im Jahr 1374 verkauft. Im Jahr
1598 wurde von Abt Michael Gaisser zu Villingen ein St. Georgischer
Pfleghof oder die sog. Alte Prälatur erbaut.

4. Kapitel.

Die Rechtsverhältnisse im Klostergebiet.

Schon früh im Mittelalter finden wir die Sitte, daß freie Leute
sich in den Schutz und damit in die Dienstbarkeit eines Vornehmen oder
der Kirche begaben, teils um gegen rohe Gewalttaten sicherer zu sein,
teils um sich dem Heeresdienst zu entziehen oder auch um in Zeiten
einer Teurung Brot zu haben; viele schenkten sich mit Leib und Gut
einem Kloster in der frommen Absicht, ihre Seelen zu retten. Auch
unser Kloster besaß sehr bald eine große Anzahl solcher eigenen Leute.
Schon in der Gründungsurkunde ist von solchen die Rede, und als später
die Güterschenkungen seltener wurden, berichten die Jahrbücher um so
häufiger von solchen, die sich und ihre Familie dem Kloster darbrachten
oder von anderen dargebracht wurden. Der Abt kaufte auch Leibeigene
oder vertauschte sie gegen andere.

Manche Klosterunterthanen hatten Klostergüter als erbliche Lehen,
die sie in Bestand und Bau halten mußten.

Von jedem Leibeigenen wurde beim Todesfall das beste Stück Vieh,
das er hinterließ, sowie seine Kleider und Waffen gleichsam als Erb=
schaftssteuer dem Kloster abgeliefert. Von einem Lehenmann verfiel eben=
falls das beste Stück Vieh dem Gotteshaus. Für den Fall, daß ein
geringeres Stück ausgeliefert wurde, durften die Klosteramtleute wieder=

holt und zwar bis zu neun Malen „fallen" d. h. erheben. Fanden sie nicht so viel Vieh, so nahmen sie zuletzt den Haushahn.

Die eigenen Leute des Klosters bildeten eine Gemeinschaft, welche Genossami hieß; die Mitglieder waren Genossen. Heiratete eine leibeigene Person des Klosters eine diesem Kloster nicht leibeigene, also außerhalb der Genossami, so hatte sie eine Ungenossami zu büßen, d. h. sie mußte dafür eine Strafe zahlen. Heiratete eine Leibeigene einen freien Mann, so konnte dieser kein Lehen erhalten, bis die Frau die Buße entrichtet hatte; auch ein Leibeigener, der eine Freie ehelichte, war der Strafe verfallen. Die Kinder folgten der ärgeren Hand, d. h. sie wurden unfrei. Das Erbe ging auf die Kinder über, einen Hagestolzen aber beerbte das Kloster, ob er auch sonst Verwandte hatte. Kinder der Leibeigenen durften dem Kloster nicht entfremdet werden, auch ohne den Willen des Abtes weder in ein Kloster eintreten, noch Geistliche werden.[27]

Über den Zehnten besagt das Furtwanger Dorfrecht, daß die Leute den Kornzehnten zu einem billigen Preise kaufen und in Geld entrichten durften. Der kleine Zehnten betrug von einem Kalb einen Zinspfennig, „sobald es die vier Wänd angesehen", von einem Füllen vier Pfennig, von dem zehnten Schwein eines und von sechs Schweinen einer Tracht eines; waren es weniger als sechs, wurde von jedem Schwein ein Pfennig entrichtet; auch Hühner, Gänse, Enten und Bienen wurden verzehntet. Der Heuzehnten betrug elf Pfennige vom Lehen. Haus und Hof eines jeden Lehens wurde mit einem Pfennig verzinst.

Zuweilen setzten sich die Äbte mit ihren Unterthanen auseinander, so daß die Rechte des Klosters vertragsmäßig festgestellt wurden. So machte der Abt Silvester Billing mit den Thalbauern in Brigach, Kürnach und Peterzell einen Vertrag, wonach dieselben nach Belieben abziehen durften, was sonst nicht gestattet war. Die Kürnacher sollten das Recht haben, „ein jeder auf seinem Gut zu mahlen, brechen, Wein zu schenken, Fische und Vögel zu fangen, nur kein Rotwild zu erlegen". Dessen Nachfolger Heinrich Ungericht machte nach eingenommener Huldigung seinerseits einen Vertrag mit den „armen Leuten", d. h. den Leibeigenen des Klosters in Kürnach, Brigach, Sommerau, St. Georgen, am Rupertsberg, in Peterzell und Stockburg, wonach künftig keiner aus dem Klostergebiet abziehen durfte ohne Wissen und Willen des Abtes; doch durften sie sich bis zum vierten Verwandtschaftsgrad beerben.

Der „Leibringer Dingbrief" vom Jahr 1399[28] enthält das „freundliche, gütliche und liebliche Übereinkommen" der Eigenleute des Gottes-

hauses, der Lehenleute und Zinser zu Leibringen, Buckelsperg, Brithain,
Thrüchtingen, Pfingen, Thäwingen, Roten= und Kleinzimmern für sie
wie auch ihre Erben und Nachkommen mit dem Abt Johannes. Danach
hatte der Abt das Recht, alle Jahre zweimal auf dem Dinghof zu
Leibringen Gerichtstag zu halten, an welchem die Unterthanen bei Strafe
erscheinen und alle Schädigung des Klosters offenbaren sollten. Sodann
wurde genau festgestellt, wie nach dem Tode eines Unterthanen gefällt
werden mußte. „Item, des Gotteshauses Eigenmann, wenn so der seine
Ungenossin nimmt, so hat er seines Herrn des Abtes Huld verloren,
und mag ihn sein Herr der Abt oder sein Propst halten und strafen an
Leib, an Gut, »wie sye wennbt«, immer auf die Zeit, bis daß er Huld
und Gnade erwirbt um seinen Herrn den Abt oder um seinen Propst.
Und ist, daß er also Huld erwirbt und sich mit seinem Herrn dem Abt
setzt, wenn der von Todes wegen abgeht, so soll dem obengenannten Abt
Johannes und dem Gotteshaus werden das Besthaupt und Kleidung
und Waffen, und haben dazu alle die Rechte, die sie zu einem anderen
Gotteshausmann haben." Erwirbt er nicht Huld, so hat das Gotteshaus
nach seinem Tod dieselben Rechte wie beim Tode eines anderen Eigenmannes,
d. h. es fallen ihm das Besthaupt vom Vieh, Waat (Kleider) und Waffen
zu. Ein hinterlassener Sohn jedoch darf das Schwert nehmen.

Stirbt eine Eigenfrau des Gotteshauses, so erbt dieses ihr Gewand,
in welchem sie an Weihnachten zur Kirche gegangen ist, ebenso ihr Bett,
wenn sie keinen Ehemann oder keine eheliche Tochter hinterläßt.

Ähnliche Bestimmungen sind sodann für die Zinser mit und ohne
Lehen vereinbart, für die Hagstolzen und „Hagstölzinnen". „Item, der
heißt ein Hagstolz, der weder Vater noch Mutter hat und auch kein Ehe=
weib, und zu seinen Tagen gekommen ist, zwölf Jahr alt, und wäre auch
Eines Mutter eine Zinserin gewesen, so heißt er doch ein Hagstolz, und
sollen ihn also erben an allem fahrenden Gut."

Ein Eigen= oder Lehensmann des Gotteshauses soll diesem jedes
Jahr einen Tag mähen, so man es an ihn fordert. Kann er aber nicht
mähen, so soll er ihnen einen Recher geben. Hat er aber einen Tag
gemäht, so darf er den zu Holz fahrenden Klosterknechten nachfahren in
ihren Hölzern und für sich heimführen, was übrig ist, nachdem die Knechte
gehauen und geladen haben. Verweigern es ihm die Knechte, so darf
er daneben für sich hauen. Ein jedes Lehen ist in gutem Stand zu er=
halten; es soll nichts versetzt noch verkauft noch verschenkt werden ohne
den Willen des Klosters. — — — —

Der Abt war der oberste Herr im Gebiet seines Klosters. Nach seinem Regierungsantritt empfing er die Huldigung seiner Unterthanen. Aus der späteren, Villinger Zeit ist uns der Hergang einer solchen Feier überliefert: Im Jahr 1757 erschien der Abt mit zwei Klosterbrüdern zu Gunningen, wo bei der Herrschaftsscheuer eine mit Tapeten ausgeschlagene Tribüne errichtet war, auf der ein Thron mit einem Himmel aus rotem Tuch stand. Der Kanzleiverwalter, ein Notar und zwei Zeugen waren ferner anwesend, sowie einige Gäste. Auf dem Platz vor der Tribüne hatten sich die Unterthanen versammelt. Nachdem der Amtmann den Eid vorgesprochen und der Vogt im Namen der Gemeinde an den Abt eine Ansprache gehalten hatte, erfolgte die Eidesleistung. Eine gemein= schaftliche Mahlzeit beschloß die Feier.

Zu den Rechten des Abtes, in deren Ausübung er sich aber auch durch den Amtmann vertreten lassen konnte, gehörte die Abhaltung des Vogt=, Jahr= und Ruggerichts. Abt Gaisser erzählt im Tagebuch, daß er am 11. Januar 1645 ein solches in St. Georgen abgehalten habe. Bei einer außergewöhnlichen Kälte kam er in Begleitung seines Sekretärs und eines Dieners von Villingen nach St. Georgen geritten, wo er mit Ausnahme weniger die Unterthanen schon versammelt fand.

„Ist also mit dem aus drei Stäben abgregierten Kerngerichtsstab Jahr= und Ruggericht gehalten worden." Nachdem den Leuten der Grund ihrer Ladung eröffnet war, wurde das Dorfrecht verlesen, sodann von den Jüngeren und einigen Älteren, die zum letzten Gerichtstag sich nicht eingefunden hatten, der Eid geleistet. Hierauf wurden die Anzeigen über Vergehen und Frevel erstattet und für dieselben Geldbußen festgesetzt. An Stelle verstorbener Richter wurden neue eingesetzt, die Vögte wurden von neuem bestätigt und „endlich ward alles mit Wein gebührend be= siegelt".[29]

Auch die Rechtspflege in schwereren Fällen unterstand dem Abt. Im Klosterhof stand eine große Linde, unter welcher die Äbte Gericht hielten. Wenn der Fall „malefizisch wurde", d. h. wenn es sich beim Urteil um Leben und Tod handelte, so zog der Abt die Kapuze vor, zum Zeichen, daß der Missethäter dem Klostervogt zu überliefern sei.

Die niedere Gerichtsbarkeit in Fällen von Schlägereien, Ehren= kränkungen und dergl. war in den Händen der Vögte, deren Oberinstanz das Kerngericht bildete. Das St. Georgener Ding=, Keller= oder Kern= gericht bestand aus vier Richtern von Brigach, vier aus Kürnach, zwei aus St. Georgen und den Vögten von Kürnach und St. Georgen. Den

Vorsitz hatte der Vogt von Brigach. Die Strafgelder aus den Urteilen des Kerngerichts gehörten dem Abt. Der Rekurs vom Kerngericht ging an das kaiserliche Hofgericht in Rottweil, später nach Tübingen.

Endlich kommt hier noch die „glaitliche Herrlichkeit" in Betracht, d. h. das Recht des Abtes, Rekruten auszuheben und fremde Truppen bei ihrem Durchzug durch das Klostergebiet von einer Grenze zur andern geleiten zu laffen. Obwohl der Abt keine Soldaten unterhielt, so nahm er doch in Kriegszeiten die Aushebung vor, wenn er einige Mann zu stellen hatte, und zu den Zwistigkeiten zwischen dem Abt und dem Herzog von Württemberg gehörte später auch der Streit darüber, wem von beiden die glaitliche Oberkeit zustehe. Im Langenschiltacher Lagerbuch lesen wir, daß in der württembergischen Zeit die Herzoge die glaitlichen Befugniffe „von der Kinzig am Graben bei der Aichen ob der Elsenwaag durchs Gutacher Thal, dann durch die Stadt Hornberg, von dannen hinauf durch Schiltach, Peterzell, Mönchweiler und Bockenhausen bis auf den gülbenen Bühl" beanspruchten.

Dritter Abschnitt.

Wie St. Georgen evangelisch wurde.

1. Kapitel.

Die Klostervogtei.

Wir sind mit der Geschichte des Klosters an der Wende des 15. und 16. Jahrhunderts angekommen und nehmen den Faden der Erzählung nunmehr wieder auf. Von Abt Georg von Asth (1474—1505) haben wir schon vernommen, daß er das im Jahr 1474 abgebrannte Kloster wieder hat aufbauen lassen. Der neue Bau wurde im Jahr 1496 eingeweiht. Im selben Jahr starb Herzog Eberhard der Ältere von Württemberg. Ihm folgte Eberhard II., der schon nach zwei Jahren der Herrschaft entsetzt wurde, worauf der elfjährige Ulrich zur Regierung kam. Zunächst wurde das Herzogtum von einer Regentschaft verwaltet.

Was lag aber unserem Kloster daran, wer damals in Stuttgart regierte? Um diese Frage zu beantworten, greifen wir noch einmal etwas weiter zurück.

Jedes Kloster hatte einen Schirmherrn, der des Klosters Rechte zu verteidigen, seinen Besitz zu sichern und es in jeder Gefahr zu beschützen die Pflicht hatte. Er hieß Klostervogt, Kastvogt oder auch Abvokat. Das Kloster St. Georgen hatte das Recht, seinen Vogt selbst zu wählen, von Kaisern und Päpsten zugesichert erhalten. Ja, es sollte sogar einen unnützen Vogt absetzen und an seiner Stelle einen neuen erwählen dürfen. Naturgemäß erwählte man zu einem solchen einen mächtigen Herrn, der nicht zu weit entfernt wohnte und wirksamen Schutz zu geben imstande war. Der Stifter Hezelo war wie seine Vorfahren Schirmvogt der Reichenau und wurde auch der erste Vogt von St. Georgen. Nach ihm ging die Vogtei im Jahr 1088 auf seinen Sohn Hermann über. Dieser wird als ein Mann von guter Gemütsart geschildert. Er hatte aber ein frühes und trauriges Ende. Als er am 26. August 1094 als Schirm= vogt in Reichenau war und gerade zur Kirche gehen wollte, wurde er von einem Klosterknecht „in Stücke gehauen!"[1]

Nunmehr wählten der Abt und sein Konvent den Herzog Berthold II. von Zähringen zum Klostervogt. Damit ging die Vogtei auf eins der mächtigsten Geschlechter über, mit dem das Geschlecht Hezilos vielleicht auch in verwandtschaftlicher Beziehung stand.[2] Berthold starb am 12. April 1111 in St. Peter und sein Sohn Berthold III., welcher die Städte Freiburg und Villingen erbaut hat, wurde St. Georgens Vogt. Dieser fiel im Jahr 1122 zu Molsheim im Elsaß*), und da er keine Kinder hinter= ließ, so übernahm sein Bruder Konrad, der Rektor von Burgund, das Erbe der Vogtei. Nach ihm kam Berthold IV. (1152—1186) und mit Berthold V. starb 1218 das Geschlecht der Herzoge von Zähringen aus.[3]

Jetzt blieb das Kloster eine Zeit lang im unmittelbaren Schutz des römischen Reiches, bis zwischen 1245 und 1250 unter Kaiser Friedrich II. die Abtei für sich und die vier dabeigelegenen Stäbe die benachbarten Edelleute von Falkenstein als Schirmherren erwählte[4] und zwar „aus gutem nachbarlichem Willen", zugleich mit der Zusage einer jährlichen Abgabe von vier Saum Breisgauer Weißweins, sieben Scheffel Hafer, sieben Gulden an Geld und sechzehn Fastnachtshennen.

Als das Geschlecht der Falkensteiner sich vermehrte und die Güter geteilt wurden, fiel auch die Vogtei hälftig an zwei Linien. Die Herren von Falkenstein=Falkenstein verkauften ihr Recht in den Jahren 1444 und 1449 an den Grafen Ludwig von Württemberg.[5] Die andere Hälfte gehörte den Herren von Falkenstein=Ramstein und kam durch Heirat an Hans von Rechberg, den Gemahl der Else Gräfin Werden= berg=Sargans.[6] Diese versetzte im Jahr 1462 ihren Anteil an das Kloster selbst um 200 Gulden. Hans Rechberg der Jüngere löste zwar das Pfand wieder ein, verkaufte aber sein Schloß samt der Vogtei Anno 1526 seinem Schwager Hans von Landenberg, der das Schirmrecht im Jahr 1532 an König Ferdinand um 800 Gulden weiterverkaufte. Da Ferdinand damals vorübergehend die Herrschaft in Württemberg besaß,

---

*) Er ist im Erbbegräbnis zu St. Peter beigesetzt worden. Als sein Sarg im Jahr 1630 geöffnet wurde, habe man noch den von einem Schwerthieb ge= spaltenen Schädel, lange blonde Haupthaare und Gebeine von so außerordentlicher Größe und Stärke gefunden, „daß sich jedermann, so es gesehen, hierüber ver= wundert".

so hatte er nunmehr das ganze Vogtrecht über St. Georgen. Als dann zwei Jahre später Herzog Ulrich nach dem Treffen bei Lauffen wieder in den Besitz seines Landes gekommen war, übernahm er von Ferdinand auch das ganze Vogtrecht, wie dieser es besessen hatte.

Dieser Wechsel der Schirmherren und der schließliche Anfall der Vogtei an Württemberg ist für St. Georgen von der größten Bedeutung geworden, weil das Kloster darüber seine Unabhängigkeit einbüßte. Die Herzoge sahen sich auch als die Landesherren an, und durch mehr als zwei Jahrhunderte hindurch zog sich der Streit darüber, ob Württemberg auch die Landesoberhoheit besitze, wie die Regierung erklärte, oder ob ihm nur das Schutzrecht des Klosters zustehe, wie die Äbte meinten.

2. Kapitel.
Zerwürfnisse mit Württemberg.

Die ersten Mißhelligkeiten zwischen dem Kloster und Württemberg fielen schon am Anfang des Jahrhunderts vor. Die Veranlassung war unbedeutend. Im Jahre 1502 weigerten sich zwei Bauern, die im Thälchen Kürnbach bei Schramberg auf Lehensgütern des Klosters saßen, dem Abt den Hauptfall zu geben, worauf dieser sie vor das geistliche Gericht zu Konstanz fordern ließ. Ludwig von Rechberg, dessen Leibeigene sie ge= wesen zu sein scheinen, nahm sich der beiden an und er suchte beim Abt zu vermitteln; dieser wies ihn jedoch zurück. Auch auf den Rat der Regentschaft in Stuttgart, einen Vergleich anzunehmen, ließ der Abt sich nicht ein. Vielmehr that er jetzt einen Schritt, der ihn zu Württemberg in offene Feindschaft setzte.[7] Die Rottweiler hatten sich nämlich mit den Schweizern verbündet, um dem abgesetzten Herzog Eberhard wieder zur Regierung zu verhelfen. An sie schloß sich am 16. Oktober 1502 Abt Georg an. Er ließ auf einen Tag alle seine Unterthanen nach St. Georgen kommen und in der Konventstube den dort anwesenden Rottweilern zu= schwören, „es wäre ihnen eben oder nit". Sodann verbrachte er all sein Gut aus dem Kloster nach Rottweil und nahm selbst dort Wohnung, nachdem er am 15. November sich, den Prior und Konvent auf 10 Jahre gegen ein jährliches Schutzgeld von 10 Gulden rheinisch in der Stadt Schutz, Schirm und Burgrecht hatte aufnehmen lassen.

Darüber entstand natürlich bei der württembergischen Regierung und dem zu Herzog Ulrich sich haltenden Adel eine große Verstimmung.

Auch die Unterthanen des Abtes wurden über diesen unwillig, der „ein guter Schweizer ward und denen zu Rottweil auf Fastnacht zwei Ochsen auf die Trinkstuben schenkte, die 28 Gulden kosteten". Sie kamen auf Fastnacht 1503 nach Rottweil, und nachdem sie genug getrunken hatten, trieben sie ihren Jux mit den Mönchen und „machten ihnen Kuhschwänze an die Kutten". Der Abt ließ zwei von ihnen in den Turm werfen, worauf es einen argen Rumor gab. Auch ließ er den Vogt mit dem Stab und andere Richter ins Gefängnis legen, „fromme, redliche Bauern und brauchte große Gewalt mit ihnen". Aber der Herzog von Württemberg zwang ihn, die Leute wieder freizugeben. Auf dessen An= frage, warum der Abt sich nach Rottweil begeben habe, hatte dieser schon am 25. November geantwortet, er stehe mit den Villingern nicht gut, dagegen seien die Rottweiler allezeit gegen ihn nachbarlich, redlich und hilfreich gewesen. Darum habe er sich in ihr Burgrecht begeben; dem Vogtrecht solle dadurch kein Eintrag geschehen. Der Herzog brachte nun die Angelegenheit vor den Kaiser Max. Dieser gebot am 12. Dezember 1502 den Rottweilern, den Abt aus dem Bündnis zu entlassen, und dem Abt befahl er am 2. März 1503, sein Verhältnis zu den Rott= weilern bei Vermeidung der Acht und Aberacht binnen 14 Tagen zu lösen. Als Bevollmächtigte des Herzogs erschienen Abt Gerhard von Alpirsbach und Hans von Wittingen, der Obervogt am Schwarzwald, um den kaiserlichen Befehl zu vollziehen. Aber es verging über den Verhandlungen noch fast ein Jahr, bis die Rottweiler dem Obervogt die Erklärung abgaben, daß sie sowohl den Abt als auch dessen Leute des Schwures entbunden hätten. Das geschah am 9. Februar 1504.

Noch war der Prozeß wegen der Kürnbacher Bauern nicht beendet. Am 31. Oktober 1504 führte Ludwig von Rechbergs Witwe, Adelheid von Müllheim, Klage, weil der Abt sich von ihren armen Leuten in Kürnbach habe huldigen lassen und Steuer erhebe. Abt Georg aber er= lebte den Austrag des Streites nicht mehr. Er scheint kurz vor seinem Tod noch abgesetzt worden zu sein, nachdem er einer außerordentlichen Visitation durch einen Kommissar des Bischofs von Konstanz und einen solchen des Herzogs Ulrich „etlicher Mängel und Gebrechen wegen" unter= zogen worden war. Er starb 1505.

Der Prozeß wurde im Jahr 1517 zu Gunsten des Klosters ent= schieden unter Abt Eberhard, der von 1505 bis 1517 regierte und aus dem Geschlecht der Bletz von Rothenstein war. Unter ihm ist auch ein Prozeß mit Villingen wegen Vöckenhausen ausgetragen worden;

dieser Prozeß betraf den Weidgang und Viehtrieb sowie den Kirchsatz
zu Bockenhausen, ferner zwei Höfe in Norbstetten; er ging dahin aus,
daß Bockenhausen und Norbstetten mit allem Zugehör, die Bockenhäuser
Weiher ausgenommen, den Villingern übergeben wurden, die dafür 1300
Gulden bar bezahlten.

3. Kapitel.

Ein Morgenbesuch aus Villingen.

In unangenehmere Berührung mit den Villingern kam Eberhards
Nachfolger, Nikolaus Schwander (1517—1530). Herzog Ulrich hatte
die freie Stadt Reutlingen weggenommen und württembergisch gemacht;
darum wurde er vom schwäbischen Bund aus Herrschaft und Land ver=
trieben. Villingen schloß sich dem schwäbischen Bunde an und erhielt
von diesem den Auftrag, das Land um Württemberg einzunehmen. Die
Villinger beschlossen sogleich, St. Georgen und Hornberg zu besetzen.
Am 15. April 1519 zog ein 300 Mann starker Haufe zum Rietthor
hinaus, nachdem zuvor ein Bote nach Triberg abgefertigt worden war,
um auch den dortigen Vogt eilends nach St. Georgen zu berufen. Der
Tag brach gerade an, als sie „mit aufrechtem Fähnlein" durch Peter=
zell marschierten. In St. Georgen angekommen, ließen sie dem Abt
sagen: sofern er sein Kloster, sein Gericht und seine Vogteien hergeben
und schwören wolle, dem löblichen Haus Österreich, dem Bund zu Schwa=
ben und der Stadt Villingen gehorsam zu sein, so wolle man ihn bei
Hab und Gut belassen. Werde er sich aber nicht ergeben, so würden sie
ihn „mit Gottes Hilfe durch Totschlag, Raub und Brand dazu zwingen".
Unterdessen kam auch der Triberger Vogt herbei und nun stellten sie
das Geschütz gegen das Kloster auf. Der Abt machte gute Miene zum
bösen Spiel, er hielt eine Beratung mit seinem Konvent und erklärte
sodann den Villingern: „sie könnten wohl sehen, ob sie es schon nicht
gern thäten, so müßten sie doch; darum so wollten sie es thun". Die
Mönche leisteten hierauf, indem sie die rechte Hand auf die linke Brust
legten, den verlangten Eid.

Darüber war es morgens acht Uhr geworden und der Abt lud
seine ungebetenen Gäste zum Frühstück. „Auf solches zogen wir mit
unseren Büchsen und mit aufgerecktem Fähnlein in das Kloster, und
schloß uns der Abt alle Schlösser auf am Keller, am Haferkasten und
setzten uns alle zu Tisch und gab einem einen Häring und Wein und

Brods genug, und hielt uns ehrlich und redlich, und trug man Wein
auf allen Tischen in Kübeln und Eimern zu."⁸

4. Kapitel.

Im Bauernkrieg.

Unter demselben Abt drohte dem Kloster sechs Jahre später eine
größere Gefahr. Schon seit längerer Zeit herrschte im Bauernstande eine
tiefgehende Unzufriedenheit und allgemein erscholl sein Ruf nach größerer
Unabhängigkeit. Daraus entstand der sog. Bauernkrieg. Die Bauern
verlangten zunächst, daß ihnen nicht noch mehr Lasten auferlegt, sie viel=
mehr besser als bisher behandelt würden. Insbesondere forderten sie
Befreiung von Zehnten und Fronden, sowie Aufhebung der Leibeigen=
schaft. Auch solle ihnen Gottes Wort rein und ohne menschliche Satzungen verkündet werden. Durch aufreizende Reden (vor allem auch des
Wiedertäufers Thomas Münzer) verwirrt, sammelten sie sich bald in
mächtigen Haufen, die plündernd, sengend und mordend durch das Land
zogen. In Thüringen, Franken, Schwaben, am Rhein und bis nach
Lothringen hinein rauchten Klöster und Burgen. Ende 1524 entbrannte
der Aufstand in der Landgrafschaft Stühlingen; bald darauf auch im
Fürstenbergischen und im Hegau. Es ist ausdrücklich zu bemerken, daß
die Beschwerden der Bauern in diesen Gegenden die Religion zunächst
nicht betrafen. Die Aufständischen versicherten vielmehr, daß sie nicht
evangelisch seien, mit der neuen Lehre nichts zu thun haben wollten
und nur für ihre leiblichen Beschwerden Abhilfe begehrten.⁹

Es währte nicht lange, so sammelte sich alles Volk vom Bodensee
bis zur Dreisam um Hans Müller von Bulgenbach, einen gewesenen
Soldaten aus dem St. Blasischen Gebiet. In rotem Mantel und mit
rotem Barett zog er an der Spitze seiner Leute als oberster Feldhaupt=
mann¹⁰ von Flecken zu Flecken.

Am 5. Mai 1525 ging der Zug von Hüfingen nach Wolterdingen;
sie verbrannten Zündelstein und Neufürstenberg, von da nahmen sie den
Weg über Böhrenbach nach Triberg. Am 9. Mai nahmen sie Triberg
ein und verbrannten das Schloß. Andern Tags kamen sie auf St. Ge=
orgen zu. Eine furchtbare Gefahr bedrohte das Kloster. Die Mönche
zogen dem wilden Haufen bis Sommerau entgegen; der Abt ließ einige
Ochsen und Kühe schlachten und eine Abendmahlzeit bereiten. Dem

Hauptmann Müller verehrte er einen Wagen mit Wein; außerdem ließ er den Klosterweiher ab, in dem 300 Karpfen sich fanden. „Die fraßen sie auch", bemerkt mit Ingrimm der Chronikschreiber.

Den Klosterschreiber hatten sie offenbar von vornherein ins Auge gefaßt und diesem selbst war es bei der Sache nicht geheuer, denn er war mit seiner Familie nach Villingen geflüchtet. Sofort nach ihrer Ankunft in St. Georgen fertigten die Bauern einen Boten nach Villingen ab, welcher den Schreiber zurückberufen sollte. Die Villinger aber re= spektierten den Abgesandten nicht; sie legten ihn vielmehr „in das ober Keffib*)" und gaben keine Antwort. Der Schreiber aber blieb in den sicheren Mauern Villingens. Dafür nahmen ihm daheim die Bauern für 500 Gulden Vieh weg. Auch den Abt kostete es an den zwei Tagen bei 600 Gulden. Aber die Opfer waren nicht vergeblich, das Kloster war gerettet. Hans Müller zog in dankbarem Verständnis für des klugen Abtes Weinwagen und Fischkasten an St. Georgen schonend vorüber. Des Klosters Unterthanen kamen nach St. Georgen und schwuren den Bauern, worauf diese am 12. Mai über Furtwangen in den Breisgau weiterzogen, wo sie 12,000 Mann stark ankamen.[11]

Villingen hatte den Bauern widerstanden. Diese getrauten sich jedoch nicht an die feste Stadt, dagegen suchten sie die zu Villingen ge= hörigen Ortschaften heim. Die Städter ihrerseits rächten sich durch Ausfälle in die Umgegend, auf denen sie die Dörfer, welche den Bauern zugefallen waren, verbrannten. So kamen am 28. Juni 400 Mann von Villingen mit Feldgeschütz, nahmen St. Georgen ein, plün= derten die Häuser auf dem Berg, verschonten aber das Kloster.[12] Auf der Sommerau plünderten und verbrannten sie sechs Höfe, ebenso sämt= liche Höfe am Rupertsberg, den Hohbrunn und den Ursprung**); „ward alles glatt verbrennt".

Unterdessen kam ein Bauernhaufe, etwa 600 Mann stark, das Brigachthal herab auf St. Georgen zu. Vor diesem zogen sich die Vil= linger gegen Peterzell zurück. Die Bauern wechselten jedoch nur einige Schüsse mit ihnen und schlugen sich beim Bruderhaus in den Kehlin= wald. Derweilen plünderten die Villinger das Dorf Peterzell, „luden allen Raub auf die Wagen und verbrannten dann das Dorf ganz und gar, ließen gar nichts aufrecht bleiben, es mußt alles verbrennt sein".

---

*) Käfig, Gefängnis.
**) Der Ursprung ist im Volksmund zum „Moschbrunn" geworden.

Hierauf wandten sie sich nach Stockburg, das sie ebenfalls in Asche legten bis auf zwei Häuser; in dem einen waren zwei blindgeborene Kinder, im andern befand sich eine Wöchnerin. Von da ging es nach Mönchweiler, wo sie „Butzen und Stiel" verbrannten und um sechs Uhr abends kamen sie wieder nach Hause; „mit trefflichem Raub", heißt es in der Chronik.

Der Bauernaufstand wurde gedämpft und die Sieger nahmen oft grau=
same Rache. Auf dem Schwarzwald stellte der Feldhauptmann des schwäbischen Bundes, Georg Truchseß von Walbburg, die Ordnung wieder her und die Unterthanen wurden von neuem in Eid genommen. Am 9. August 1525 kamen Friedrich von Enzberg und Ludwig von Landau mit 20 Pferden, 200 Knechten, 100 von der Stadt Villingen und gutem Feldgeschütz nach St. Georgen. Aus allen Vogteien der Herrschaft Triberg waren die Unterthanen mit Gewehr und Harnisch gleichfalls dahin beschieden worden. Diese kamen zu 500 mit einem Fähnlein und stellten sich vor St. Lorenz, b. h. auf dem Platz vor unserer evangelischen Kirche auf. Die Villinger postierten sich mit ihrem Geschütz über ihnen am Roßberg. Junker Enzberg hielt eine Ansprache und befahl dann den Tribergern, Gewehr und Harnisch auf einen Haufen zu werfen. Hierauf machte er zum Zeichen der Entehrung an ihr Fähnlein einen Knopf und stieß es umgekehrt in den Boden. Der Schreiber verlas die Kriegsartikel, neun der Anführer wurden ge=
fesselt und abgeführt, die übrigen schwuren Treue. Auch wurde jedem eine Strafe von 6 Gulden auferlegt.[13]

5. Kapitel.
Herzog Ulrich reformiert sein Württemberger Land.

Abt Nikolaus, unter welchem das Kloster mancherlei Gefahren be=
standen hatte, sehnte sich nach Ruhe. Er legte im Jahre 1530 sein Amt nieder und verlebte seine letzten Jahre in St. Johann. Zu seinem Nach=
folger wurde der Pfarrer Johannes Kern von Ingolbingen berufen. Er war zwar einstimmig gewählt, aber die damals österreichische Herr=
schaft in Stuttgart scheint Bedenken wider ihn gehabt zu haben, denn sie sandte zwei Kommissare nach St. Georgen, um seine Wahl zu unter=
suchen. Doch wurde diese bald bestätigt.

In den nächsten Jahren wandten sich die Geschicke Württembergs. Noch war Herzog Ulrich in der Verbannung und sein Land in den

Händen des Österreichers Ferdinand. Ulrich war in seinen jungen Jahren ein gar wunderlicher Herr gewesen. Trotzigen Mutes, leidenschaftlich und jäh, hat er über andere Unglück gebracht und sich selber bitteres Leid zugefügt, denn er hat 15 lange Jahre das Brot der Fremde gegessen.

Seine Eltern hatte er früh verloren und eine ungeeignete Erziehung hatte seinen natürlichen Trotz gesteigert.[14] Dazu kam, daß er schon in dem unreifen Alter von 16 Jahren selbständiger Herrscher wurde. Während er den Vergnügungen der Jagd sich hingab und fürstlichem Glanze große Summen opferte, überließ er die Regierung des Landes seinen Räten und es brach in der Folge ein Aufstand aus. Noch drei Jahre dauerte die Mißregierung, bis Ulrich im Jahr 1519 die Stadt Reutlingen einnahm und hierauf vom Schwäbischen Bund vertrieben wurde. Kaiser Karl V. kaufte Württemberg und gab es seinem Bruder Ferdinand, Ulrich aber ging in die Verbannung. Dahin begleitete ihn jedoch die Liebe seines Volkes, die ihn nie ganz verlassen hatte. Denn er war „leutselig gegen den gemeinen Mann, mit dem er wohl auch derb volksmäßig zu reden verstand; von einer ungekünstelten Beredsamkeit, die die Herzen packte, daß die Augen übergingen, gewandt in allen ritterlichen Künsten, tapfer und mutig im Kampf, umsichtig im Krieg, in seinem Auftreten männlich würdig, war er wie geschaffen, die Herzen des treuen Schwabenvolkes zu fesseln. In den schwersten Zeiten, da er Schuld auf Schuld gehäuft, da hing das Volk an ihm und war bereit, Leib und Leben, Gut und Blut an ihn zu setzen."[15]

Die Jahre der Verbannung blieben nicht ohne Einfluß auf ihn. Während eines Aufenthaltes in der Schweiz pflog er mit Zwingli und Ökolampadius Verkehr; beim Religionsgespräch zu Marburg lernte er Luther persönlich kennen, und an dem Landgrafen Philipp von Hessen, einem evangelischen Fürsten, hatte er einen Freund. Philipp vor allen nahm sich des Landesflüchtigen an. Er schlug im Jahr 1534 im Treffen bei Lauffen den österreichischen Statthalter, und da Kaiser Karl und König Ferdinand gerade anderweitig beschäftigt waren, so wurde dem Herzog im Vertrag von Kaban*) seine Herrschaft wieder gesichert.

Ulrich kehrte mit dem Vorsatz in sein Land zurück, dasselbe zu reformieren. Und um so freudiger nahm ihn sein Land wieder auf, als in Württemberg Luthers Lehre längst lebhaften Anklang gefunden hatte,

---

*) Kaaden in Böhmen.

die Regungen des Evangeliums aber unter der österreichischen Herrschaft aufs strengste niedergehalten worden waren. Auch war den Schwaben die Regierung Ferdinands, den sie den Spanier nannten, stets fremd und verhaßt geblieben. Ulrich teilte nun Württemberg in das Land „ob der Staig" und „nib der Staig"; der Reformator „ob der Staig" wurde Ambrosius Blarer, die andere Hälfte reformierte Eberhard Schnepf.

Eigentlichen Widerstand erfuhr Ulrich dabei nur von den Prälaten, insbesondere von den Äbten von St. Georgen, Herrenalb und Maul=bronn. Auf die Klöster aber mußte Ulrichs Augenmerk um so schärfer gerichtet sein, als der Besitz der Klöster und Stifter ein volles Drittel des Landes umfaßte,[16] und er zögerte nicht, seine Maßregeln zu er=greifen. Es wurden sogenannte Lesemeister in die Klöster geschickt, welche die Bewohner derselben belehren, unevangelische Übungen ab=schaffen und Gottes Wort predigen sollten. Besondere Kommissare nahmen ein genaues Verzeichnis des Klosterbesitzes an Gütern, Kleino=bien, Fahrnissen und barem Geld auf. Wertvollere Gegenstände sowie die Urkunden wurden unter dreifachen Verschluß genommen: der Herzog, der Abt und der Konvent nahmen je einen Schlüssel. Bald ging man daran, die Klöster aufzulösen. Es erging an die Äbte des ganzen Landes die Erklärung, der Herzog werde das heuchlerische Wesen der Klöster nicht länger dulden; ihre Einkünfte wolle er durch eigene Schaff=ner verwalten lassen, jedem Abt einen Jahresgehalt anweisen, den ferneren Aufenthalt im Kloster ihm aber nur dann gestatten, wenn er der evan=gelischen Lehre und dem evangelischen Gottesdienst sich füge. Die Mönche, welche aus dem Orden austraten, erhielten ein Leibgeding von 40 Gulden.[17] Wer ein für allemal sich abfinden ließ, empfing 150 bis 250 Gulden. Diejenigen Mönche, welche sich nicht fügen wollten, sollten in Maulbronn leibliche Verpflegung und Unterricht im Worte Gottes erhalten.[18] Nur wenige gingen nach Maulbronn. Auch in den Klöstern waren schon viele Anhänger der Reformation, die sich an den Lesemeister anschlossen. Andere gingen außer Lands in ein Kloster ihres Ordens Die abziehenden Mönche wurden mit Wegzehrung versehen und durften ihre Betten und dergleichen mitnehmen. Anders war es in St. Georgen.

6. Kapitel.

Die Katastrophe in St. Georgen.

Im Hornberger Amt wurde an Weihnachten 1534 der herzogliche Befehl eröffnet, die katholischen Pfarrer zu entfernen; am 2. Januar 1535 befahl Herzog Ulrich dem Abt Johannes, an Stelle der seitherigen katholischen Pfarrer evangelische Prädikanten (Prediger) einzusetzen. Dieser Auftrag wurde am 29. Januar wiederholt, auch wurde eine neue Klosterordnung mitgeteilt. Zugleich befahl der Herzog dem Abt, den Diakonus und Lesemeister, welche Blarer ihm zusenden werde, aufzunehmen, auf dem Konvent predigen und lesen zu lassen und sie zu unterhalten. Blarer benachrichtigte am 22. Februar den Abt, er werde zunächst einen Prediger und später einen Lesemeister senden. Unter dem 3. April zeigte der damalige Pfarrer Spreter von Gaißlingen bei Ulm dem Abte an, er werde „aus Dankbarkeit" nach St. Georgen kommen. Hans Spreter ist so der erste evangelische Geistliche in St. Georgen geworden. Er stammte aus einer angesehenen Familie in Rottweil und hat verschiedene Schriften geschrieben; auch ist er der Verfasser des wahrscheinlich frühesten Kirchenbuchs in badischen Landen. In einer besonderen Schrift hat er seine Vaterstadt Rottweil ermahnt, das Evangelium anzunehmen. Dort erregte diese Schrift aber solches Ärgernis, daß man sie öffentlich durch den Henker verbrennen ließ. [19]

Spreter war nur 5 Wochen in St. Georgen. Der Abt verweigerte ihm die Kanzel und bat am 17. Juni um seine Abberufung. Im selben Monat, am 4. Juni, war im Kloster inventiert worden und am 18. Juni gebot der Herzog dem Abt, sein halbes Einkommen und 650 Gulden als Betreffnis an den dem Prälatenstand auferlegten 20,000 Gulden Steuer einzusenden.

Am 16. September erging der Befehl des Herzogs, einen zweiten Prediger anzunehmen, nachdem man den ersten zurückgewiesen habe; dieser Befehl wurde am 12. Oktober wiederholt. Dieser zweite Prediger wurde am folgenden Tag von Blarer gesandt; sein Name ist unbekannt. [20] Derselbe zog am 20. Oktober auf, aber schon acht Tage später protestierte Abt Johannes gegen ihn; „die Geistlichen können weder einen Prädikanten annehmen, noch sich pensionieren lassen. St. Georg Kloster sei dem heiligen römischen Reich zugehörig, darum ein Prälat von St. Georg auf alle Reichstäg zu erscheinen gemahnt würde. Es liege auch an einer Grenze außerhalb Württemberg an neun anstoßende Herrschaften." Auch die vorderösterreichische Regierung zu Ensisheim befaßte sich mit der Angelegenheit. Sie schrieb nach Villingen, es sei von ihr über die Sendung eines Predigers nach St. Georgen an die innere Regierung zu Innsbruck berichtet worden; unterdessen solle man Vorsorge treffen, daß „durch die verführerischen Prädikanten der Württemberger nichts von der neuen verdammten Sekte bei ihnen einwurzle".

Der Abt suchte die Reformierung des Klosters zu verzögern. Am 6. Dezember wurden Abt Johannes, Prior Johann Heggelbach zu Rippoldsau und Pfarrer Friedrich Kaiser von Furtwangen vom Konvent bevollmächtigt, gegen alle Eingriffe des Herzogs in die Religion und das Einkommen gerichtlichen Protest zu erheben. Aber Württemberg drängte, und so entschloß sich der Abt, beim Herzog persönlich vorstellig zu werden. Er stürzte aber unterwegs mit seinem Pferd und blieb in Rottweil liegen. Von dort trug er sein Begehren schriftlich vor; er berief sich auf eine allgemeine Kirchenversammlung und bat wiederholt, ihn beim katholischen Glauben zu belassen, da er ein Reichsprälat sei. Er verproviantierte sich in Rottweil, indem er Früchte, Wein und dergl. dahin schaffen ließ. Der Obervogt zeigte es jedoch dem Herzog an, und dieser befahl, die Lebensmittel wieder nach St. Georgen zu verbringen. Die Spannung wurde immer größer.

Auf der einen Seite der Abt, welcher bestrebt war, das Evangelium vom Kloster fern zu halten, und andrerseits der Herzog, welcher seinen Plan im ganzen Land durchzuführen entschlossen war, und dessen „Obervogt am Schwarzwald", der in Hornberg wohnende Jost (oder Joß, Jodocus) Münch von Rosenberg, ein kurzangebundener Mann, der den Mönchen ohnehin nicht wohl wollte und jederzeit „zuzugreifen" bereit war. Diesem gab Ulrich am 20. Dezember Gewalt, mit dem Abt zu handeln.

Jost Münch sandte einen Büchsenmacher nach St. Georgen, um die Glocken wegzuholen; zugleich gab er dem Herzog den Rat, auch die Privilegien und das Silbergeschirr wegführen zu lassen, „damit man nicht drumkomme". Am 26. Dezember kündete er dem Konvent an, daß er auf Neujahr oder den Samstag darauf nach St. Georgen kommen werde, um auf den Befehl des Herzogs mit ihnen zu handeln. Den Abt bestellte er gleichfalls von Rottweil dahin. Das Begehren eines dreiwöchigen Verzugs wies er ab.

In seiner Not wandte sich der Abt nunmehr an den Abvokaten des Reichskammergerichts zu Speier, Valentin Gottfried, und bat um zwei Strafbefehle gegen den Herzog und seinen Landvogt. Aber das Kammergericht arbeitete langsam und um so rascher handelte der Obervogt. Er erschien auf Dreikönigstag des neuen Jahres, am 5. Januar 1536, im Kloster.

Der Abt war nicht erschienen und die Mönche weigerten sich, in seiner Abwesenheit das Beglaubigungsschreiben des Landvogts zu eröffnen. Sie erklärten ihrerseits, weder nach Maulbronn zu gehen noch sich pen= sionieren zu lassen, denn sie ständen unmittelbar unter dem Reich und Württemberg habe nur die Rechte eines Schirmvogts. Diese Erklärung ließen sie dem Vogt durch ihren Klosteramtmann Rinkner abgeben. Daraufhin ließ der Vogt Kisten und Kasten aufbrechen. Das Silber= geschirr wurde mitgenommen. Aus der Kirche wurden Monstranz, Kelche und Meßgewänder geholt, wobei die Hostien auf den Boden zerstreut wurden; die Mönche hoben sie auf und genossen sie andächtig. Die wichtigeren Urkunden hatte der Abt schon vorher nach Rottweil ver= bringen lassen, von wo sie hernach nach Villingen kamen. Die Mönche wurden „abgefertigt", so daß nur noch neun weltliche Personen im Kloster zurückblieben. Es wurde den Mönchen nicht, wie es sonst üblich war, gestattet, das Ihrige mitzunehmen, vielmehr wanderten sie „ohne Ge= fieder und Gelieger" im Schneegestöber — 21 an der Zahl — nach Rott= weil, wohin der Abt am Tage zuvor sie „als die Kinder zu ihrem Vater" eingeladen hatte. Die Stadt Rottweil aber holte sie in feier= licher Prozession ein.

Jost Münch legte nun die Einkünfte des Klosters unter Arrest und verpfändete die Klostergüter. Der Abt erklärte sich zwar jetzt bereit, die Landsteuern und Kriegskosten zu entrichten, wenn der Arrest zurück= genommen und das Kloster wieder dem Konvent und dem katholischen Gottesdienst zurückgegeben werde, aber der Herzog ließ sich auf keine Verhandlung mehr ein. Am 30. Dezember 1535 hatte der Prior Joa= chim Brüning die letzte Messe in der Lorenzkirche abgehalten. Zwar wurde der Prozeß beim Reichsgericht fortgesetzt, aber der Herzog erklärte dieses für parteiisch. Auch der Kaiser Karl und König Ferdinand ver= mochten nicht, die Sache des Abtes zu bessern.

7. Kapitel.
Rückschau.

Wir sind an einem Wendepunkt der Klostergeschichte angekommen, von welchem aus wir auf 452 Jahre zurückschauen.

Das Kloster hatte bei seiner Gründung auf der Höhe des Schwarz=
waldes eine bedeutsame Aufgabe übernommen. Zunächst galt es, die
unwirtliche Gegend urbar zu machen. Auf die Anordnung des Klosters
hin wurden die Urwälder gelichtet, die Thäler besiedelt, das Land an=
gebaut. So geschah es auch bei Furtwangen und Tennenbronn. Neben
dieser äußeren Kulturaufgabe und Bedeutung hatte das Kloster noch eine
höhere. St. Georgen wurde der Mittelpunkt des kirchlichen Lebens der
Gegend auf Stunden weit, insbesondere auch dadurch, daß es aus seinen
Brüdern Priester aussandte und in den ihm gehörigen Kirchen den
Gottesdienst versehen ließ. Schließlich hat die Abtei auch auf die
Ausbreitung und Entwicklung klösterlichen Lebens überhaupt durch die
Gründung neuer Klöster, die nebst einigen anderen ihr unterstanden,
weithinaus einen Einfluß geübt.

Am Eingang der Klosterzeit stehen die beiden Stifter, deren Eifer
wir bewundern, deren Persönlichkeiten aber aus dem Dunkel der Ver=
gangenheit nicht deutlich genug heraustreten und bald von der markigen
Gestalt Wilhelms von Hirschau überragt werden. Unter den ersten
Äbten nicht nur, sondern auch in der ganzen Abtreihe nimmt die erste
Stelle der Abt Theoger ein. Sein Bild ist uns mit einer Deutlichkeit
gezeichnet wie das keines seiner Nachfolger mehr. Auch ist er der einzige,
welcher aus dem engeren Rahmen der Klostergeschichte heraustritt, da er
aus der Stille des Klosterlebens heraus einige Jahre hindurch als das
Haupt der Hirschauer einen weithin bestimmenden Einfluß ausübte und
später durch seine Berufung auf den Metzer Bischofstuhl an dem welt=
geschichtlichen Kampfe seiner Zeit auch öffentlich teilnahm.

Die Jünger des heil. Benediktus haben den besonderen Ruf der
Gelehrsamkeit sich erworben. So wissen wir auch von Theoger, daß er
in den Fußstapfen seines Meisters Wilhelm, dessen Bibliothekar er ge=
wesen war, die Wissenschaft liebte und pflegte. Jahrhundertelang lesen
wir dann freilich nichts mehr von gelehrten Bestrebungen der St. Geor=
gischen Mönche. Sogar die Geschichte ihres eigenen Klosters vernach=
lässigten sie so sehr, daß ihnen die Bestimmung des Stiftungsortes und
des Gründungsjahres abhanden kam. Doch wissen wir aus späterer
Zeit wieder von geschichtlichen Arbeiten der beiden Äbte Georg II. und III.,
von denen der letztere mit dem Geschichtschreiber des Benediktinerordens,
dem gelehrten Mabillon in Paris, im Briefwechsel stand. Um auch das
hier vorauszunehmen, so verpflichteten sich die Klosterbrüder, nachdem
der Konvent sich ganz in Villingen niedergelassen hatte, an den dortigen

Lateinschulen die fremden Sprachen und Musik zu lehren, und einer der letzten St. Georgianer zu Villingen wurde als erster Rektor und Professor der Theologie an die neugegründete Universität Ellwangen berufen, Cölestin Spegele.[21]

Mit Theoger war der letzte große Hirschauer geschieden. Als Theogers Freund Erbo dessen Leben schreiben ließ, war die Blütezeit der Hirschauer schon vorüber.[22] Auch in St. Georgen finden wir nur noch einen Abt, welcher der Hirschauer Tradition folgte. Schon ein halbes Jahrhundert nach der Gründung war die Klosterzucht verfallen.

Es mehrte sich der Besitz und es fehlte nicht an päpstlichen und kaiserlichen Anerkennungen. Der Prälat von St. Georgen war ein angesehener Herr geworden. Wenn er mit seinem Gefolge den Schwarzwald hinunter ritt, um seine überrheinischen Klöster zu visitieren, so nahm er zu Straßburg im eigenen Pfleghof Quartier, aber auch in der Bischofpfalz war er ein werter Gast, zumal in der Zeit des Bischofs Heinrich von Stahleck, des im Jahr 1260 gestorbenen „großen Gönners unseres Gotteshauses". Es ist ja gewiß eine starke Übertreibung, wenn die Jahrbücher zum Jahr 1349 vermelden: „damals hat ein jeglicher Abt von St. Jergen mögen reitten bis gen Rom und alle Nacht auf dem seinen Eigenthum liegen", aber diese Bemerkung zeugt doch von einem großen Reichtum, den die Abtei sich angesammelt hatte.

Öfterer freiwilliger Rücktritt und die Absetzung einiger Äbte einerseits, wie der Ungehorsam der Klosterbrüder andrerseits bekunden aber unerquickliche innere Zustände. Jahrhunderte hindurch war St. Georgen ein Adelskloster und es mögen die Abligen, welche in seinen Mauern den Frieden suchten, ihn nicht immer gegen frühere kampflustige Gewohnheit eingetauscht haben. Ein Abt wurde von einem seiner Mönche halbtot geschlagen. Ein anderer wurde eines Morgens tot im Bett gefunden. Die Konventherren deuteten auf den Kaplan als den Mörder, aber trotzdem wurde er des Gemordeten Nachfolger. In etwa 20 Jahren hat dann dieser eine ungeheure Summe vergeudet, und nach seiner Absetzung galt längst nicht mehr die zuversichtliche Verheißung des scheidenden Theoger, daß es dem mitten in Wäldern stehenden Kloster eher an Holz benn an zeitlichem Gut gebrechen werde.

Es folgten noch einige tüchtige Männer, die mit Weisheit und Kraft den Abtstab führten, aber eine neue Zeit brach an, welche auch das an der Landesgrenze liegende Kloster in das Schicksal der andern württembergischen Klöster einbezog. Zwar scheint es nicht, als ob

Württemberg von Haus aus das klarste Recht auf seiner Seite gehabt hätte, doch stehen auch die Proteste der Äbte gegen die württembergischen Maßnahmen nicht auf gesichertem Boden, und jedenfalls hatte Württemberg den Erfolg. Mochte auch noch ein Jahrhundert über dem konfessionellen Streit und dem Kampf um den Besitz der Abtei vergehen, schließlich blieb der evangelische Herzog der Sieger über den katholischen Abt. Als am 5. Januar 1536 hinter dem letzten abziehenden Mönche das Klosterpförtlein sich geschlossen hatte, da war auch die eigentliche Klosterzeit abgeschlossen, und aus dem einstigen Hirschauer Reformkloster war eine Heimstätte der Reformation geworden.

Vierter Abschnitt.

Die konfessionellen Kämpfe.

—◦—

1. Kapitel.

Die Wiedereinsetzung des Abtes.

Über die evangelischen Geistlichen der nächsten Zeit sind nur wenige Nachrichten überliefert. Sie standen unter dem Schutz des Herzogs und sammelten sich die Gemeinde aus dem Dorf St. Georgen und den Stäben Brigach, Langenschiltach, Oberkürnach und Peterzell. Ihre Wohnung hatten sie im Kloster; den Gottesdienst hielten sie in der Abteikirche. Im Jahr 1538 war wieder ein Prediger gesandt worden; derselbe bat 1541 „in den sterbenden Läufen" um einen Gehilfen, ein Pferd und größere Besoldung. So wurde ihm im nächsten Jahr ein Helfer bei= gegeben, Matthias Herrmann. Im selben Jahr ist von Württemberg auch ein Klosteramtmann eingesetzt worden. Am 19. Juli 1543 fand in Stuttgart in Anwesenheit einer Kommission des Königs Ferdinand eine Tagsatzung statt, auf welcher die Abgeordneten des Abtes erklärten, das Gotteshaus sei reichsunmittelbar, denn der Abt sei jedesmal zu den Reichstagen beschieden worden; auch hätten die St. Georgischen Unter= thanen nie einem andern Herrn geschworen und Steuer entrichtet als dem Abt. Dagegen erwiderten die württembergischen Räte, der Abt sei in Wirklichkeit nie auf einem Reichstag erschienen, vielmehr habe der Herzog seine Beschwerden auf den Reichstagen vertreten. Wohl aber hätten die Herzoge zur Abtswahl einen Gesandten geschickt, die Prälaten seien zu den württembergischen Landtagen berufen worden und auch erschienen; nach den Bauernkriegen habe die württembergische Regie= rung die abgefallenen Unterthanen des Abtes im Namen des Fürstentums in Erbhulbigung genommen, auch seien sie neben den Landsteuern im Bauernkrieg wie die übrigen württembergischen Unterthanen gebrandschatzt worden. Man verhandelte über die Wiedereinsetung des Abtes, aber alle Verhandlungen zerschlugen sich an der Forderung, daß der Abt und sein Konvent den evangelischen Glauben annehmen müßten.

Nun nahm der Abt seine Zuflucht zum Erzhaus Österreich. König Ferdinand nahm ihn und den Konvent in den kaiserlichen Schutz, gestattete ihnen, bis zur Wiedereinsetung in der vorderösterreichischen Stadt Villingen zu wohnen und befahl sowohl der Regierung zu Ensisheim als auch der Stadt Villingen, sie „in alleweg zu schützen und zu schirmen", auch übernahm er 1544 den Schutz der beiden Weiler Dindenhofen und Herberzhofen durch die Landvogtei Schwaben.[1] Aber des Abtes Sache erfuhr dadurch keine Förderung. Auch die Erwerbung des kleinen Klosters St. Ulrich bei Freiburg im Jahr 1546 brachte dem Abt Johannes wenig Freude. Dieses Klösterlein war verschuldet und befand sich in einem so übeln Zustand, daß der Abt Johannes es dem Abt von St. Peter gegen Wiederersatz der Unkosten überließ.

Unterdessen kam dem Abt die Hilfe woandersher. Kaiser Karl V. war beunruhigt, als infolge des Nürnberger Religionsfriedens, den er 1531 mit dem Schmalkaldischen Bund abgeschlossen hatte, die evangelische Sache in Deutschland, insbesondere in Sachsen, Brandenburg, Baden-Durlach, der Pfalz und Württemberg rasch Fortschritte machte. Nachdem die evangelischen Stände gegen eine allgemeine Kirchenversammlung protestiert und eine Versammlung deutscher Nation verlangt hatten, brach im Todesjahr Luthers (1546) zwischen dem Kaiser und den evangelischen Fürsten und Städten der schmalkaldische Krieg aus. Der Kaiser rückte in Schwaben ein und der alte Herzog Ulrich mußte nicht nur Brandschatzung zahlen, sondern auch seine wichtigsten Festungen den Kaiserlichen einräumen. Als dann im April 1547 die Evangelischen in der Schlacht bei Mühlberg unterlegen waren, schien die Sache des Evangeliums in Deutschland verloren. Durch das augsburgische Interim verlangte der Kaiser im nächsten Jahr, daß die Evangelischen in Gottesdienst und Ceremonien den katholischen Gebrauch wieder annehmen sollten. Ulrich, der selbst landesflüchtig geworden war, konnte sich dieser Forderung nicht widersetzen und nun war auch des Abtes Stunde wieder gekommen. Er hatte sich in Augsburg durch seinen Schreiber Hieronymus Bolt vertreten lassen, welcher auch geheime Mandate vom Kaiser erwirkte, die den Abt „in seine Religion, Prälatur und alles

Einkommen restaurierten". Auf Grund dieses kaiserlichen Erlasses ver=
bot der Abt den Unterthanen, die Gefälle ferner an den württember=
gischen Vogt abzuliefern; auch kündete er dem evangelischen Geistlichen
seine Stelle. Herzog Ulrich befahl dem Vogt, das Vieh und die Früchte
zu verkaufen; der Prediger solle sich in Stuttgart melden, wenn er sich
in St. Georgen nicht länger halten könne. Um die gegenseitigen Rechte
festzusetzen, wurde vom 15. bis zum 17. Oktober 1548 in Wildbad eine
gütliche Unterhandlung zwischen Abgesandten des Herzogs und des Abtes
gepflogen.[2] Die Württemberger verzichteten auf den Anspruch, daß der
Vogt und die Unterthanen dem Herzog huldigten, der Abt den württem=
bergischen Beamten Rechnung ablege, bei der Abtswahl ein herzoglicher
Gesandter zugegen sein solle und vom St. Georgener Kerngericht der
Rekurs an das württembergische Hofgericht gehe; auch gaben sie die
Abberufung des württembergischen Vogts und des Predigers sowie die
freie Verwaltung des Klosters zu. Dagegen verzichteten der Abt und
Konvent auf alle Forderungen, „die sie wegen bisher erlittener Abnutzung
fahrender Güter und andern Beschädigungen zu machen befugt waren".
Darauf erging an den Obervogt am Schwarzwald, Jost Münch von
Rosenberg, der fürstliche Befehl: „Daß er den Vogt und Prädikanten,
so bisher wir in dem Kloster St. Geörgen am Schwarzwald gehabt, auf
des würdigen unseres lieben besonderen Herrn Johann Abt und Konvents da=
selbst Ersuchen, alsbald abschaffen, auch ihm Prälaten und Konvent zu
geist= und weltlicher freier Verwaltung solches Klosters und dazu gehöriger
Güter kommen, die Saal, Lagerbücher und Register, auch allen Vorrat,
der an Getreide, Hausrat und anderer fahrender Habe an dem und
andern Orten dem bemeldeten Kloster zuständig, noch auf diesen Tag
unverändert, desgleichen die Zinsbriefe, so vom Einkommen des Klosters
zu Leibringen erkauft, vorhanden sind, folgen lassen, und obgleich die=
selbigen Zinsbriefe verlegt wären, die Zinsleute an ihn Prälaten und
Konvent weisen soll".[3]

Vier Tage darauf schrieb Jost Münch von Alpirsbach aus an den
Abt, er werde nach St. Georgen kommen und den Befehl des Herzogs
vollziehen. Den Kassenvorrat von 450 Gulden behielt er jedoch bei der
Übergabe für die Rentkammer zurück. Nunmehr wurde der württem=
bergische Amtmann Ludwig Rinkner, der seit 1543 sein Amt innehatte,
zurückgezogen und statt seiner kam Hieronymus Bolt als Amtmann des
Abtes. Joachim Brüning, der nach der Austreibung im Jahr 1536
Beichtvater im St. Georgischen Frauenkloster St. Johann und hiernach

1546 Pfarrer in Jngolbingen geworben war, wurbe als Prior in das Kloster zurückberufen, von wo er 1554 als Abt nach Münster ging.

Auch in Tennenbronn, Mönchweiler unb Jngolbingen wurben wieder katholische Pfarrer eingesetzt.

2. Kapitel.

Ein neuer Umschwung.

Wie wenig ber Abt aber auf bie Sicherheit ber neuen Verhältnisse in St. Georgen vertraute, erkennen wir baraus, baß er sich bie Erlaubnis erwirkte, mit einem Jahresgehalt von 300 Gulben, 15 Malter Weizen, 20 Malter Hafer unb 26 Saum Wein sich in Villingen ober Rottweil niederzulassen unb in St. Georgen burch ben Großkeller einen Teil ber Geschäfte versehen zu lassen. In ber That vollzog sich balb wieber eine Änberung. Am 6. November 1550 beschloß Herzog Ulrich zu Tübingen sein an Wechselfällen so reiches Leben unb sein Sohn Christoph übernahm bie Regentschaft. Dieser hielt es für seine fürstliche Pflicht, „vor allen Dingen seine untergebene Lanbschaft mit ber reinen Lehre bes heiligen Evangeliums zu versorgen unb baneben in zeitlicher Regierung Ruh, Einigkeit unb Wohlfahrt anzustellen unb zu erhalten". Zunächst wurbe bas Interim abgeschafft, von welchem bie Evangelischen Württembergs gesungen hatten: „Das Interim ich nit annimm, unb sollt' bie Welt zerbrechen".[4] Zugleich ging Herzog Christoph an bie Reform ber Klöster. Zu gut kam ihm babei bie bamalige politische Lage. Kurfürst Moritz, bessen Schwiegervater, Landgraf Philipp von Hessen, mit Friedrich ~~dem Weisen~~ von Sachsen von Kaiser Karl in schmählicher Haft gehalten wurbe, fiel vom Kaiser ab unb zwang biesen zum Vertrag von Passau (2. August 1552), welchem im Jahr 1555 am 25. September ber Augsburger Religionsfriebe folgte. Durch biesen Religionsfrieben wurbe ben weltlichen Fürsten gestattet, ihre Länber zu reformieren, unb somit bem Herzog Christoph freie Hand gegeben, was auch balb in St. Georgen sich zeigte.

Als nach bem Regierungsantritt Christophs ber Obervogt Jost Münch am 4. Januar 1555 bie Erbhulbigung für ben neuen Lanbesherrn in St. Georgen hatte abnehmen wollen, erzwang es ber Abt, baß erst am 26. Juni 1555 burch ben Hornberger Untervogt bieselbe geschehen konnte unb zwar nicht für ben Herzog als Lanbesherrn sonbern nur als Schirmvogt bes Klosters.

Als aber Christoph am 3. Januar 1556 die neue Klosterordnung einführte, bezog er auch unbedenklich St. Georgen unter dieselbe. Merk= würdigerweise nahm der Abt diese nach einigem Protest an. Am 10. Juni 1556 wurde zwischen dem Abt und dem Konvent einerseits und zwei württembergischen Räten andrerseits die Abmachung getroffen, daß der äußere Konvent, d. h. die auf Propsteien St. Georgischer Klöster und auf auswärtigen Pfarreien*) befindlichen Mönche den katholischen Glauben beibehalten durften; der innere Konvent aber, d. h. die im Kloster wohnenden Mönche nahmen bis auf zwei unter Vorbehalt einer viertel= oder halbjährigen Probezeit die neue Ordnung an, durch welche die Messe abgeschafft und ein Morgengebet für Kaiser, Herzog und Abt angeordnet wurde. Auch sollte ein Klosterpräceptor angestellt werden, um den Mönchen theologische Vorlesungen zu halten. Christoph beab= sichtigte nämlich, die Klöster zu evangelischen Klosterschulen umzuschaffen.

Als die St. Georgener Mönche in Stuttgart vorstellig wurden und um die Erlaubnis baten, in einer eigenen Kapelle wieder Messe lesen zu dürfen, schlug es ihnen der Herzog ab. Vielmehr sandte er am 11. Juli 1556 Marx Füeß als evangelischen Geistlichen (Prädikant) nach St. Georgen, und gleichzeitig den ersten Klosterpräceptor in der Person des Joachim Decius, so daß von da an zwei evangelische Geistliche dahier waren. Auch zwei lutherische Zöglinge stellten sich für den Präceptor ein.

Marx Füeß wurde am 6. Juni 1559 von Erhard Frischmann ersetzt, der vom Abt einen Gehalt von 30 Gulden und freien Tisch erhielt. Aus dem Jahr 1564 ist die Nachricht überliefert, daß dem Pfarrer die Auflage gemacht wurde, die Kinderlehre gemäß der herzog= lichen Kirchenordnung einzurichten; derselbe mußte jedoch berichten, daß das junge Volk den fürstlichen Anordnungen sich trotzig widersetze.

3. Kapitel.
Evangelische Äbte.

Herzog Christoph befolgte bei der Reformation der Klöster die Praxis, die katholischen Äbte in Amt und Würde, mit bestimmtem Ein= kommen und Sitz im Landtag zu belassen, bis sie starben oder zurück= traten, und dann evangelische an ihre Stelle treten zu lassen. Letzteres suchte der Konvent zu St. Georgen zu verhindern, als am 8. April 1566

---

*) Wie Tennenbronn, Mönchweiler.

Abt Johannes Kern zu Villingen gestorben war. Sein Tod wurde vom
8. bis zum 17. April verheimlicht und sein Leichnam erst am 20. April
bei den Villinger Barfüßern bestattet. Unterdessen hatte man Niko=
bemus Leupold zum katholischen Abt erwählt, dem die St. Georgischen
Ortschaften mit Ausnahme der jetzigen Kirchspielgemeinden und der Orte
Mönchweiler und Stockburg schwuren. Er regierte über das unter öster=
reichischem und sonstigem Schutz befindliche Klostergebiet von 1566—1585,
war ein auch bei seinen Gegnern um seines lauteren Charakters willen
hochgeachteter Mann[5], der zwar sein Leben lang beim Kammergericht zu
Speyer gegen Herzog Christoph seine Rechte an das Kloster verfocht,
aber in Wirklichkeit nie nach St. Georgen gekommen ist. Denn der
Herzog, dem seine Wahl angezeigt wurde, nahm dieselbe nicht an, viel=
mehr besetzte er das Kloster am 21. April, wiederum am 4. Mai, und
nochmals am 16. Mai, an welchem letzteren Tage er den Spezialsuperin=
tendenten Severus Bersinus als ersten evangelischen Abt von St.
Georgen aufstellen und in sein Amt einführen ließ; ein kaiserlicher Notar,
welcher gegen diese Wahl protestieren sollte, hatte seinen schriftlichen
Protest durch die Klosterpforte geworfen.

St. Georgen und die Stäbe, ferner Mönchweiler, Stockburg, Kappel,
Schabenhausen, Bühlingen und Wildenstein huldigten dem Abt Bersinus.
Einen Versuch, die St. Georgischen Orte Dintenhofen und Herbertshofen
bei Ehingen, sowie Ingoldingen bei Walsee durch württembergische
Reiter wegzunehmen, vereitelte der österreichische Landvogt.[6]

Seit der Zeit gab es zwei St. Georgische Äbte: einen evangelischen,
der im Kloster wohnte, und einen katholischen, der zu Villingen sich
aufhielt. Der evangelische stand unter dem Schutz des Herzogs, der
katholische hatte seinen wenn auch schwächeren Rückhalt an der öster=
reichischen Regierung zu Ensisheim. An die letztere wandte sich denn
auch Abt Nikodemus mit der Bitte, ihm zur Ausfolgung der von
Württemberg besetzten Dörfer Kappel und Schabenhausen zu verhelfen.
Erzherzog Ferdinand nahm sich zwar des Abtes an, aber Herzog Chri=
stoph rechtfertigte sich und die Sache wurde dann beim Reichskammer=
gericht anhängig, wo sie bis in das folgende Jahrhundert unter den
Akten begraben lag. Am 20. November 1567 ließ Abt Nikodemus sich
mit seinem Konvent unter die Villinger Satzbürger aufnehmen um
20 Gulden jährlichen Zins.

Als der evangelische Abt Bersinus am 28. Februar 1567 gestorben
war, trat M. Heinrich Renz in die Würde ein, die er von 1567 bis

1599 innehatte, nachdem er 1583 auch die Superintendentur von Sulz erhalten hatte. Zu seiner Zeit war unter den St. Georgener Kloster=schülern der 70er Jahre auch Matthias Hafenreffer, der spätere berühmte und gelehrte Professor der Theologie und Kanzler der Tübinger Uni=versität, Schwiegersohn von Johannes Brenz.

Abt Rentz hatte mit dem Villinger Abt einen Prozeß. In den 90er Jahren erhielt der Villingische Bürger Michael Schwerdt vom Herzog die Erlaubnis, aus dem Rehlinwald jährlich 600 Klafter Holz zum Be= trieb seiner Eisen= und Kupferschmiede zu schlagen gegen die Entrichtung von sechs Kreuzern pro Klafter. Was dagegen zu Schindeln und Säg= pflöcken tauglich sei, solle dem Kloster ausgefolgt werden. Gegen dieses Abkommen protestierte der katholische Abt, indem er die Hilfe des Vil= linger Magistrats anrief, welcher auch den Kauf mit Beschlag belegte. In der Folge kam es zu einem Holzprozeß, dessen Kosten der Villinger Abt zu tragen hatte. Der Herzog ließ an seine Kommissare auf dem Wald die Weisung ergehen, „die forstliche und glaitliche Obrigkeit hand= zuhaben und die Protestation der Villinger mit Prügeln und trockenen Streichen abzutreiben"; auch besetzte er die Stelle eines Waldmeisters aufs neue.

Abt Rentz überlebte seinen katholischen Kollegen Leupold, welcher am 17. September 1585 starb und im Propst von St. Marx, Blasius Schönlein, einen Nachfolger erhielt. Gegen dessen Wahl protestierte Württemberg, worauf von der österreichischen Regierung in Innsbruck an Villingen, Ehingen und die Amtleute der Landvogtei Schwaben und der Herrschaft Hohenberg der Befehl erging, den Abt Schönlein in seinen Rechten und Gütern zu schützen. Derselbe trat 1595 infolge einer Unter= suchung zurück, oder er wurde abgesetzt.[7] Ende März 1595 folgte ihm Michael Gaisser von Ingolbingen, ein kränklicher Mann, aber ein guter Haushalter und hohen Verstandes.

Der evangelische Abt Rentz starb im Jahr 1599. Seine Nachfolger waren Johannes Weckmann, Michael Österlin und Christoph Brunn. Letzterer hatte den Prinzen Ludwig Friedrich auf seinen Reisen nach Frankreich und England als Beichtvater begleitet und er ließ seine auf diesen Reisen gehaltenen Predigten drucken. Sein Nachfolger Georg Hingher (1618—1624) kam als Prälat nach Alpirsbach. Mit ihm sind wir in die Zeit des dreißigjährigen Krieges einge= treten. Der letzte evangelisch=lutherische Abt, welcher im Kloster wohnte, war Ulrich Pauli, der von 1624 bis 1630 regiert hat und nach

seiner Vertreibung bis 1637 Pfarrer in Hainingen bei Göppingen gewesen ist.

4. Kapitel.

Im dreißigjährigen Krieg.

Der „große Krieg", welcher von 1618 bis 1648 Deutschland ver-
heerte und aus dem blühenden Vaterland eine Ruine machte, hat auch
das Kloster St. Georgen in Trümmer gelegt. Schon sieben Jahre hatte
er gebauert, bis sein Schauplatz auch auf den Schwarzwald verlegt wurde,
und erst nach zehn Jahren wurde die Kriegsfackel auch in unsere Gegend
getragen.[8] Im Jahr 1629 hatte Kaiser Ferdinand II., auf dessen Seite gerade
das Kriegsglück war, das Restitutionsedikt erlassen, kraft dessen alle seit
dem Passauer Vertrag (1552) eingezogenen Stiftungen und geistlichen
Güter der römischen Kirche zurückgegeben werden sollten; auch wurde den
katholischen Ständen die unbedingte Freiheit zugestanden, in ihren Ländern den Protestantismus auszurotten. Dieses Edikt entfachte die nie
erloschene Hoffnung des Villinger Abtes von neuem, wieder in den Besitz
seines Gotteshauses zu kommen. Und seine Hoffnung schien sich bald
zu erfüllen. Schon am 22. August 1629 wollte die kaiserliche Restitutions-
kommission, welche die Rückgabe des Klosters an den Abt bewirken sollte,
ihr Werk beginnen. Der Herzog von Württemberg hatte sich aber an
die Freiburger Universität gewandt und von ihr ein Gutachten erlangt,
nach welchem die württembergischen Klöster von dem Edikt nicht betroffen
wurden, da die Reformation in Württemberg schon 18 Jahre vor dem
Passauer Vertrag eingeführt worden sei. Dieses Gutachten hatte der
Herzog nach Wien gesandt; unterdessen ließ er die Kommission um Ver-
zug bitten, bis die Gesandtschaft von Wien zurückgekehrt sei. So wurde
die Besitzergreifung bis zum 27. August 1629 verschoben. Unter den
Mönchen zu Villingen herrschte unterdessen große Freude. Alle wollten
am 27. mit nach St. Georgen und die zurückbleiben mußten, murrten
wider den Abt. In der Frühe des 27. brachen sie mit etwa 200 Reitern,
vier Wagen und einer Sänfte von Villingen auf und um elf Uhr kamen
sie in St. Georgen an. Aber die Württemberger waren nicht gesonnen,
sich ohne weiteres vertreiben zu lassen. Die Kommission fand die Kloster-
thore verschlossen und die Mauern mit württembergischen Musketieren
besetzt. Nach längerer Verhandlung zogen die Villinger unverrichteter

Sache und mißmutig wieder nach Hause, und die Herren von der Kommission (es waren der Bischof von Konstanz, der Fürstabt von Kempten,
der Graf von Sulz und der Reichshofrat von Stotzingen) kehrten bis
auf einen wieder in ihre Heimat zurück.

Unterdessen war der württembergische Gesandte am kaiserlichen Hof
auch nicht unthätig gewesen, und es kam am 5. September an den Abt die
kaiserliche Botschaft: „man solle die Inhaber der geistlichen Güter nit
übereilen, aber die nach dem passauer Vertrag eingenommenen Orte
zurückgeben". Der Abt schrieb hierzu in sein Tagebuch: „So ist mir
alle Hoffnung genommen, kraft und mittelst der kaiserlichen Kommission
mein Kloster zurückzubekommen".[9]

Da kam ihm von Speyer her fröhliche Kunde. Das Reichskammer-
gericht stand nicht im Rufe einer prompten Geschäftserledigung. Auch
der Prozeß, welchen weiland Abt Nikodemus bei ihm angestrengt hatte,
schwebte schon 64 Jahre und Kläger wie Angeklagter ruhten längst im
Grab. Dieser Prozeß wurde nunmehr am 11. März 1630 entschieden
und zwar (Wallenstein hielt zu jener Zeit gerade den Herzog von
Württemberg in Schach) zu Gunsten des Abtes. Das Urteil lautete,
der Beklagte (nämlich Herr Ulrich, jetzt Ludwig Friedrich, Herzog zu
Württemberg) habe das Gotteshaus nebst deswegen erlittenem Schaden
und Interesse abzutreten, wiedereinzuräumen und zurückzugeben. „Als
wir ihn dazu wie auch in die Gerichtsköften gedachten Klägern zu entrichten und zu bezahlen hiermit verurteilen und verdammen."[10] Unter
demselben Datum wurde an den Herzog ein Vollzugsbefehl geschickt, in
welchem dieser scharf gemahnt wurde, dem Urteil nachzukommen „bei
Strafe von zehn Mark löthigem Gold". Wenn früher der Abt vergeblich einen Vergleich angeboten hatte, so war er jetzt in der günstigen
Lage, ein Anerbieten des Herzogs zurückzuweisen; er verweigerte auch
eine Unterredung mit dem württembergischen Amtmann. Am 7. September 1630 erschien wieder eine kaiserliche Kommission und der Abt
wurde mit Hilfe der Villinger, welche ihn bewaffnet nach St. Georgen
begleitet hatten, wieder eingesetzt (immittiert); seine Unterthanen aber
wurden des württembergischen Eides entbunden.

Zwar legten die württembergischen Beamten Wurmser und Schmied
Protest ein gegen die Huldigung der St. Georgischen Unterthanen, ferner
weil der Abt sich der landesfürstlichen Obrigkeit entziehen wolle, die
evangelische Religion abschaffe und die fürstlichen Zolltafeln beseitige.
Aber ihr Protest hatte keinen Erfolg. Vom 2. November an wohnte

der Abt wieder im Kloster; zu diesem Tage lesen wir in seinem Tagebuch: „Ich bin von Villingen weggezogen und heimgekehrt". Um so
lieber mag er heimgekehrt sein, als die Stadt Villingen ihm und dem
Konvent infolge der aus den Mißhelligkeiten mit Württemberg ent=
standenen mannigfachen Störungen nicht günstig gesinnt war.

Es war Georg Gaisser, der damals den Abtshut trug. Im Jahr 1595,
als St. Georgischer Unterthan zu Ingolbingen geboren, kam Georg in
das Kloster, wurde Prior 1621 zu Amtenhausen, 1627 zu Rippolbsau
und noch im letzteren Jahr erhielt er die Prälatur zu St. Georgen,
welche er bis zum 29. August 1655 innehatte. Er war zweifellos ein
tüchtiger Mann, thatkräftig und ausdauernd, trotz einer öfters wieder=
kehrenden Krankheit unermüdlich. In den bewegten Zeitläufen war auch
sein Leben vielbewegt; oft war er auf Reisen, jahrelang beschäftigte ihn
sein Beruf bald in Villingen, bald in St. Georgen; er hatte mit vielen
geistlichen und weltlichen Personen schriftlichen und persönlichen Verkehr.
Trotzdem fand er immer noch Zeit, nicht nur die wichtigen Weltbegeben=
heiten sondern auch die kleinen Erlebnisse des Klosters aufzuzeichnen.
Und wie er die kriegerischen Bewegungen der feindlichen und befreun=
deten Heere notiert, so vergißt er auch nicht, es anzumerken, wenn der
Villinger Faßnachtslärm ihn gestört, oder wenn er seinen Leuten die
„Sichelhenckhi" gegeben hat.

Zunächst ging er mit vielem Eifer daran, den katholischen Gottes=
dienst wieder einzurichten. Schon am 3. November hielt er den Gottes=
dienst in St. Georgen, zwei Klosterbrüder hielten ihn in Mönchweiler
und Tennenbronn ab. Wie ungern die Leute der katholischen Kirche sich
wieder zuwandten, ersehen wir deutlich aus der Haltung derselben in der
nächsten Zeit. Zum ersten katholischen Gottesdienst hatte sich von sämt=
lichen Stabsvögten nur der von Kürnach Namens Kaltenbach eingefunden;
die übrigen wohnten dem evangelischen Gottesdienste an, welcher in der
Laurentiuskirche stattfand. Darum berief der Abt am nächsten Mittwoch
die Vögte von Sommerau, Schiltach und Kürnach zu sich und stellte
ihnen vor, wie wenig sie im Sinne des Kaisers handelten, wenn sie den
katholischen Gottesdienst vernachlässigten und den „ketzerischen" besuchten.
Auch der Herzog von Württemberg stelle es ihnen ja frei, welche
Kirche sie besuchen wollten. Sie sollten doch wenigstens so lang dem
Kaiser gehorchen, bis von diesem anders beschlossen sei. Komme ein
anderer Beschluß des Kaisers, so werde er selbst mit Händen und Füßen
dazu mithelfen, daß demselben Genüge geschehe. Der Vogt von Sommerau

bat den Abt, es ihnen nicht zu verdenken, wenn sie den evangelischen Gottesdienst besuchten; sie seien von Kind auf daran gewöhnt und könnten jetzt fast nicht mehr anders. Der Abt mußte zwar zugeben, daß es für die Vögte und ihre Gemeindeglieder schwer sei, einen Mittelweg zu finden, um weder beim Kaiser noch beim Herzog Anstoß zu erregen; aber vom kaiserlichen Befehl könne er nicht abgehen. Als er auch die Bitte der Vögte, ihnen wenigstens so lang den Besuch der evangelischen Kirche zu gestatten, als der evangelische Pfarrer noch in St. Georgen bleiben werde, was ja mutmaßlich nicht mehr lang der Fall sei, abschlug, versprachen sie zu gehorchen und auch die andern zum Gehorsam zu veranlassen.

Nun brach für die Evangelischen in St. Georgen und in den Stäben eine schwere Zeit herein. Sie wurden zum Besuch der katholischen Kirche gedrängt und auch mit schweren Geldstrafen belegt, wenn sie die Lorenz= kirche besuchten.

Nicht alle hielten dem Drängen stand. Als am 10. November Pater Simon nach Mönchweiler kam, um dort den Gottesdienst zu halten, traf er den lutherischen Prediger schon auf der Kanzel. Hernach wurde den Leuten vom Vogt Jakob Agrikola vorgestellt, es sei nicht die Mei= nung des Württemberger Herzogs, daß sie nur die lutherische Predigt hören sollten; vielmehr stehe es jedem frei, nach katholischer oder evan= gelischer Weise zu leben. Infolgedessen kehrten viele in die Kirche zurück, um auch die Messe zu hören. Der Vogt von Mönchweiler meinte: „Ei, wir können den Priester nit allein in der Kirche lassen; es wäre ein Unschick". Ein anderer sagt: „Ich will gehn, mich wieder an mein altes Ort stellen", und ein dritter: „Ich hab gehört, es sei allzeit gut, in die Kirche gehen". Als am anderen Tag der Abt den Gottesdienst in Mönch= weiler selbst abhielt, war dieser ziemlich besucht, besonders von Weibern.

Es fehlte aber auch nicht an Widerstand. Als die Kommission dem evangelischen Pfarrer in Buchenberg den Abzug befohlen hatte, bewachten die Buchenberger ihre Kirche, und vier Männer, nämlich Johannes Kie= ninger, J. Winterhalber, Christian Kieninger und Jakob Fallet läuteten „das lutherische Gebet" mit Waffen in der Hand.

Am 11. November kam die Nachricht an den Abt, für Oberbalbingen und Biesingen[11] sei ein eigener Prädikant angestellt worden, nachdem bis= her der eine Pfarrer in Öfingen die drei Orte allein versehen hatte. Da angeordnet war, daß die „neuerdings wieder eingedrungenen Prädi= kanten" (Prediger) binnen zwei Tagen aus den Klosterortschaften weichen und im Weigerungsfall durch Soldaten vertrieben werden, auch alle

Unterthanen ben katholischen Gottesdienst besuchen sollten, so wollte ber Abt biesen Befehl ben Präbikanten von Mönchweiler unb St. Georgen eröffnen. Der von Mönchweiler war aber gerade in Buchenberg, bann in Hornberg abwesenb; ber Abt verbot bem Mönchweiler Gastwirt, bei welchem ber Präbikant wohnte, biesem noch länger als zwei Tage Speise unb Trank zu verabreichen. Der St. Georgener Präbikant, welchem von ben Zeugen Jakob Agrikola, Veit Henninger unb Michael Weisser ber Befehl eröffnet wurde, erwiberte unerschrocken, er habe sich nicht eigen= willig in bas hiesige Amt gebrängt, vielmehr sei er auf Befehl seines Fürsten ba, bem er gehorchen müsse, auch wenn bieser ihm befehlen würbe, in bie Türkei zu ziehen. Im übrigen werbe er weitere Antwort geben, nachbem er sich mit bem Vogt von Hornberg besprochen habe. Auch bie Schlüssel zur Lorenzkirche, bie ihm abverlangt wurben, lieferte er nicht aus.

Als bie Verordnung auch ben Einwohnern ber Stäbe eröffnet werben sollte, kam ber Vogt von Hornberg zuvor, indem er bie Leute am Kloster= thor abfaßte unb ihnen mitteilte, ber Herzog habe mit Freuden ver= nommen, baß bie evangelischen Prebiger auf ihren Stellen verharrten unb von ben Unterthanen freubig aufgenommen unb gehört worben seien. Sie sollten nur nicht auf bie Kommission hören, vielmehr unter bem Schutz bes Herzogs fest beim Evangelium verbleiben. Nunmehr wurben bie Leute zweifelhaft,- ob ber Kaiser bas Recht habe, bie Prebiger aus= zuweisen. Darum berief ber Abt bie Bewohner ber vier Stäbe zu sich; aber es erschienen nur brei: Johannes Haynoldt, Günther unb ber Säger. Der Abt machte biese mit ber Verordnung bekannt unb frug sie um ihre Ansicht. Sie erwiberten jeboch vorsichtig unb ausweichenb, bie Obrig= keiten möchten bie Sache unter sich ausmachen. Unterbessen hatten bie anberen sich in ber Herberge außerhalb bes Klosters versammelt. Sie gaben sich gegenseitig ben Wunsch kunb, württembergisch unb evangelisch zu bleiben. Bis in bie Prälatur brang ber Lärm ihrer Verhanblungen unb ber Ruf: „Hie gut Württemberg!" Noch um elf Uhr in ber Nacht hörte ber Abt sie Psalmen singen.

Am 21. November erging von neuem an bie Pfarrer zu St. Georgen unb Mönchweiler ber Befehl, zur Vermeibung schwerer Strafe sich bes Gottesbienstes zu enthalten. Beibe reisten nach Hornberg, um bem Obervogt Mitteilung zu machen, aber schon am folgenben Tag kehrten sie, wie ber Abt berichtet, unter bem Jubel ber Bevölkerung unb in Begleitung einiger Musketiere ein jeber in seine Gemeinbe zurück.

Am 6. Dezember wurde den Vögten der Gemeinden der Kommissions-
befehl öffentlich verlesen, wonach die Leute den katholischen Gottesdienst
zu besuchen, den evangelischen Geistlichen abzuschaffen und dem Abt zu
gehorchen hätten. „Die Vögte steckten eine Zeit lang die Köpfe zusammen
und gingen dann ohne weitere Entgegnung weg. Aber nach dem Weg-
gang lärmten einige, mit so einer papierenen Kommission sei es nichts;
derartige Schreiben könne jeder machen und jedenfalls wisse der Kaiser
nichts davon." Dem Pfarrer wurde der Befehl besonders eröffnet, und
zwar in der Mühle, wo er seine Wohnung hatte. Erst wollte man ihn
durch den Ortsvogt, dann durch den Reitknecht des Abtes zur öffentlichen
Verkündigung des Befehls in der katholischen Kirche holen lassen; er ent-
gegnete aber, er habe vom Prälaten „weder Speis noch Lohn". Als
eine Kommission sich zu ihm in seine Wohnung begab, erklärte er bestimmt, er weiche nur auf Befehl des Herzogs. Dieser standhafte Prädikant war der Magister David Kanz. Er hatte später in mehreren
Gemeinden, in denen er angestellt war, viel von der Kriegsnot und der
allgemeinen Armut, welche der Krieg mit sich brachte, zu leiden, nachdem
er seinen ganzen Besitz hatte veräußern müssen.

Aus den letzten Tagen des Jahres 1630 und den ersten Tagen
von 1631 berichtet der Abt mancherlei Äußerungen der Mißstimmung
gegen ihn und der Abneigung gegen den katholischen Gottesdienst. Jos
im Glashof stellte den Vogt zur Rede, weil er die Klosterkirche besucht
habe; wo er auch hin denke oder wie er es verantworten wolle, daß er
von der wahren, evangelischen Religion wolle abtrünnig werden? Als
Christian Reuter von Brigach, ein eifriger Parteigänger des Abtes, die
Abteikirche besuchen wollte, suchten ihn sechs Leute mit Gewalt davon
abzuhalten. Ein gewisser Nörwein von Langenschiltach äußerte sich, man
werde noch innerhalb weniger Wochen die Mönche allerorts wieder aus
den Klöstern verjagen. Valentin Weber, dessen Frau in die katholische
Kirche zur Beichte gegangen war, hat ihr deswegen „übel und schmählich
zugeredet und gethan".

Zu dieser Zeit, am 22. Dezember 1630, richtete Kaiser Ferdinand
an den Herzog eine strenge Verwarnung, weil er die ausgetriebenen
Pfarrer des Klostergebiets wieder eingesetzt und den Unterthanen den
Besuch des evangelischen Gottesdienstes anbefohlen habe.[12]

Inzwischen hatte Gustav Adolf, der Schwedenkönig, seinen Siegeslauf
durch Deutschland angetreten. Im September 1631 errang er einen

großen Sieg über die Kaiserlichen unter Tilly, und im Triumph zog er durch Thüringen und Franken an den Rhein. Während er von da wieder durch Franken ins Bayerische eilte, wandten sich kleine Teile seines Heeres durch den Odenwald in die Pfalz. Am 29. Dezember 1631 eroberten sie Mannheim, bald darauf auch Bruchsal und Bretten. Im Februar 1632 drangen sie bis Willstätt und durch Schwaben bis an den Bodensee. Württemberg, das durch den kaiserlichen Feldherrn Egon von Fürstenberg im Juli 1631 gezwungen worden war, seine Truppen zu entlassen, atmete wieder auf und es machte sich alsbald auch wieder daran, das Kloster St. Georgen zu gewinnen. Am 19. Januar 1632, als der Abt gerade auf einer Reise sich befand, setzte es sich durch einen unerwarteten Überfall wieder in den Besitz der Abtei. Die Mönche fanden ihre Zu=flucht wie früher in Villingen, von wo aus der Abt nach seiner Rückkehr Klage führte, auf die er vom württembergischen Notar die Antwort er=hielt, daß die Besitznahme nicht dem Kaiser zum Trotz, sondern zur Er=haltung der württembergischen Obrigkeit erfolgt sei.

Nun dachte Herzog Julius daran, auch Villingen und Rottweil ein=zunehmen. Zu dem Zweck hielt er im März und April seine Muste=rungen bei Tuttlingen ab. Am 17. April meldete der Schneider Joh. Jak. Heinemann von St. Georgen dem Abt nach Villingen, daß ein ganzer Wagen mit Munition, Pulver und Blei zum Kloster geführt worden sei. Im Juni wurden die Truppen zu St. Georgen verstärkt und auch nach Peterzell und Mönchweiler Besatzung gelegt. Am 4. Oktober rückten die württembergischen Obersten Rau und v. Gültlingen vor Villingen und in der Stadt gab es stürmische Auftritte, da man sich nicht einigen konnte, ob man die Mauern verteidigen oder eine gelinde Kontribution entrichten wolle.[13] Die Erbitterung richtete sich schließlich gegen den Abt, und der Villinger Bürgermeister Freyburger erklärte: „wir Villinger haben so lang keine Ruh noch Sicherheit, als der Abt hier ist; und wenn er nicht fort will, so wollen wir ihn selbst aus=fertigen, vorher ist doch keine Ruhe". Der württembergische Amtsver=weser Georg Schmidt zu St. Georgen hatte nämlich die Abtretung des St. Georgischen Pfleghofs in Villingen verlangt: „sonst werde man's mit an der Hand habenden Mitteln an der Stadt einzukommen wissen". Der Abt ließ einen Teil der Urkunden nach Engen, Radolfzell, Konstanz und schließlich in die Schweiz in Sicherheit bringen, andere wurden später nach Furtwangen verbracht.

Zur Freude des Abts erschien am 7. November Oberstlieutenant
Hans Werner Äscher, von der österreichischen Regierung gesandt, und
setzte die Stadt in Verteidigungsstand. Darauf hin verstärkte aber auch
Oberst Rau, der in Radolfzell sein Hauptquartier hatte, seine Be=
satzungen in St. Georgen, Peterzell und Mönchweiler. Unterdessen kam der schwedische Feldmarschall Horn das Höllenthal
herauf und forderte am 6. Januar 1633 die Stadt Villingen zur Über=
gabe auf; dasselbe that der württembergische Landhofmeister Pleikart von
Helmstätt. Als Äscher die Übergabe verweigerte, zog Horn alsbald ab,
aber Rau belagerte die Stadt vom 10. bis 24. Januar, worauf er sich
auf St. Georgen, Peterzell, Mönchweiler und Schwenningen zurückzog.
Auch von da wich er zurück, als bei Tuttlingen kaiserliche Truppen sich
zeigten. Nun machte Äscher mehrfache Ausfälle in die Umgegend.[14] Am
22. Februar wurde Mönchweiler zum Teil und am 25. Februar auch
der Rest geplündert und eingeäschert. Tags darauf ward in St. Georgen,
Peterzell und Stockburg geplündert; das gleiche geschah am folgenden
Tag. Im März wurden von der Villinger Besatzung Peterzell, St.
Georgen und Oberkirnach geplündert und des Viehs sowie der Früchte
beraubt; auch wurde am 8. März die Peterzeller Glocke nach Villingen
geholt. Um diese täglichen Brandschatzungen, von denen auch Hornberg,
Kürnach, Thannheim, Hochemmingen, Biesingen, Donaueschingen und
Schabenhausen betroffen wurden, abzuwehren, bat man den Herzog Eber=
hard, welcher unterdessen die Herrschaft angetreten hatte, Villingen aufs
neue zu belagern, was vom 15. Juni bis 5. Oktober auch geschah. Die
Stadt widerstand jedoch siegreich.

Kaum waren die Württemberger wieder abgezogen, so begannen die
Villinger Stadtbürger ihre Streifzüge wieder, und diesmal richteten sie
ihr Augenmerk besonders auf St. Georgen[15], weil dieses der Hauptstütz=
punkt der Württemberger gewesen war. Am 13. Oktober 1633 erschienen
sie hier und steckten das außerhalb des Klosters befindliche Amthaus*)
in Brand. Die Einwohner waren geflohen und niemand war zum
Löschen da. Der Wind trug die Flamme zum Kloster hinüber, die Abtei=
kirche wurde von ihr erfaßt und das Kloster bis auf einen einzigen Bau,
welcher abseits stand, in einen Trümmerhaufen verwandelt.

---

*) Dasselbe stand auf dem Grundstück, auf welchem heute das Gasthaus zum
Adler steht.

So ist nach einem Bestehen von 550 Jahren das Kloster durch die Freunde des Abtes zerstört worden, um nie wieder aus den Trümmern zu erstehen. Als am Abend dieses Schreckenstages die geängsteten Bewohner sich in ihr Dorf zurückwagten, bot sich ihnen ein trauriger Anblick. Auch im Dorfe hatte der Brand sich weiter verbreitet und von allen Häusern waren nur noch zwei übrig geblieben — „daß niemand mehr da wohnen können".[16]

Noch war die Klage um den Untergang des Dorfes in St. Georgen nicht verstummt, als am 22. Februar 1634 wiederum Villingische Reiter erschienen. Sie verbrannten die noch übrig gebliebenen Häuser des Dorfes. Auch den erhalten gebliebenen Kornspeicher zündeten sie an, aber er widerstand dem Feuer. In diesem Brande kamen zwei Menschenleben um: die Frau des Andreas Hettich und ein Kind des Boten Günther. Der Bürgermeister von Villingen, welcher ob dieser That von einem Anhänger des Abtes zur Rede gestellt wurde, erklärte, daß der Magistrat und Senat es so beschlossen hätten, damit der Feind nicht wiederum in St. Georgen Fuß fassen könne.

Auch von mehreren Raubzügen der Villinger in unser Kirchspiel ist aus den nächsten Monaten zu berichten. Am 28. Februar 1634 haben sie in Sommerau und im oberen Brigachthal 27 Stück Vieh und mehrere Pferde geraubt. Am 27. April wurde in Oberkirnach geplündert, am 3. Mai ebendaselbst, am 7. Mai ist aus Langenschiltach Vieh weggetrieben worden, ebenso am 8. aus der Gegend von St. Georgen. Am 9. Juli wurde in Oberkirnach ein Hof ausgeplündert und noch am 30. Juli 1634, als schon der schwedische Oberst Gassion die Wasserbelagerung von Villingen vorbereitete, wurden in Peterzell und Römlensdorf mehrere Häuser in Asche gelegt, gegen 40 Personen getötet und das Vieh weggeführt. Von Öfingen bis hinunter nach Schiltach und Kirnbach gingen die Streifzüge der Villinger, auf denen sie plünderten, sengten und mordeten, und so groß war infolge der langen Kriegsnot die Verwilderung der Gemüter geworden, daß z. B. auf einem solchen Raubzug nach Thunningen sich Weiber und Kinder anschlossen. Durch seine Unterthanen aufgefordert, suchte der Villinger Abt zu vermitteln und er brachte sich dadurch bei den Villinger Bürgern in den Verdacht, er sei mehr schwedisch als kaiserlich und gönne den Württembergern mehr Gutes als den Bürgern. „Es ist weder Hilf noch Rat", so klagt er und er findet, daß „im Fliehen und Liegen besteht dieser Zeit Kriegen".

Nach St. Georgen kam er erst nach Aufhebung der Wasserbelagerung

und nach einer Reise in die Schweiz wieder. Am 23. September 1634
stand er händeringend vor den Trümmern seiner Abtei, die sein Stolz
gewesen war und auf deren Erhaltung er so viel Mühe verwendet hatte.
Er beschreibt die Empfindungen, welche der traurige Anblick in ihm
wachrief, mit folgenden Worten: „Entsetzen hat mich bis ins Mark er=
griffen. Besonders schmerzt mich der Verlust der Kirche, deren Decke
halb zerstört ist und jeden Augenblick einzustürzen droht. Alle Gebäude
sind gänzlich ausgebrannt bis auf die Kapelle des Kapitelhauses und
den Kornspeicher.“ Er gab sofort Befehl, als notdürftige Wohnung
einen zweistöckigen Bau*) zu errichten und kam schon am andern Tag
wieder, um mit dem Zimmermann zu akkordieren. Von da an ritt er
oft von Villingen, wo er jetzt beständig wohnte, herüber, bald um Gottes=
dienst zu halten, bald auch um Klagen der Unterthanen anzuhören und
allerhand Anordnungen zu treffen.

Das Plündern seitens der Villinger hörte nunmehr auf; der Ma=
gistrat, der Markgraf Wilhelm von Baden und die kaiserliche Kriegs=
kommission erließen ein Verbot dagegen. Nunmehr richtete aber die
Stadt Villingen ihr Begehren auf den Besitz der württembergischen Um=
gegend. Sie erbat sich im März 1635 durch eine Deputation beim
Kaiser außer drei andern Vergünstigungen den Genuß der eingenomme=
nen württembergischen Ämter bis zur anderweitigen Änderung des Herzog=
tums, und die Einhändigung der Ämter Hornberg und Tuttlingen als
Eigentum oder gegen Pfandschilling; auch solle ihr das Recht der freien
Pirsch (Gerichtsbarkeit) auf dem Gebiet des Klosters St. Georgen her=
gestellt werden. Der Kaiser bewilligte alle Punkte, machte jedoch die
Gewährung von der Genehmigung des Königs Ferdinand abhängig.
Dieser aber wies die Forderung, gerade soweit sie St. Georgen betraf,
ab, „weil bei·inmittelst verändertem Stand und anderwärtiger Bewandt=
nis der Läufe der Zeiten aus erheblichen Ursachen die Überweisung der
württembergischen Ämter und der freien Pirsch auf dem Schwarzwald
jetzt sich nicht praktizieren lassen, also konnte das eine und das andere —
nit Statt haben“.

Inzwischen war in St. Georgen wieder Einquartierung angekommen.
Am 27. März 1635 erschien ein Rittmeister des Herzogs Karl von
Lothringen und forderte Quartier für eine Schwadron Reiter. Die Ein=

---

*) Derselbe enthielt unten ein großes Gewölbe, das als Küche diente, und
zwei kleinere; im zweiten Stock waren eine Stube, zwei Kammern und eine
kleine Küche.

wohner hatten sich in den Wäldern versteckt und so forderte er den Abt
auf, ihnen zu befehlen, daß sie aus ihren Schlupfwinkeln hervorkämen
und seinen Soldaten Speise und Trank reichten. Man kam nun überein,
daß die Thäler Kürnach, Brigach, Sommerau und Langenschiltach wäh=
rend zehn Tagen je zehn Thaler aufbringen sollten und die Einquar=
tierung an Getreide in den Quartieren nach Belieben nehmen durfte.
Noch lag diese Schwadron in St. Georgen, als am 4. April wiederum
lothringische Truppen ankamen, Reiter und Fußvolk. Der Abt sandte
dem Quartiermeister am 6. April sechs Karpfen zum Geschenk, worauf
dieser die zuletzt angekommenen Dragoner nach Wöhrenbach weiterschob.
Die erste Einquartierung lag 14 Tage lang im Dorf und nahm alle
Pferdefourage weg, die sie in den Häusern am Rupertsberg gefunden
hatte, bis sie am 9. April nach Tuttlingen weiter zog. Am 13. kamen
auch die Dragoner von Wöhrenbach zurück, weil sie in dem von seinen
Bewohnern verlassenen Städtchen keinen Unterhalt gefunden hatten, und
legten sich am Rupertsberg ein.

Aus dem Jahr 1536 ist zunächst unter dem 22. März eine Ein=
quartierung seitens eines Rittmeisters vom Regiment Gonzaga zu ver=
zeichnen. Einige Reiter vom gleichen Regiment machten am 10. Mai
einen Einfall in die lange Schiltach und raubten dem Johannes Fleig
und Marcus Stör sieben Kühe; als diese durch Vermittlung des Abtes
ihr Vieh zurückforderten, kam die grobe Antwort: man werde auch das
übrige Vieh holen; der Prälat und alle Villinger seien Schelme. Auch
im September 1636 hatte Langenschiltach von durchziehenden Truppen zu
leiden und am 25. Januar 1637 wurde in diesem Stab durch Gallas'sche
(kaiserliche) Reiter und Fußtruppen, die sich aus Burgund zurückzogen,
„alles verderbt". So hausten Freund und Feind in gleicher Weise.

· Auch der Oktober dieses Jahres war für das Kirchspiel eine harte
Zeit. Der Abt berichtet von vielen Klagen seiner Unterthanen, die am
20. fast alle in den Rielinwald geflohen waren. Er selber hatte eine
bittere Zeit um der großen Kriegslasten willen, die ihm auferlegt wurden.
Im Februar 1636 legte General Gallas eine Schwadron Reiter auf
seine Güter und am selben Tage wurden 300 Gulden für das Regiment
Äscher verlangt. Im nächsten Monat sollte er an Österreich, die Neckar=
thäler Ritterschaft und das Regiment Gonzaga zugleich Kontribution
zahlen. Die österreichische Regierung erinnerte ihn daran, daß er durch
ihre Hilfe wieder in den Besitz seines Gotteshauses gekommen sei, er
also zur Unterhaltung ihres Militärs „sich äußerst angreifen" solle.

Im September forderte Äscher für den Unterhalt einer Kompagnie 1000 Gulden und Hafer. Der Abt weigerte sich, seinen Anteil zu zahlen, indem er auf sein „gänzlich ruiniertes und in Asche liegendes Gotteshaus" hinwies. Darauf belegte ihm Äscher die Weingefälle von Endingen und Bahlingen. Je mehr der Abt zahlen sollte, um so weniger konnte er selber eintreiben. Sein Schaffner fand in Hausen ob Verene die Bauern ruiniert, von den drei noch vorhandenen Taglöhnern hatte der eine sich auswärts als Knecht verdingt, der andere zog dem Bettel nach, „der dritte stirbt Hungers". „Sie bieten mir", so berichtet der Schaffner, „ihre armen Felble und Hofstätten an der Kontribution an, aus welchen ich keinen Gulden traute bei dieser Menschentheure zu er= lösen." Im Flecken Bühlingen war noch ein einziger Taglöhner und dieser schlug dem Schaffner seine abgebrannte Hofstatt und das Feld heim. Im Januar 1637 hatte der Abt 200 fl. Reichskontribution zu entrichten, während im selben Monat der Klostermann Gaisser von Ingolbingen schreibt, es stehe schlecht mit dem Einzug der Kontribution, da nur noch 5—6 Klosterunterthanen zurückgeblieben seien und man be= sorgen müsse, auch diese würden Haus und Hof stehen lassen und davon laufen, wenn man die Kontribution ankündige.

Im September 1637 wandte sich der Abt an den Bischof von Konstanz mit der Klage, daß nun auch auf den Zehnten von Furt= wangen Arrest gelegt worden sei. Infolge dieser Klage erging gegen Äscher ein Strafbefehl, aber niemand hatte den Mut, ihm denselben zu eröffnen.

Im Februar 1638 wurde in Langenschiltach ein Spielmann Namens Johannes Schultheiß, der einigen Pappenheimern zu einem Gelage auf= gespielt hatte, von einem derselben aus Mutwillen ermordet.

Am 28. desselben Monats schlug der Herzog Bernhard von Weimar bei Rheinfelden die Kaiserlichen und nahm vier feindliche Heerführer, unter ihnen den tapferen bayerischen General Johann de Werth, gefangen. Während Bernhard Rheinfelden belagerte, folgten Abteilungen seines Heeres durch den Schwarzwald den nach Württemberg flüchtigen Kaiser= lichen. Sie durchstreiften auch unsere Gegend.

Als die Schweden auch vor Freiburg gerückt waren, welches der Oberst Äscher verteidigte, wich dieser nach Villingen zurück, wo er so= gleich den Abt wieder an jene 1000 fl. erinnerte, indem er drohte, auf den Gütern des Abtes so zu hausen, daß man die Hände über dem Kopf zusammenschlagen müsse.

Oberst Nikolaus von der Leyen, der in Triberg wohnte, hatte zur Verteidigung seines Schlosses eine Schar zusammengelaufener Leute. Eine Anzahl derselben machte am 13. Mai einen Raubzug nach Sommerau. Auf der Höhe teilten sie sich in zwei Haufen, deren einer in Brigach, der andere auf der Sommerau einfiel. Sie sprengten die Hausthüren, trieben in der Morgendämmerung die Leute aus den Häusern und nahmen, was sie fanden. Im Hause des Sommerauer Vogts Christoph Henninger erschoß ein Knecht einen Plünderer. Dem Philipp Weißer wurden 14 Stück Vieh geraubt. Einige Sommerauer gingen dem Gesindel nach, um ihr Eigentum wieder zu erlangen, sie wurden aber gefangen genommen und in Triberg in harter Haft gehalten. So der Vogt Henninger, Matthias Zucker und Benedikt Aberle.

Nun kamen die Kroaten in die Gegend. Generalfeldmarschall Graf Götz hatte zur Deckung des Schwarzwaldes im Kinzigthal ein bedeutendes Corps zusammengezogen und eine Brotlieferung ausgeschrieben. Jeder St. Georgische Unterthan hatte täglich drei Pfund Brot zu liefern, ein Triberger dagegen nur ¼ Pfund.

Am 31. Oktober bezog das Regiment des Obersten Kolb in St. Georgen Winterquartier. Die Einwohner flohen teils in die Wälder, teils nach Villingen. Am 14. November wurden in die Kürnach 160 Zugochsen für die Artillerie und am 26. November 60 Pferde gelegt. Als sie abzogen, war das ganze Thal ausgeplündert. Die Bewohner von St. Georgen und den Stäben haben in dem einen Jahr 1638 allein durch Einquartierung einen Schaden von 1922 Gulden gehabt.

Im Jahr 1639 wurde Oberkürnach durch den Triberger Kommandanten Ritter gebrandschatzt und von St. Georgen eine Kontribution erhoben. Als diese Bande abgezogen war, weil die Schweden in Sicht waren, traten die Wolf'schen Dragoner an ihre Stelle. Am 27. Mai 1639 plünderten sie die Häuser am Unterberg, besonders die Mühle.

So geht es von Jahr zu Jahr weiter. Insbesondere die Obersten Ascher und Leyen, also der Partei des Abts angehörige Leute, bedrängten diesen so, daß er schließlich bei der Erzherzogin Claudia auf dem Reichstag zu Regensburg (1640), dem er persönlich anwohnte, Schutz suchte. Freilich ohne Erfolg. Dieselben setzten dem Abt so hart zu, daß er im Jahr 1640 allein durch die Leyen'schen Soldaten einen Schaden von 4463 Gulden hatte.

Am 8. März 1642 wurde das Kirchspiel von Blumberg aus in Kontribution genommen. Der dortige Kommandant Weinberger ließ in

Kürnach einige Höfe ausplündern und das Vieh wegführen; auf den 1. Mai verlangte er 500 Gulden. Auch die Person des Abtes kam in Gefahr. Am 25. November erschien eine Abteilung Reiter, welche bei strenger Kälte den Abt ohne Mantel bis Gütenbach mitnahmen, wo ihn zwei nacheilende Vögte erreichten und losbaten.

Das nächste Jahr brachte im Februar eine Plünderung in Brigach, Kürnach, Hohbrunn und am Ruppertsberg durch Tanner'sche Reiter. Die bayerische Besatzung holte sich allmonatlich 60 Gulden von hier. Die Weimarischen überfielen am 6. Mai Kürnach und drei Tage darauf plünderten sie in Langenschiltach.

Schon in diesem Jahre kamen die Gesandten der kriegführenden Mächte in der westfälischen Stadt Osnabrück zusammen. Aber volle fünf Jahre zogen sich die Verhandlungen hinaus und in dieser Zeit wütete der Krieg weiter. Der Freund hauste schließlich so grausam wie der Feind. So ist das Kloster Amtenhausen von kaiserlichen Truppen geplündert worden. Auch die Salvegarden, welche gegen einen bestimmten Sold ein Dorf zu schützen gedungen wurden, wandten sich oft gegen ihre eigenen Schutzbefohlenen. Tag und Nacht waren die Leute nicht sicher vor einem Überfall und die Flucht in die Wälder war ihnen eine ge= wohnte Sache geworden.

Endlich brachte der Oktober 1648 den lang= und heißersehnten Frieden, und aus bankerfülltem Herzen strömte das Loblied: „Allein Gott in der Höh' sei Ehr', all' Fehb' hat nun ein Ende!"

5. Kapitel.

Der Friedensschluß und seine Folgen.

In den Jubel über den Frieden stimmte der Abt von St. Georgen nicht ein; denn ihm brachte der Friedensschluß die bitterste Enttäuschung seines Lebens. Schon am 22. August 1648 hatte der Abt von Alpirs= bach die erste Kunde von den Abmachungen nach St. Georgen gebracht. „Ich bin starr", schreibt Abt Georg am selben Tag in sein Tagebuch, „über die Genehmigung dieser Bedingungen. Alle Forderungen der Ketzer sind erfüllt. Wunderbarer Gott!"

Im westfälischen Frieden war nämlich das Jahr 1624 als so= genanntes Normaljahr festgesetzt worden, b. h. es wurden den Evangelischen die Güter und Kirchen, die sie im Jahr 1624 besessen hatten, zu=

gesprochen. Da in jenem Jahr das Kloster St. Georgen zu Württem=
berg gehört hatte und evangelisch gewesen war, so mußte der Abt das
Kloster, welches in dem Friedensvertrag ausdrücklich angeführt war,
nunmehr an Württemberg abtreten.

In St. Georgen und den Stäben war man des Friedens herzlich
froh und auch darüber, daß man wieder württembergisch wurde. Am
25. Oktober wurde in Württemberg „unter großem Beifall der Zuhörer"
von den Kanzeln der Friede verkündigt. Nunmehr ging die Regierung
an die Ausführung des Friedensvertrages. Der Hornberger Vogt zeigte
dem Abt am 15. November an, daß bis zum 1. Januar 1849 das
Kloster zurückgegeben sein müsse. Um die Übergabe zu leiten, erschien
am 14. Dezember eine württembergische Kommission, bestehend aus dem
Hofrat Orth und dem Hornberger Obervogt Abraham Wolfsfurtner. Sie
machte dem Abt die Eröffnung, daß der Bischof von Bamberg und der
Markgraf von Brandenburg=Culmbach dazu ernannt seien, die Beschlüsse
über die geistlichen Güter auszuführen; auch übergaben sie dem Abt ein
Schreiben des Bamberger Bischofs, in welchem dieser den Abt ermahnte,
das Kloster dem Herzog von Württemberg zurückzugeben. Dieser setzte
jedoch einen Protest auf, in welchem er ausführte, daß er nicht das Recht
habe, „ohne der höchsten geistlichen Obrigkeit Wissen und Willen zum
Nachteil der Ehre Gottes und zur Verschimpfung katholischer Religion" das
Kloster an andere abzutreten, vorab an Weltliche und Nichtkatholische.
Der Osnabrückische Beschluß sei „allen guten Sitten und dem Völker=
recht zuwider"; er protestiere darum mit seinem Konvent „in bester Form
und aufs allerzierlichste vor Gott und der ganzen ehrbaren Welt".[17]
Aber der Protest half ihm natürlich nichts. Am 28. Dezember nahm
die württembergische Kommission in der Laurentiuskirche den Unterthanen
den Huldigungseid ab, zu welcher Feier auch die Buchenberger und die
von Mönchweiler erscheinen mußten.

Von jetzt ab war Württemberg im unanfechtbaren Besitz des Klosters
und des Klostergebietes.

Fünfter Abschnitt.
St. Georgen unter Württemberg.

---

1. Kapitel.
Die katholischen Äbte in Villingen.

Herzog Eberhard beauftragte am 22. Januar 1649 den Vogt Wolfsfurtner in Hornberg und den Notar Sturm in Tübingen, von dem Abt zu St. Georgen sich alle Akten, Dokumente und Lagerbücher treulich und unversehrt ausliefern zu lassen und über dieselben ein Verzeichnis aufzustellen. Da der Abt jedoch nicht im Sinne hatte, auf das Kloster zu verzichten, so weigerte er sich auch, die Urkunden auszufolgen. Er erklärte, bei seiner Wiedereinsetzung im Jahr 1630 nur die 1629er Rechnung und ein zerrissenes Zinsbuch, aus dem man aber die jährlichen Gefälle an Geld und Früchten einigermaßen ersehen könne, vorgefunden zu haben. Diese beiden lieferte er denn auch aus.[1] Die Akten waren jedoch schon 1535 von Abt Johannes Kern nach Rottweil und von da nach Villingen gebracht worden. Daß sie aus dieser festen Stadt während des Krieges nach dem schutzlosen Kloster zurückgebracht worden seien, ist nicht wahrscheinlich.

Der Herzog ergriff nunmehr kräftigere Maßregeln. Er ermächtigte den Vogt von Hornberg, die Prälaten zu St. Georgen und Alpirsbach durch eine Anzahl Musketiere wenn nötig mit Anwendung von Gewalt zur Abtretung zu zwingen. „Die Publikation dieses Exekutionsbefehls hatte eine bessere Wirkung als alle vorhergegangenen gütlichen und ernsten Vorstellungen." Der Abt erklärte, daß er wohl sehe, wie er der Gewalt nicht ausweichen könne. Noch hatte er gehofft, von Württemberg für erlittenen Schaden, ausstehende Interessen und von ihm bezahlte Kosten des Prozesses (von 1581 bis 1630) die Summe von 748 600 Reichsthalern, 44 Kreuzern, 2 Hellern, zu deren Ersatz das Reichsgericht den Herzog verurteilt hatte, wiederzuerlangen; „allein in dem westfälischen

Frieden ist diese ganze Rechnung durchstrichen worden". Auch auf diese Forderung mußte er verzichten. Aber die Akten und Dokumente gab er nicht heraus, so daß Herzog Eberhard III. den Klosteramtmann Johann Thomas Rapf in St. Georgen am 27. August 1650 beauftragte, zum letztenmal ihn zur Ausfolgung zu ermahnen, im Fall der Weigerung aber ihn zu arretieren, sobald er auf württembergischem Boden sich würde betreten lassen, und ihn so lange in Haft zu behalten, bis er die For= derung erfüllt habe. Der Abt scheint nicht mehr geantwortet zu haben.

Seit der Übergabe des Klosters an Württemberg wohnten der Abt und der Konvent in Villingen. Der erstere mußte noch die Erfahrung machen, daß in St. Georgen seine bisherigen Freunde ihn verließen. Selbst sein eifrigster Parteigänger, Christian Reuter, fiel von ihm ab. „Verlasset euch nicht auf Menschen!" rief Georg schmerzlich aus, als es ihm hinterbracht wurde. Vom Vogt zu Kappel urteilte er: „Er ist auch ein Schelm und nit viel besser als die Wälder". Am 5. März 1655 schrieb er in sein Tagebuch: „Die Mühsale und Schmerzen mehren sich. Entweder werden alle meine Anliegen in eine besondere Krankheit aus= brechen oder ich würd bald sterben." Der letzte Eintrag datiert vom 24. August: „Mein leiblicher Zustand verschlimmert sich, die Lebenshoff= nung nimmt ab — —". Fünf Tage darauf starb er.

Ihm folgten noch 7 Äbte, die zu Villingen wohnten und den Titel führten: Prälaten von St. Georgen, dermalen zu Villingen. Als am 3. Januar 1803 Villingen württembergisch geworden war, wurde das Kloster einer württembergischen Kommission übergeben, welche ein Ver= zeichnis des Archivs und Inventars aufnahm, ohne im übrigen eine Änderung vorzunehmen.

Am 6. Januar 1806 hielt der Pater Cölestin Spegele während der Abendmahlzeit an die Konventualen folgende Ansprache: „Geliebte Herren Mitbrüder! Heute sind es wirklich volle 270 Jahre, daß Jost Münch von Rosenberg im Jahr 1536 als württembergischer Kom= missär die Abtei St. Georgen auf dem Schwarzwalde, unser Stamm= gotteshaus, unter Abt Johannes Kern V. in Besitz nahm. Man brauchte militärische Gewalt und unsere Vorfahren mußten ohne Hilfe, selbst des Notwendigsten beraubt (in den Annalen steht: ohne Gefieder und Gelieger) am heutigen Tage im Schneegestöber entfliehen. Allein ihre Standhaf= tigkeit, brüderliches Zusammenhalten, Zutrauen und unerschütterlicher Mut brachten es dahin, daß St. Georgen in Villingen von neuem auf= lebte und noch bis jetzt 270 Jahre voll des Ruhmes und Segens be=

stand. Wahrlich, diese Männer, unsere Väter sind würdig, daß wir, ihre Söhne, wirklich in ähnliche Umstände versetzt, ihre Standhaftigkeit und Bruderliebe heute zur Nachahmung wählen und feierlicher als jemals ihr Andenken begehen." Jetzt hemmte der Drang der Empfindung seine Worte, Thränen füllten sein Auge, nach einer Pause erhob er seinen Becher: „Auf, geliebte Brüder, folgt meinem Beispiele! Es leben hoch St. Georgens Stifter, Fortpflanzer, unsere gesamten Vorfahren, unsere Väter!!! Mögen sie auf uns mitleidig herabsehen und uns von Gott ihre Tugend, Mut und Segen erflehen!" Wehmutsvoll und ergriffen stimmten die Anwesenden mit dem Wunsche ein: es geschehe!

Schon sechs Monate später wiederholte sich ähnlich in Villingen, was vor 270 Jahren in St. Georgen sich ereignet hatte. Am 12. Juli 1806 fiel diese Stadt an Baden. Die Württemberger packten in Eile alle Habe des Klosters zusammen und ließen sie noch in der Nacht nach Stuttgart bringen. Das Kloster wurde sodann aufgehoben und seine Bewohner entlassen. Nur der Abt und die beiden ältesten Mönche durften im Kloster wohnen bleiben; die übrigen Mönche kamen auf auswärtige Pfarreien. Der letzte Abt war Anselm Schababerle, der am 26. Januar 1810 starb.

2. Kapitel.
Kirchliche Verhältnisse in St. Georgen.

In St. Georgen war nun wieder Raum für das Evangelium, das hier auch einen empfänglichen Boden fand. Gleich nach der Eidesleistung am 28. Dezember 1648 stellten die St. Georgener durch Christian Reuter die Bitte um einen evangelischen Pfarrer. Sie wurden aber bedeutet, daß der Pfarrer von Buchenberg zunächst das Kirchspiel mitversehen werde. Doch wurde bald ein evangelischer Geistlicher in St. Georgen eingesetzt in der Person des Magisters Jakob Sebold, der bis 1653 im hiesigen Amte war. Zu seiner Zeit und zwar im Jahr 1651 wurde auch die lutherische Abtei St. Georgen erneuert und M. Johannes Kappel wurde der erste evangelische Abt nach dem großen Kriege. Derselbe war zugleich Abt von Alpirsbach und nur Inspektor von St. Georgen. Da nämlich die Klostergebäude in Trümmern lagen, so war für den Abt keine Wohnung mehr hier; er hatte darum die hiesige Abtei im Nebenamt und ließ sich durch einen „ständigen Vikar" hier vertreten, welcher in dem Gebäude wohnte, das Abt Gaisser noch während des 30jährigen

Krieges notdürftig nach dem Brand hatte herstellen lassen. Die Reihe der evangelischen Äbte*), welche wir wie die der evangelischen Pfarrer in einem Anhang geben, schließt für St. Georgen mit der württembergischen Zeit, d. h. im selben Jahr 1810, in welchem zu Villingen der letzte katholische Abt gestorben ist. In Württemberg wurde der Titel eines Abtes von St. Georgen auch später noch an verdiente evangelische Geist=liche der dortigen Landeskirche verliehen, als St. Georgen schon badisch geworden war.

Die Pfarrer von St. Georgen hatten die nächste Aufgabe, die Ge=meinde wieder zu sammeln. Der Abt hatte sich alle Mühe gegeben und alle Mittel angewendet, um die Leute zur katholischen Kirche zu führen; wie es ihm gelang, ersehen wir aus den Aufzeichnungen seines Tage=buchs. Im Jahre 1642 zählte er in St. Georgen und Stockwald schon 13 Familien und 14 ledige Personen unter seinen Beichtkindern; in Brigach 13 Familien und 26 Ledige; in Oberkirnach 23 Familien und 116 Ledige; in Schiltach 12 Familien und 34 Ledige; am Ruperts=berg 7 Familien und 22 Ledige, zusammen 68 Familien und 212 Le=bige. Vom Dorf Peterzell führt er keine Zahl an. Da Peterzell halb=teilig hornbergisch war, so ist dort sein Einfluß jedenfalls geringer gewesen. Daß die Geldstrafen, mit welchen er die Besucher der evange=lischen Kirche zu belegen pflegte, es ihm erleichterten, den Widerstand der verarmten Leute zu brechen, ist klar. Als der Abt im Jahr 1649 an die früheren Unterthanen noch 1000 Gulden forderte, welche er an Kriegssteuern vorgeschossen habe, wies ihm sein früherer Parteigänger Christian Reuter, der es wissen konnte, nach, daß diese Forderung zum Teil aus den hohen Geldstrafen für den Besuch des evangelischen Gottes=dienstes bestehe; die Besucher seien um 20—30 und mehr Pfund ge=straft worden.

Es ist anzunehmen, daß die Bewohner des Kirchspiels um so lieber zum Glauben, den ihre Väter 100 Jahre lang bekannt hatten, zurückkehrten, als sie selbst denselben erst 18 Jahre zuvor nur ungern verlassen hatten.

Der Gottesdienst war seit der Zerstörung der Abteikirche in der Lorenzkirche abgehalten worden. Nach dem dreißigjährigen Krieg wurde deren Turm sehr baufällig. Spezial (Dekan) Balbenhofer in Tuttlingen

---

*) Graf Zinzendorf, welcher sich 1734 unter die württembergischen Predigt=amtskandidaten hatte aufnehmen lassen, bat um die Prälatur St. Georgen und um die Erlaubnis, hier ein Seminar zu errichten. Der Herzog schlug ihm jedoch beides ab.

und Amtmann Schickard in St. Georgen berichteten an den Kirchenrat
zu Stuttgart, daß die Reparatur keinen Aufschub mehr erleiden könne,
„um vieler Leute Leibes- und Lebensgefahr, auch des Pfarrers auf der
Kanzel zu verhüten, wie denn dem Schulmeister und Meßner, als er
unlängst die Uhr gerichtet, ein Stein auf den Kopf gefallen, daß ihm
ohnmächtig darüber geworden". Im Jahr 1680 wurden drei Seiten
des Turms bis auf das Fundament und die vierte, soweit es nötig erschien, abgetragen. Maurermeister Baber von Rottweil hatte diese Arbeit
sowie den Wiederaufbau übernommen; letzteren um 1200 Gulden und
6 Gulden Trinkgeld. Die Schmiedearbeit lieferten Hans Zucker und
Georg Sauter. Die Bauaufsicht war dem Schmied Christoph Heinemann übertragen. Zur Erinnerung wurde in die Südwand des Turmes
ein Denkstein eingefügt, der die Inschrift trägt: „Unter Abt Gerlach
ist durch Rath und That des Superintendenten Balbenhofer unter der
Aufsicht des Klosteramtmanns Schickard zur Zeit des Pfarrers Walz
dieser eben noch baufällige Thurm von Grund aus restauriert und sein
Bau zu Ende geführt worden 1680".[2]

Vor dem dreißigjährigen Krieg waren St. Georgen, Hornberg und
Städtchen Schiltach zu einem Dekanat vereinigt. Im Jahr 1577 stand
dasselbe, welchem der Abt von St. Georgen vorstand, unter der General-
superintendenz Tübingen, dann unter Bebenhausen. Später kam das
Dekanat über St. Georgen nach Tuttlingen und von 1684 an nach
Hornberg.

3. Kapitel.

Das Klosteramt.

Die Verwaltung der Klostergüter sowie die Befugnisse der weltlichen
Obrigkeit waren von jetzt ab, da der Abt nicht mehr in St. Georgen
wohnte, in der Hand eines Klosteramtmanns. Schon zur Zeit früherer
Besitznahme hatte Württemberg hier Amtleute eingesetzt, so um 1580
Widenmayer, 1586 Beihel, 1591 Bechstein, 1604 Karch, 1618 Gölzer.

Während von 1630 bis 1649 die katholischen Amtleute Bolt und
Ruoffeisen genannt sind, folgen unter Württembergs Herrschaft: 1649
Kapf, 1654 J. W. Zimmethäuser, 1664 Enslin, 1676 Helterer, 1680
Schickard, 1685 Binder, 1686 Wölfing, 1691 G. L. M. Zimmethäuser,
1711 Huber, 1723 Nopper, 1725 Sauller, 1738 Roth, 1745 Speidel,
1755 Haupt, 1764 Dreher, 1796 Mauchart, 1808 Göriz. Die beiden
letzteren führten den Titel Kameralverwalter.

Dem Klosteramtmann war ein Amtsschreiber beigegeben. Als solche sind Steck, Schmoller*) und Kapf genannt.

Die Walbungen unterstanden der Aufsicht eines Klosterreiters, der auch die amtlichen Botengänge zu besorgen hatte, später eines Försters. Der erste Klosteramtmann fand hier wohl sehr traurige Zustände. Wenn St. Georgen in der zweiten Hälfte des 17. Jahrhunderts seiner Bedeutung nach hinter den übrigen Stäben des Kirchspiels zurücksteht, so erkennen wir daraus, daß es von der Zerstörung des Jahres 1633 sich nur schwer erholte. Die Stäbe Brigach und Kürnach waren im Krieg etwas weniger heimgesucht worden als die übrigen an der Heer- straße liegenden. Aber allenthalben herrschte eine unbeschreibliche Armut. Viele Unterthanen waren durch Hunger und Pest dahingerafft worden; die den Krieg überlebten, waren bis aufs Mark ausgesogen und ihre Felder so verheert, daß mehrere Jahre hindurch eine Teurung entstand. Wie groß die Armut jener Zeit war, ersehen wir aus einer Nachricht des Pfarrers Johann Georg Wüst. Derselbe schreibt im Jahr 1754: „Es kam soweit, wie ich von einigen meiner Zuhörer, die über 80, auch über 90 Jahre alt waren, versichert worden bin, daß man in dem dreißig- jährigen Krieg wegen Mangel der Leut, des Geldes und Viehs nach Aussage ihrer Väter, die solches erlebt hatten, manchmal hieroben einen ganzen Bauernhof um eine Speckseite habe kaufen können".

Daß in den Nöten und Greueln des dreißigjährigen Krieges auch das ganze Volksleben verwildern mußte, ist klar. Die württembergische Regierung war darauf bedacht, die Sitten zu heben und „die bürgerliche Verfassung in bessere Ordnung zu bringen".

Von einzelnen Anordnungen der württembergischen Regierung, welche St. Georgen betreffen, ist uns unter anderem der Verlauf der beiden Meierhöfe bekannt geworden. Im Juni 1659 gab sie die Genehmigung, daß die beiden Klosterhöfe zu St. Georgen „um des Klosters besseren Nutzens und Frommens willen dem Vogt und der gemeinen Bürgerschaft zu erwähntem St. Georgen auf dem Berg" mit allen darein gehörigen Hofstätten, Wiesen und Ackerfeldern, auch anderen Stücken und Gütern, die im Lagerbuch aufgeführt seien, als eigene freie Güter um 2350 Gulden verkauft wurden, und zwar so, daß 350 Gulden bar bezahlt und vom Rest der Kaufsumme jährlich 100 Gulden oder mehr abgetragen

---

*) Dessen Sohn war von 1826—1858 zuerst Professor, dann Ephorus am Se- minar in Blaubeuren. Ein Sohn dieses war Dekan Schmoller in Derendingen († 1894).

werden sollten. Ferner sollten die jeweiligen Besitzer alljährlich auf
Martini für Urbarzins, Waid und Frohngeld 50 Gulden an das Kloster
entrichten, dagegen sollten sie „keine Sägbäume mehr zu führen und kein
Saumroß zu halten" schuldig sein.

Die Lagerbücher erweisen, wie Württemberg die malefizische und
glaitliche Herrlichkeit und die Vogt= und niedergerichtliche Obrigkeit, sowie
alle aus den Besitztiteln stammenden und ersichtlichen Rechte, die einst
der Abt besessen hatte, sich wahrte.

Die Jahr= und Wochenmärkte wurden beibehalten und für letztere
ein eigenes Kaufhaus eingerichtet. Dem Klostermüller Philipp Haas
ist im Jahr 1770 gegen jährliche 13 Gulden der Klosterweiher übergeben
worden; derselbe verpflichtete sich zur „altobservationsmäßigen Verehrung"
von Fischen an die geistlichen und weltlichen Beamten. Im Mai 1663
schon ist entschieden worden, daß alle Einwohner von Brigach (mit Aus=
nahme des Stabsvogts Christian Müller, so des Henningers Hofgut
in Handen hat und von uraltersher eine Hausmühle zu gebrauchen be=
rechtigt ist) neben den im Kloster wohnhaften Personen in des Klosters
Bannmühle unterm Klosterberg zu mahlen haben; sollte das Wasser zu
klein sein, so daß nicht jeder ausgefertigt werden könne, so dürfe er nach
drei Tagen und Nächten seine Frucht wieder mitnehmen und in einer
andern Mühle mahlen lassen.

Das Löwenwirtshaus war die Klosterlehensherberge. Im Jahre
1683 beschwerten sich die Stabsvögte über den Löwenwirt, welcher nicht
nur verlangte, daß die Kirchspielsgenossen alle Hochzeiten, Heiratstage,
Taufsuppen, Gerichts= und Teilungszehrungen in seinem Wirtshaus
halten, sondern auch alles Fleisch in seiner Klostermetzig holen und das
Vieh ihm zuerst zum Verkauf anbieten sollten. Es wurde entschieden,
daß der Löwenwirt Trautwein mit seinen Forderungen im Recht sei,
dagegen habe er seine Gäste „jederzeit mit einem guten Stück Fleisch
im billigen Werth zu versehen". Auch dürfe ein jeder für seinen Haus=
bedarf selbst schlachten lassen, nur sei das Schlachtvieh durch die ge=
schworenen Fleischbeschauer nach der Metzgerordnung zu besichtigen, doch
sollten diese „mehr nicht denn selb dritt an ein Stück Vieh stehen".
Schon zwei Monate später beklagte sich Löwenwirt Trautwein, daß nun=
mehr „die Bauern im Kirchspiel dem Vergleich zuwider keine Zech=
sondern lauter Schenkhochzeiten daheim in ihren Häusern haben, nur
damit sie bei ihm nicht zechen dörften". Im Jahr 1757 trug Gg. Jacob
Baumann, welcher damals Wirt zum roten Löwen war, eine ähnliche

wer
Me
ent
Sa

gla
alle
ber

ein
ift
wo
vor
fchi
nal
in
red
Ba
flei
bre
an

16
nu
To
ha
Bi
ba
ba
im
bel
fch
fol
Si
me
for
ba
B

Klosteramtsfischbeel.

Beschwerde vor; er wurde jedoch angewiesen, seine Gäste besser zu halten, „maßen wir nicht gemeint sind, diese unsere Lehenswirthschaft und Lehens= metzig durch seine Schuld in Abgang kommen zu lassen".

In Anbetracht, daß St. Georgen ein Grenzort „und fast gar außer Lands gelegen, es auch bei ihnen keine Schenkhochzeiten gibt, sondern ein jeder um seinen Pfennig zehrt", wurde 1662 gestattet, daß ein jeder wie bevor so auch ins künftige soviel Hochzeitsgäste laden dürfe, als es ihm beliebe.

4. Kapitel.

Neue Klostergebäude.

Das alte Kloster lag in Trümmern, nur einen Bau hatte Abt Georg notdürftig herstellen lassen. Das einzige Gebäude, welches beim Brand des Jahres 1633 stehen geblieben, war ein Haus, das in der südwestlichen Ecke des Klosterhofes stand und Amthaus wurde. Obgleich es erst 1614 erbaut war und noch bis in die 20er Jahre dieses Jahr= hunderts stand (daher sich an das „alte Amthaus" ältere Leute noch heute erinnern), so wurde es doch schon 1666 verlassen und zwar „weil es seit dem Brand von Gespenstern ganz ungeheuer geworden, die in entsetzlichen Gestalten Menschen und Vieh geplagt und geängstet".[3]

Das Klosteramt bezog im Jahr 1666 das neuerbaute Amthaus, welches auf dem Platz des alten Klosters errichtet worden war. Dieses Haus, von welchem wir eine Abbildung geben, wurde im Jahr 1747 renoviert und steht noch heute, aber seine Tage sind gezählt. Es war von 1666 bis 1810 Klosteramthaus, von 1810 bis 1835 Domänenverwaltungs= gebäude, von 1835 bis 1887 Pfarrhaus und dient seitdem als Spital. An ihm befindet sich noch das württembergische Wappen und links vom Eingang in den Hof war auf einer in die Mauer eingelassenen Stein= tafel die Inschrift, welche Breuninger so übersetzt hat:[4]

„Da sechzehnhundert man und sechsundsechzig zehlet
Und Jakob Enslin war dies Kloster anvertraut,
Der dieses Hauses Bau zu gründen ward erwählet,
Hat er es aufgeführt, wie man's hier sieht gebaut,
Zur Zeit, da Gottes Wort in reiner Lehr' florieret
Und Herzog Eberhard der Dritte wohl regieret.
Er hat's gesagt, der Herr, steh wohl auf deiner Hut,
Trau Ihm und sicherlich, so steht es wohl und gut.
Es wird dich, wo du bist, der volle Segen krönen,
Wenn dir muß dieses Haus zu einer Wohnung dienen."

Neben dem Amthaus, das inmitten des durch die Klostergebäude einst eingeschlossenen Hofraums erbaut war, stand der „Kasten", die

Klosterzehentscheuer, welche wohl auf dem Fundament des Süd= flügels des alten Klo= sters errichtet wurde und die in diesem Jahrhun= dert in ein Wohnhaus verwandelt worden ist, das noch heute den Namen „Kasten" trägt.

Als im Jahr 1728 der Turm der Abteikirche ein= gestürzt war, wurde auf seiner

Klosteramthaus, späteres Pfarrhaus.

Stelle ein Kaufhaus errichtet und in diesem auch die Amtsschreiberei

untergebracht. Auch von diesem Haus, in welchem später auch der Förster
Wohnung hatte und das in den letzten Jahrzehnten als Schulhaus
und Spital verwendet wurde, geben wir eine Abbildung; es wurde im
Sommer 1892 niedergelegt und eine neue Straße über den Platz geführt.
Innerhalb der Klostermauern stand noch der Pfarrhof. Als das
Haus, welches Abt Georg Anno 1634 erbaut hatte und das als Pfarr=
wohnung diente, im Jahr 1730 einzustürzen drohte, wurde in jenem
Jahr ein neues Pfarrhaus gebaut, südlich vom Kasten und parallel mit
diesem und dem Amthaus. Dasselbe ist heute Eigentum des Küfers
Steibinger und der Witwe Christian Haas.

Auch die Klostermauern wurden unter württembergischer Herrschaft
restauriert; das Thor derselben ist bis in die Mitte unseres Jahrhunderts
nachts geschlossen worden. Letzteres stand zwischen der Amtsschreiberei
und dem Thorwartshaus. Das Thorwartshaus ist 1754 neu erbaut
worden und diente dem Thorwart und dem Klosterreiter als gemein=
same Wohnung. Es trägt bei älteren Leuten noch heute den Namen
Thorwartshäuschen.

5. Kapitel.

Zeitläufe.

Die Ruhe, deren das verwüstete Land nach dem dreißigjährigen Krieg
so sehr bedurfte, dauerte nur wenige Jahrzehnte. Nachdem die Franzosen
in diesem Krieg einmal sich in die Verhältnisse Deutschlands eingemischt
hatten, suchten sie schon 24 Jahre nach dem westfälischen Frieden unser
Vaterland wieder heim, so daß es vier weitere Jahrzehnte lang nicht
zur Ruhe kommen konnte.

Im Jahr 1672 brach der zweite niederländische Krieg aus, an
welchem auch Baden und Württemberg teilnahmen und das rechte Rhein-
ufer vom Breisgau bis an den Neckar verwüstet wurde. Anno 1688
machten die Franzosen einen Einfall in Württemberg, in welchem das
Schloß Hornberg zerstört und die Stadt Schramberg angezündet wurde;
der ganze Schwarzwald wurde damals vom Franzosenschrecken ergriffen.
Das Jahr 1689 brachte den Anfang des orleanischen Krieges. In diesem
hausten die Horden des französischen Königs Ludwig XIV. als Mord=
brenner in den deutschen Ländern am Rhein; reiche Städte und blühende
Dörfer wurden in Trümmer verwandelt. Unmenschlich hausten die Fran=
zosen auch in unserer Pfalz; es kam vor, daß das wehrlose Volk, welches

6*

auf den Knieen um Gnade flehte, ausgezogen und entblößt in die Schnee=
felder gejagt wurden, wo viele vor Kälte umkamen. Die Städte Mann=
heim, Heidelberg, Wiesloch, Bruchsal, Rastatt, Baden, Offenburg wurden
von den Franzosen in Brand gesteckt. Als dieser schreckliche Krieg
Anno 1697 durch den Frieden von Ryswick beendet war, brach vier Jahre
darauf der spanische Erbfolgekrieg aus, in welchem Prinz Eugen sich
Feldherrnlorbeeren erwarb; auch Ludwig von Baden war unter den
kaiserlichen Anführern. Der Friede wurde 1614 zu Rastatt und Baden
geschlossen.

Ju diesen Kriegen ist auch St. Georgen heimgesucht worden. Im
April 1703 brang der französische Marschall Villars in das Kinzigthal
ein, nahm Biberach, Haslach, Hausach und Wolfach, und auch das wohl=
besetzte Hornberg mußte sich infolge des Verrats eines niederträchtigen
Landeseinwohners[5] am 1. Mai ergeben. Am folgenden Tag hielt
Villars einen Rasttag auf der Benzebene, am Tag darauf rückte er nach
Sommerau, und von da ging sein Weg über St. Georgen nach Villingen,
das er beschoß, aber nicht einnahm.

Am 1. Juli 1704 ging Marschall Tallard bei Straßburg über
den Rhein; er marschierte über Emmendingen, Waldkirch, Elzach, Horn=
berg und durch unser Kirchspiel gegen Villingen, vor dem er am 16. Juli
erschien. Schon vorher hatten die Franzosen in St. Georgen so gehaust,
daß die Einwohner längere Zeit auf der Flucht zubrachten. Damals
wurden auch die hiesigen Kirchenbücher vernichtet. In den Pfarrakten
findet sich die Bemerkung, daß bei der französischen Einwanderung alle
älteren Pfarrbücher verloren gegangen seien, und das älteste der jetzt
noch vorhandenen hat auf dem Titelblatt den Eintrag: „Hochzeit= und
Todtenbuch. In die Kirche zu St. Georgen gehörig. Angefangen den
10. Juni 1704, nach dem damaligen französischen Einfall, als das vorige
verloren gegangen." Die Einträge des Totenbuchs über die vom 19. Juni
bis 11. September 1704 Gestorbenen enthalten statt der sonst üblichen
Bemerkung: „mit einer Leichenprebigt" jämtlich die Notiz: „starb auf
der Flucht". Es finden sich solche Einträge aus allen Gemeinden des
Kirchspiels. Der Kastenwirt Jakob Kammerer starb „auf der Flucht
zu Weiler", ein Michael Zucker ist in Fluorn gestorben.

Wieviel St. Georgen in diesen Kriegen zu leiden hatte, erkennen
wir aus einer Bemerkung, welche Breuninger im Jahr 1719 gemacht
hat: „Von selbiger Zeit an (Anno etlich und 80) bis auf den letzten
Friedensschluß (1714) hat dieser Ort fast vor allen andern, weil er ein

Grenzort und den Hauptpässen nahe gelegen, Unglück erduldet. Wenn man melden sollte, wie sehr dessen Inwohner durch Brand, Raub und Plünderung, starke Durchzüge und Einquartierungen, oftmalige Fluchten, Teurung, Mißwachs, Hagel und Wetterstrahl, Viehseuche und dergleichen harten Strafen mitgenommen worden, sollte es uns eher an Worten als an Stoff gebrechen, dessen unglückselige Schicksale nachdrücklich genug vorzustellen."⁶

Martini erzählt, daß zu seiner Zeit im Volksmunde noch die Rede ging, im spanischen Erbfolgekrieg sei „ein Mann" dreimal gekommen, um die Leute zur Flucht vor den Franzosen zu mahnen. Diese luden daraufhin ihre Habe auf Wagen und waren gerade auf der Höhe des Rupertsbergs angekommen, als sie die heranstürmenden Franzosen in der Nähe des Fleckens erblickten. Ein einziger Mann war zurückge= blieben und soll es erbeten haben, daß nur die Häuser am Roßberg niedergebrannt, die Gebäude im Kloster aber verschont wurden. Die Flüchtigen seien auf den 24 Höfen bei Freudenstadt freundlich aufge= nommen worden und ein Jahr lang dort geblieben, bis sie durch Teurung der Lebensmittel sich zur Rückkehr genötig sahen.

Auch am Ende des Jahrhunderts ist St. Georgen von französischen Truppen heimgesucht worden. Auf seinem Rückzug durch den Schwarz= wald im Jahr 1796 soll der General Moreau im hiesigen Amtshaus übernachtet haben.

Im April 1799 klagten die beiden Orte Peterzell und Mönchweiler, daß sie „unter den bisherigen Kriegsdrangsalen am meisten gelitten und an Lebensmitteln und Futter für ihr Vieh gänzlich erschöpft seien, auch sogar die zur Aussaat benötigte Frucht nimmer besitzen". Das Kloster= amt (damals Oberamt genannt) bestätigte, daß der Stab Peterzell aufs härteste mitgenommen und einige Bürger sogar beinahe an den Bettel= stab gebracht worden seien. Doch sollten sämtliche Gemeinden des Oberamts mit 75 Scheffel Dinkel und ebensoviel Hafer unterstützt werden, soweit sie der Hilfe benötigt seien. Peterzell erhielt ¹/₅, Mönchweiler ¹/₅ und alle übrigen Gemeinden bekamen zusammen ³/₅ der Gabe.

Es liegen uns eine Anzahl Rechnungen aus jener Zeit vor, die der Vogt und die Wirte von Peterzell für „den Franzosen prästiertes Quar= tier" ausgestellt hatten. Im Jahr 1796 verlangte Löwenwirt Hakenjos daselbst Ersatz, weil die von Überlingen her retirierenden Franzosen seinem Knecht 4 Pfund Kaffee und 5 Pfund Zucker abgenommen hatten, welche dieser soeben beim Krämer Maier geholt hatte. Von einigem

Interesse sind die angegebenen Preise, indem nicht nur ein Pfund Kaffee, sondern auch ein Pfund Zucker je 1 Gulden 12 Kr. = 2 Mark 06 Pfg. kostete.

So endete auch dieses Jahrhundert, wie es begonnen hatte, unter Kriegsnot und Bedrängung durch den Erbfeind. Und als das neun=zehnte Jahrhundert anbrach, ging der unglückselige Stern Napoleons auch über unserem Vaterlande auf. Noch jahrelang dauerte der Krieg, welcher Deutschlands Fürsten und Stämme tief demütigte, aber auch schließlich alle guten Kräfte des Volkes zur Befreiung wachgerufen hat.

6. Kapitel.

Der Übergang an Baden.*)

Am 10. April 1810 war zu Compiègne und am 7. September jenes Jahres zu Paris eine Verschiebung der Landesgrenze Badens und Württembergs beschlossen worden. Durch den Staatsvertrag zwischen den beiden Kronen, welcher die getroffenen Vereinbarungen zur Ausführung brachte, wurde am 5. Oktober 1810 bestimmt[7], daß, „um denjenigen Verbindlichkeiten, welche der König von Württemberg gegen den Kaiser von Frankreich übernommen hatte, und seinem bestimmten Ansinnen zu entsprechen“, vom Oberamt Hornberg an Baden abgetreten wurde: „Stadt Hornberg mit Schloß, Stab Brigach mit Sommerau, Stab Buchenberg mit Mönchhof und Mühllehen, Stab Gutach mit Hohen=weg, Stab Kirnach, Stab Nürnbach, Stab Königsfeld, Stab Langen=schiltach, Mönchweiler, Stab Peterzell, Stab Reichenbach, Stadt Schiltach, Lehengericht Schiltach, St. Georgen mit Stockwald, Stab Stockburg samt Schoren, Stab Weiler, Stab Tennenbronn mit Oberschiltach“. Ferner wurden damals aus unserer Gegend dem badischen Lande einverleibt: Schabenhausen, Fischbach, Sinkingen, Kappel, Niedereschach, Dauchingen, Weilersbach, Biesingen, Oberbalbingen, Öfingen, Sundhausen. Der Artikel 5 des Staatsvertrags lautete: „Seine Königliche Hoheit der Großherzog von Baden werden diese Distrikte mit den nämlichen Titeln,

---

*) Unser Bild zeigt uns St. Georgen aus jener Zeit. Rechts von der Kirche, welche vom Turm überragt wurde, befindet sich das Meßnerhaus. In der west=lichen Ecke der Klostermauer steht noch das „alte Amthaus“. Das letzte Haus auf dem Berge gegen Peterzell hin war „das schwarze Thor“.

Rechten und Verbindlichkeiten besitzen, wie solche bisher von Seiner Majestät dem König von Württemberg besessen worden sind".

Nachdem unser Kirchspiel somit einige Jahrhunderte unter Württemberg gestanden war, war es nunmehr badisch geworden. Der Schwarzwälder hält seinem Charakter nach am Altgewohnten fest. Gemeinsamer Glaube und gemeinsam durchlebte Not hatte ihm die Zugehörigkeit zu Württemberg lieb gemacht. Ungern löste er diese Gemeinschaft auf. In den Wirtshäusern sang man damals Schelmenlieder auf Baden. Die weise Regierung eines Karl Friedrich und seines Nachfolgers hat aber gewiß dazu beigetragen, daß die Gemüter sich bald mit den neuen Verhältnissen befreundeten.

Sechster Abschnitt.
Die badische Zeit.

———

1. Kapitel.
Unruhige Zeiten.

Wir sind in den letzten Zeitabschnitt der Geschichte unseres Kirch=
spiels eingetreten, der bis in die Gegenwart reicht und für welchen der
Erzähler großenteils auf Mitteilungen von Zeitgenossen angewiesen war.
Einiges, das schon in einem früheren Abschnitt hätte berichtet werden
können, ist verspart worden, um hier zu einem abgerundeten Bilde zu
dienen.

Zu der Zeit, als Baden die Herrschaft zu St. Georgen übernahm,
stand das Kaisertum Napoleons auf seiner Höhe. Zwei Jahre darauf
unternahm der welsche Eroberer seinen Feldzug nach Rußland, welcher
ihm den Anfang vom Ende brachte. Die Befreiungskriege führten die
Russen auch in unsere Gegend. Leider sind aber aus dieser Zeit keine
Nachrichten mehr vorhanden. Die Alten, welche teils aus eigener An=
schauung, teils nach Mitteilungen vom Vater her noch erzählen konnten,
sind unterdessen heimgegangen; auch verfällt im Zeitalter des Papiers
rascher als früher der Vergessenheit, was nicht aufgezeichnet wurde oder
gedruckt zu lesen ist.

Anfangs der breißiger Jahre fand ein Nachspiel zur Russenzeit statt,
worüber die sogenannte Russenrechnung in den St. Georgener Gemeinde=
akten noch einigen Aufschluß giebt. Die Gemeinden Gutach, Hornberg
und Peterzell glaubten nämlich beim Ausgleich der Kriegsunkosten aus
den Jahren 1813 und 1814 mit zusammen 24758 Gulden zu stark
beigezogen worden zu sein. Sie verlangten darum von den Gemeinden

spie
Erz
Ei
kö
bi

st
u
i

beigezogen worden

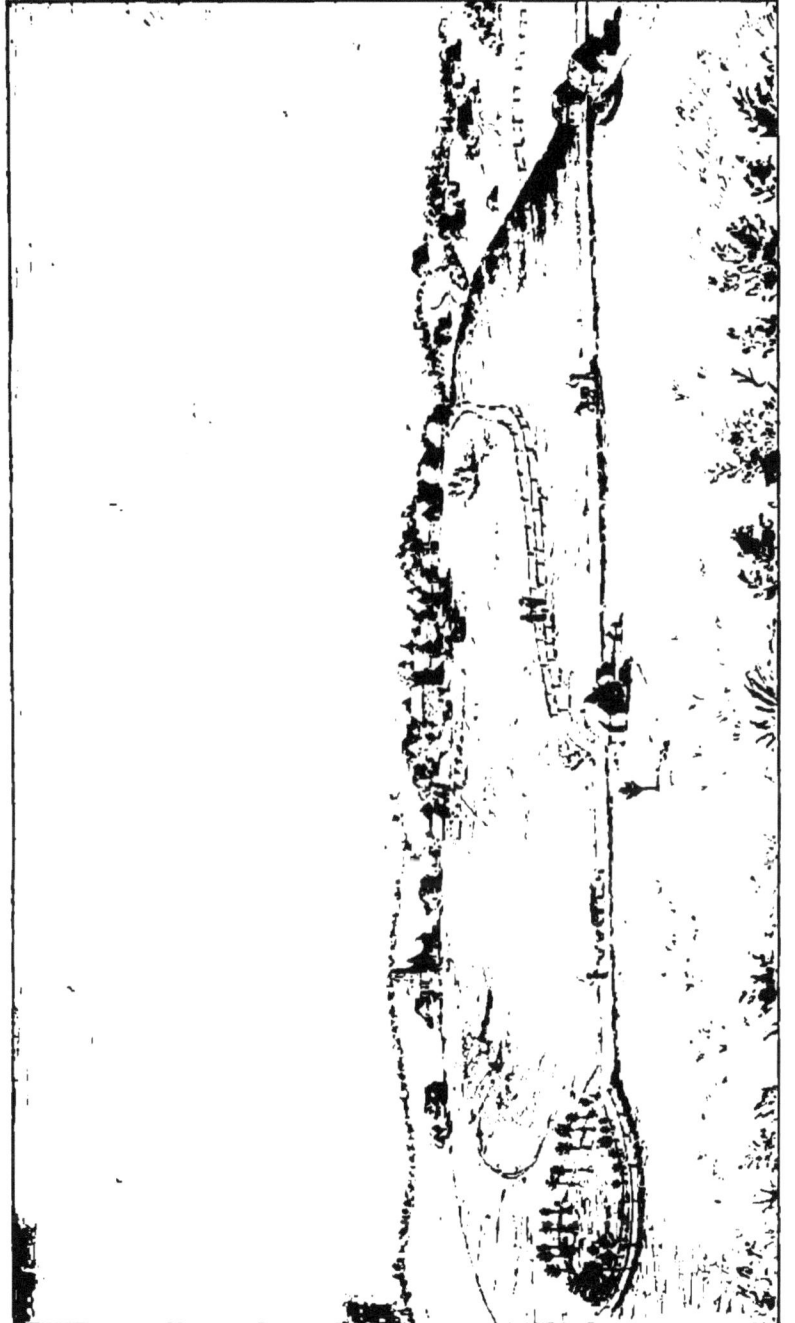

St. Georgen am Anfang des Jahrhunderts.

Brigach, Buchenberg, Kirnbach, Langenschiltach, Reichenbach, St. Georgen und Tennenbronn den Ersatz jener Summe und strengten, als derselbe verweigert wurde, einen Prozeß an. Im Verlauf dieses Prozesses verfügte die Regierung über die verklagten Gemeinden die Exekution. So wurde z. B. in Brigach das Vieh gepfändet und in den Löwen zu St. Georgen getrieben. Infolge einer persönlichen Vorstellung bei Großherzog Leopold erlangten die Bürgermeister Schultheiß von St. Georgen und Bäsch von Martinsweiler die Einstellung des Gewaltverfahrens und schließlich wurde der Prozeß von den verklagten Gemeinden gewonnen.

Innere Unruhen brachten später die Jahre 1848 und 1849. Am 14. Mai 1849 schlugen die Wogen des Umsturzes auch in die hiesige Gemeinde herein. Der Civilkommissär Kaufmann setzte am 20. Mai den Bürgermeister Joseph Weißer ab; die Gemeinde erwählte diesen aber elf Tage später wiederum. Vom 15. bis zum 18. Juni war eine Exekutionsmannschaft von 123 Mann „Bürgermilitär", deren jeder täglich 30 Kreuzer und die Verpflegung beanspruchte, bei einer Anzahl von treu gesinnten Bürgern eingelegt. Durch diese wurde Bürgermeister Weißer wieder aus dem Amt entfernt. Zwar wurde er am 18. Juni vom Bezirksamt wieder eingesetzt, aber schon am folgenden Tag mußte er der Gewalt wieder weichen. Nachdem in der Nacht vom 30. Juni dreißig Mann Tübinger von der sogenannten Schwabenlegion erschienen waren, den Bürgermeister Weißer und den Gemeinderat Weiß morgens um drei Uhr verhaftet und nach Triberg geführt hatten, flohen viele Bewohner, unter ihnen auch Pfarrer Ledderhose, vor den anziehenden Freischaren ins Württembergische. Es legte sich in St. Georgen ein Corps von 6—700 Mann Freischaren ein, aber von Oberndorf und Villingen her kamen ihnen Bundestruppen in den Rücken, so daß sie schleunigst sich zurückzogen. Schon andern Tags (am 8. Juli) zogen an 2000 Mann (Frankfurter Bataillon, Hessen, Mecklenburger) in St. Georgen ein, worauf auch die flüchtig gewordenen Bürger heimkehrten.

Als später der Prinz von Preußen, unser nachmaliger an Sieg und Segen reicher Kaiser Wilhelm I., von Villingen herkommend vor der hiesigen „Post" anhielt und Pfarrer Ledderhose auf die treue Haltung hinwies, welche die Bürger im ganzen bewiesen hätten, erwiderte der Prinz, es sei ihm dies schon bekannt geworden.

Am 6. Januar 1850 wurde Bürgermeister Joseph Weißer von Großherzog Leopold durch die Verleihung der großen goldenen Medaille ausgezeichnet.

2. Kapitel.

Heimsuchungen.

Zehn Jahre nach diesen politischen Unruhen brachten die entfesselten Elemente ein Unwetter anderer Art über St. Georgen. Nach einer Aufzeichnung des Bürgermeisters Braun zog am 4. August 1859 „ein furchtbares Ungewitter über unseren Ort". Es entstand ein so heftiger Sturm, daß kein einziges Haus unbeschädigt blieb und einige ganz abgedeckt wurden. Der in die beschädigten Häuser eingedrungene Regen verursachte ebenfalls großen Schaden. Im Mehlinwald wurden etwa 1000 Bäume niedergerissen. Gleichzeitig vernichteten die Schloßen die Feldfrüchte, so daß im ganzen ein Schaden von 30,000 Gulden entstand. Eine zu Gunsten der betroffenen Gemeinden im Oberrheinkreis erhobene Kollekte ergab für St. Georgen 520 Gulden.

Wie einst das Kloster, so sind auch öfters die Kirchspielsgemeinden durch Brandunglück heimgesucht worden. In Brigach brannte 1868 der Christbauernhof nebst Leibgedinghaus, 1865 der Unterbauernhof, 1873 der „Engel", 1883 das Leibgedinghaus des Andreas Obergfell (durch einen Blitzschlag) und im selben Jahr das Bauernhaus des Christian Stockburger ab. Im Jahr 1892 wurde das letztere zum zweitenmal und auch das Haus des Jäcklesbauern J. G. Müller durch Brand zerstört. In Langenschiltach brannten im Jahr 1839 fünf Hof= und zehn andere Gebäude ab. Zu Peterzell fand der letzte größere Brand im Mai 1888 statt; durch denselben wurde das Schul= und Rathaus und vier weitere Häuser, worunter das erst im Jahr 1866 nach einer Feuersbrunst neuerbaute Neubauernhaus, eingeäschert. Vorher waren im Jahr 1870 ein Bauernhaus bei der Kirche und am Rupertsberg das Urbansbauernhaus abgebrannt.

In St. Georgen wurden im August 1750 sieben Wohnungen durch den Blitz zerstört; 1829 brannten der „Ochsen" und Kahsers Haus nieder; 1835 zehn Häuser auf der Sandreute; 1838 ebendort zwei Häuser; 1836 der „Hirsch", die beiden Schultheiß'schen und vier weitere Häuser; 1842 der „Adler", das A. Weißer'sche nebst sechs anderen Häusern und 1842 die „Sonne"; 1844 das Steinhilber'sche Haus am Roßberg, 1848 das Henninger'sche nebst acht anderen Häusern, 1893 die „Rose" im Stockwald.

Die häufigen Brandunfälle veranlaßten die Gründung einer freiwilligen Feuerwehr. Dieſelbe wurde durch den Kaufmann Chriſtian
Mayer angeregt und am 30. Mai 1858 vollzogen. Gegenwärtig zählt
die Feuerwehr etwa 130 Mitglieder unter dem Hauptmann Tobias
Bäuerle. Deren Thätigkeit wurde in beſonderem Maße in Anſpruch genommen
am 19. September 1865. Es war ein für die Jahreszeit ungewöhnlich
heißer Tag — ein Dienstag —, an welchem in einem Hauſe des Kloſter-
vorhofs Feuer ausbrach. Spielend züngelte die Flamme von Dach zu
Dach, an den dürren Schindeln immer neue Nahrung findend. Als ein
Wind ſich erhob, ſpottete das Feuer lange Zeit aller Rettungsverſuche.
Längs der Hauptſtraße vom Marktplatz bis zur Lorenzkirche wurden alle
Gebäude und noch ein Teil der Häuſer am Roßberg den Flammen zum
Raub: die Kirche nebſt 22 Wohnhäuſern und einer Scheune lagen in
Trümmern.

Die Abgebrannten fanden bei ihren Mitbürgern Obdach und Unter-
kunft. So zog der Kirchendiener mit ſeiner Familie in zwei Kammern
des Pfarrhauſes ein und im unteren Hausgang desſelben ſchlug ein
Krämer ſeinen Laden auf. Auch in weiteren Kreiſen erweckte ein ſo
großes Unglück vielfach die Milbthätigkeit, und es floſſen den Beſchädigten
manche Geldmittel zu. Durch die Huld des Landesfürſten, aus der
Staatskaſſe, ſowie durch Sammlungen in den Ämtern Villingen, Triberg,
Pfullendorf, Konſtanz, Überlingen, Stockach, Engen, Radolfzell und
durch viele Einzelgaben wurden die Heimgeſuchten mit 10356 Gulden
26 Kr. unterſtützt.

Da der preußiſch-öſterreichiſche Krieg des Jahres 1866 Handel und
Verkehr beeinträchtigt hatte, ſo waren die Arbeitskräfte zu den Neubauten
um billigen Lohn zu haben, und es erhoben ſich bald an Stelle der
Trümmer neue, ſchönere, aus Stein erbaute und mit Ziegeln oder
Schiefern gedeckte Häuſer. Daß aber das Bezirksamt geſtattete, die neuen
Wohnungen auf den Hofſtätten der früheren zu erbauen, ſo daß die
neue Straße dieſelbe unſchöne Unregelmäßigkeit aufweiſt wie die frühere,
iſt ſeither ſchon oft beklagt worden. Auch die Kirche erſtand bald wieder
aus den Trümmern; über die neue Kirche ſoll das nächſte Kapitel
berichten.

3. Kapitel.
Aus dem kirchlichen Leben.

Die St. Lorenzkirche*) war seit der Zerstörung der Abtei die Kirche des Kirchspiels gewesen. Die neue Kirche wurde wesentlich dem stehen=gebliebenen Turm zulieb auf Stelle der früheren erbaut, obgleich sie

hier allem Unwetter aus=gesetzt ist und öfters der Reparatur bedarf; namentlich leidet das Schieferdach oft not und es ver=ursacht fast alljährlich nicht unbedeu-

*) Die aus dem Brand der Lorenzkirche geretteten und in der neuen Kirche aufgestellten fünf Bildsäulen stellen die Jungfrau Maria auf einem Halbmond,

tende Unkosten. Was zu Gunsten der Lage der Kirche spricht, ist die Nähe des Gottesackers, da jede Beerdigung eine Handlung am Grab und eine solche im Gotteshause in sich schließt.

Der Grundstein zur neuen Kirche ist am 20. Juni 1866 gelegt worden; eingeweiht wurde sie am Kirchweihtag, den 27. Oktober 1867. Die Leitung des Baues hatte der Privatarchitekt Keßler. Die Baukosten beliefen sich auf 58603 Gulden, wovon die Muttergemeinde $^5/_{12}$, die Stäbe $^7/_{12}$ zu tragen hatten.

Im Chor der Kirche befinden sich drei Fenster mit Glasmalerei. Das mittlere stellt den gen Himmel fahrenden Heiland dar und ist aus freiwilligen Beiträgen der Kirchspielsgenossen 1867 gestiftet. Das linke Fenster, den Apostel Petrus darstellend, ist von Ursula Haas geb. Kayser 1867 gewidmet, und das rechte, welches den Apostel Paulus zeigt, ist eine Gabe der Eheleute Andreas Heinzmann und Gertrud Staiger von Brigach vom selben Jahr.

Die Orgel haben L. Voit und Sohn in Durlach im Jahr 1867 um 4520 Gulden erbaut; sie hat zwei Manuale und 24 Register, wovon 12 im ersten, 7 im zweiten Manual und 5 Bässe im Pedal stehen. Sie ist ein schönes und gutes Werk.

Zur Einweihung der Kirche haben die Kirchenältesten eine Altar= bibel, Frau Ursula Hakenjos geb. Kayser eine Kanzelbibel und Frau Christine Haas geb. Pfaff einen ehernen Crucifixus auf den Altar gestiftet.

In den letzten vier Jahren ist die Kirchenheizung mit vier Wasser= alfinger Öfen eingerichtet, auch sind sämtliche Fenster des Langhauses und des Ostgiebels mit Doppelfenstern aus buntem Kathedralglas versehen worden. Auch haben in dieser Zeit viele Gemeindeglieder ihre Liebe zum Gotteshaus durch verschiedene Schenkungen bethätigt. So haben Altar, Taufstein und Kanzel durch St. Georgener Frauen und Jung= frauen neue prächtige Bekleidungen erhalten; ebenso sind die weißen Altar= und Taufsteindecken erneuert worden. Auch wurde ein Kron= leuchter für die Abendgottesdienste gestiftet und eine neue Altarbibel gewidmet.

---

den Ritter St. Georg über dem Lindwurm, St. Laurentius, St. Barbara und St. Katharina dar. Sie waren im Hochaltar der Lorenzkirche gestanden, von welchem ein Thürflügel (auf welchem die Geburt Jesu abgebildet ist) gleichfalls gerettet wurde und jetzt eingerahmt in unserer Kirche sich befindet. Dieser Altar soll aus der St. Wendelskapelle in Oberkirnach gestammt haben.

Von den heiligen Gefäßen trägt eine Abendmahlskanne die Inschrift: „M. Lud. Goll, perp. vic.*) 1706". Die zweite: „Andreas Heinemann hat diese Kanden gestifft 1706". Die dritte, vierte und fünfte: „Von Jakob Kaiffer und Anna feiner ehelichen Hausfrau in diffe Kirch geftifft 1713". Die fechfte: „Michael Obergfell und Georg Pfaff, Maurer, 1774". Die fiebente: „In die Kirch geftift von Chriftian Fleig und feiner ehl. Hausf. Barbara gebohrener Weifferin 1774". Die achte und neunte: „Von Lorenz Weiffer in Brigach 1790 geftift". Eine zehnte Kanne, fowie ein Kelch mit Patene, find vom Kirchengemeinderat in die Kirche zu Peterzell gefchenkt worden, in welcher jährlich einmal das heil. Abendmahl gefeiert wird. Kelch und Patene haben die Inschrift: „In die Kirche zu St. Georgen geftift von Herr Piftorio von Reichen= weiler, Major; Herr Johann Friedrich Spitzbiller, Major; Herr Gott= frieb Baufe, Kapitan; Herr Johann Andreas Funck, Kapitan, 1714".

Ein nicht mehr im Gebrauch befindlicher, gut vergoldeter und fchön gearbeiteter Abendmahlskelch mit Türkenbund, einem kleinen Kruzifix und durchbrochener Arbeit am Fuß hat die Infchrift: »hilf . Got . cun= ratte . Kamrern . im rorbach«. Diefer Kelch war im Jahr 1648 von Abt Georg II., als er das Klofter abtreten mußte, mit den übrigen Kelchen nach Villingen mitgenommen worden. Im März 1653 baten Simon Müller und Johann Wintermantel den Abt, ihnen wenigftens einen Kelch „wiederumb zu löfen zu geben". Nachdem der Abt mit feinem Konvent fich beraten hatte, gab er den St. Georgener Männern den foeben befchriebenen um neun Gulden zurück.

Die noch im Gebrauch befindliche zinnerne Taufkanne und das Becken find im Jahr 1745 von „Frau Katharina Trauttweinin, ver= wittibter Löwenwirthin zu St. Georgen, einer geborenen Stählin, in diefe Kirch geftifft".

Der beim Brand 1865 ftehengebliebene Turm ift in feinen oberen Teilen unterbeffen riffig geworden und es fteht eine Erneuerung deffelben bevor. Aus diefem Turm, der wie oben gefagt im Jahr 1680 zum letztenmal gründlich erneuert worden war, hatten die Franzofen beim Einfall der Jahre 1703 und 1704 die drei Glocken geftohlen, fo daß eine Zeit lang nur mit einem kleinen Glöckchen geläutet wurde, bis 1718 eine große und 1756 zwei kleinere Glocken neu angefchafft wurden. Die große Glocke wurde im Jahr 1877 umgegoffen, da fie gefprungen war,

---

*) D. h. perpetuus vicarius = ftändiger Vikar, Stellvertreter des Abtes.

und erhielt als Inschrift Psalm 100, 2: „Dienet dem HErrn mit Freuden, kommt vor sein Angesicht mit Frohlocken!" Im selben Jahr wurde ferner eine vierte Glocke angeschafft, zu welcher der Landesfürst 571 Pfund Kanonengut huldvoll überlassen und Johannes Schultheiß einen Centner Kupfer geschenkt hatte. Ihre Inschrift mahnt die Gemeinde mit Jeremia 22, 29: „O Land, Land, Land, höre des HErrn Wort!" Die vier Glocken, deren Stimmen zur Zeit die Kirchspielsgemeinde zum Hause Gottes laden, wiegen 1480, 782, 563 und 295 Pfund; sie sind sämtlich aus der Grüninger'schen Werkstätte in Villingen hervorgegangen.

Die Turmuhr, welche durch den Brand notgelitten hatte, wurde im Jahr 1867 von Anton Häckler in Vöhrenbach restauriert; die Ziffer-blätter sind ein Geschenk des Emailliergeschäftes der Gebrüder Schultheiß.

Der an die Kirche stoßende Gottesacker diente von jeher zum Be-gräbnis der außerhalb des Klosters Wohnenden im Kirchspiel. Mit Ausnahme von Peterzell, das einen eigenen Gottesacker hat, ist er die Begräbnisstätte, auf welcher noch heute alle Toten aus St. Georgen und den Stäben zur letzten Erdenruhe gebracht werden. Im Jahr 1868 und zuletzt im Jahr 1890 ist der Kirchhof erheblich erweitert worden. Leider hat in dieser kurzen Zeit seit 1890 schon ein großer Teil des neuen Kirch-hofteiles mit Grabhügeln sich bedeckt. Hat doch allein die Diphtherie-Epidemie von Ende 1892 bis Mitte 1894 unter den Kindern und jungen Leuten des Kirchspiels 150 dahingerafft.

Auf dem mit Linden= und Kastanienbäumen bepflanzten Vorplatz der Kirche ist im Jahr 1872 den im ruhmreichen Krieg der Jahre 1870/71 gefallenen Soldaten aus dem Kirchspiel ein steinernes Denkmal errichtet worden, das an der Vorderseite nebst einem lorbeerumschlungenen Schwert die Inschrift trägt: „Unseren im deutsch=französischen Krieg 1870/71 Gefallenen und Gestorbenen gewidmet". Rechts und links sind die Namen aufgezeichnet, nämlich: „Christian Weißer von Brigach, fiel bei Raon l'Etape, 6. Oktober 1870. Matthias Heinzmann von Brigach, fiel bei Chagey, 15. Januar 1871. Alexander Müller von Oberkirnach, gest. 18. November 1870 in Dijon. Johann Georg Maier von Oberkirnach, gest. 13. Dezember 1870 in Wetzlar. Christian Müller von Brigach, gest. 19. Januar 1871 in Rastatt." Die Rückseite des Denkmals weist die Bibelworte auf: 1. Sam. 7, 10: „Bis hieher hat uns der HErr geholfen", und Offenb. 2, 10: „Sei getreu bis in den Tod, so will ich dir die Krone des Lebens geben".

Wir wenden uns nunmehr den Fonds des Kirchspiels zu. Es sind dies der Heiligen- und Kirchenalmosenfonds, die Kirchspielskasse, der Peterzeller Heiligen- und Wibbumfonds und der der Pfarrei gehörige Pfarrhausbaufonds.

Der Heiligen- und Kirchenalmosenfonds ist eine zum Zweck gemein-samer Verwaltung und Verrechnung im Jahr 1877 vollzogene Verbin-dung des Heiligenfonds und des Kirchspielsalmosenfonds. Der Heiligen-fonds besaß im Jahr 1818 ein Vermögen von 480 Gulden. In den-selben floß der Rest des Kürnacher St. Wendelheiligen, soweit dieser nicht vom Turmbau des Jahres 1680 verzehrt worden war. Später kamen mancherlei Stiftungen hinzu, so vom lutherischen Prälaten Karoli, von der Witwe des Dr. Klemm in Tübingen, ferner vom Stabsvogt Matthias Müller in Brigach, Johannes Pfaff von Brigach, Löwenwirt Trautwein, Georg Wirth am Rupertsberg, Christoph Weißer in Kirnach, Jakob Müller in Kirnach, Martin Zuckschwerdt von Langenschiltach, Margaretha Maier von St. Georgen, Ablerwirt Bösinger, Oberamtmann Dreher, Paul Henninger unterm Wald schon im vorigen Jahrhundert; in diesem Jahrhundert wurde der Fonds vermehrt durch Stiftungen der Ablerwirt Rosenfelber Eheleute, Philipp Stockburgers Ehefrau, des Uhren-händlers J. G. Weißer von Langenschiltach. Eine Stiftung aus neuester Zeit, welche Frau Christine Haas, geb. Pfaff dahier, für den Turmbau gemacht hat, wird in diesem Fonds mitverrechnet. Der Heilige besitzt auf 1. Januar 1894 ein Barvermögen von 22352 Mark.

Der Kirchspielsalmosenfonds ist aus einer Ablösung von Kloster-spenden an die Armen entstanden. Es waren nämlich nach Mönchweiler 15—18 Portionen Holz, Roggen und Dinkel gekommen, in St. Georgen aber 46—52 Portionen verteilt worden. Im Jahr 1823 weigerte sich die badische Regierung, diese Last, welche sie von Württemberg über-nommen hatte, ferner zu tragen. Im April 1825 wandten sich die beiden Pfarrer von St. Georgen und Mönchweiler, Heymann und Kalten-bach, an den Landesherrn mit der Bitte um die Verfügung, daß die bisher aus der Domänenkasse St. Georgen geleisteten Almosengaben auch ferner verabreicht würden. Großherzog Ludwig willfahrte dieser Bitte, worauf noch im nämlichen Jahr diese Spenden mit dem 25fachen Betrag abgelöst wurden[1], so daß Mönchweiler 1686 Gulden 2$\frac{1}{2}$ Kreuzer und St. Georgen 5058 Gulden 7$\frac{1}{2}$ Kreuzer erhielten*).

---

*) Das Vermögen des Fonds beträgt auf 1. Januar 1894 17831 Mark.

Der Heiligen= und Kirchenalmosenfonds verwendet einen Teil seiner Einnahmen zur Unterstützung armer Kirchspielsglieder. In denselben fließt auch das Kirchenopfer. Dasselbe betrug:

23. April 1882/83: 860 Mark. Im Kalenderjahr 1890: 1219 Mark
„ 1884/85: 925 „ „ „ 1891: 1278 „
„ 1886/87: 1164 „ „ „ 1892: 1335 „
„ 1888/89: 1254 „ „ „ 1893: 1463 „ .

Der Turmbaufonds besitzt ein Kapital von 250 Mark.

Die Kirchspielskasse dient zur Bestreitung der kirchlichen Bedürfnisse, für welche das Kirchspiel aufzukommen hat. Sie besitzt durch Ablösung des Meßnerhalbbatzens, Meßnerhabers und Meßnerbrots seit 1870 ein Grundstocksvermögen von 500 Gulden, wird aber im übrigen durch die Beiträge der Kirchspielsgemeinden gespeist. In die Kirchspielskasse fließen auch die Accidenzien für Organist, Kirchendiener und Leichen= sänger, welche ihrerseits aus dieser Kasse besoldet werden.

Der Peterzeller Heiligen= und Widdumsfonds besteht aus dem Hei= ligenfonds und dem Widdumsfonds. Der „St. Peter Heilige zu Peterzell" besaß 1618 an jährlichem Zins und ablösigen Gülten 140 Gulden. Vom Mühlbach jährlich 1¹/₂ Pfund zu Gültwachs. Aus dem Widdum= gütlein des Heiligen mußten alljährlich dem Meßpriester zu Deißlingen 1 Gulden 21 Batzen 3 Rappen entrichtet werden. Zur Zeit besitzt der Fonds 7300 Mark. — Das Widdum beträgt 2200 Mark. Früher be= stand es aus Waldungen und Feldern, die laut Kaufbrief vom Jahr 1696 und Vergleich vom 6. August 1753 an die damaligen sechs soge= nannten Dörflesbauern um die Summe von 960 Mark heutigen Geldes unter folgenden Bedingungen überlassen wurden: „Die Dörflesbauern haben alles Bau=, Säg= und Schindelholz, sowie die Schnittwaren zum Bauwesen an der Kirche, als: Gebäude und Dachwerk, es werde viel oder wenig gefordert, von nun an künftig und zu allen Zeiten aus ihren Waldungen zu liefern oder sonst anzuschaffen unter unentgeltlicher Leistung der nöthigen Frohnden". Das benötigte Eichenholz allein wird aus der Widdumkasse angeschafft und auch die Holzmacher= und Säger= löhne werden aus ihr bezahlt. — In den Heiligenfonds fließt auch das Kirchenopfer, welches bei Kasualhandlungen in der Kirche zu Peterzell fällt, und es werden aus dem Fonds Arme unterstützt.

Der Pfarrhausbaufonds ist dadurch entstanden, daß die auf dem domänenärarischen Zehnten der Gemarkung St. Georgen haftende Last des Neubaues und der Unterhaltung des Pfarrhauses gegen ein Kapital von 13 812 Mark 29 Pfennig im Jahr 1850 abgelöst wurde. Aus diesem Fonds ist in den Jahren 1886 und 1887 ein neues Pfarrhaus gebaut worden.

Wie wir schon in einem früheren Kapitel berichtet haben, war die erste Pfarrwohnung nach der Zerstörung des Klosters das von Abt Gaisser im Herbst 1634 notdürftig hergestellte Haus, das später das hölzerne Klösterle genannt wurde. Im Jahr 1730 wurde ein eigenes Pfarrhaus gebaut, das im Jahr 1835 von Pfarrer Heymann gegen das Amtshaus vertauscht wurde, nachdem die Domänenverwaltung nach Vil=lingen verlegt worden war. Dieses Haus war im Lauf der Jahre so unwohnlich geworden, daß der Gedanke eines Neubaus schon längere Zeit erwogen worden war, ehe man im Jahr 1885 daran ging, ihn zu ver=wirklichen. Die politische Gemeinde erstand das alte Pfarrhaus um 12 000 Mark und verlegte einstweilen das Spital in dasselbe. Das neue Pfarrhaus wurde am 13. September 1887 bezogen. Die Baukosten beliefen sich auf 35 900 Mark; der Bauplatz in der Größe von 50 Ruten hatte 6000 Mark, der Platz des Gartens mit 100 Ruten hatte 1700 Mark gekostet. Im Pfarrhaus befindet sich auch das Konfirmanden=zimmer, in welchem gegenwärtig etwa hundert Konfirmanden gleichzeitig unterrichtet werden, das aber auch für eine noch etwas größere Anzahl Raum bietet. Aus freiwilligen Beiträgen und Gaben von Gemeinde=gliedern sind die Wände dieses Saales mit einem Crucifixus und Bildern aus der Reformationsgeschichte geschmückt worden.

Als im Jahr 1888 in St. Georgen das Jahresfest des badischen Gustav=Adolfs=Vereins gefeiert wurde, ist aus dieser Veranlassung ein Kirchenchor gegründet worden, der nach kurzem Bestand sich wieder auf=löste, aber im Jahr 1893 wieder erstanden ist und unter der Leitung des Organisten Baumgärtner 40 Mitglieder zählt.

Das Kirchspiel St. Georgen hat sich den Ruhm guter Kirchlichkeit bis heute bewahrt. Wenn am Sonntag die Glocken zum Hause Gottes laden, so folgen die Bewohner auch der entlegensten Höfe der Stäbe gern ihrem Rufe, um in der Versammlung der Gemeinde an Gottes Wort sich zu erbauen. Möge es den Älteren allezeit gelingen, auch die heranwachsende Jugend in ihr gutes Beispiel zu ziehen und bei der frommen Sitte zu erhalten.

Seit langer Zeit haben auch die Werke der äußeren und inneren Mission im Kirchspiel warme Freunde gefunden; insbesondere wird das Schwarzwälder Rettungshaus in Hornberg vielfach und gern unterstützt.

St. Georgen war unter Pfarrer Faber an Baden gekommen. Dieser blieb noch bis 1818, wo er nach Württemberg zurückkehrte. Der erste badische Pfarrer war Heymann, der Vater der Frau Lenz-Heymann, welche eine Wohlthäterin ihrer Vaterstadt geworden ist, indem sie dem hiesigen Frauenverein zur Haltung einer Krankenpflegerin 5000 Mark schenkte. Auf Heymann folgte 1836 bis 1851 Lebberhofe, der in weiten Kreisen bekannt gewordene christliche Volksschriftsteller. Nach ihm kamen Pfarrer Martini, der die Geschichte des Klosters geschrieben hat; Pfarrer Fath, der von hier nach Seckenheim kam; Pfarrer Specht, der nach Ellmenbingen, Oehler, der nach Pforzheim, und Weeber, der nach Friesenheim berufen wurde. Seit Ende 1884 ist im hiesigen Pfarramt der Verfasser dieses Buches. Wir verweisen hier auf die Beilage, welche die Reihe sämtlicher evangelischen Geistlichen St. Georgens enthält.

Die große Seelenzahl, die weite Ausdehnung, sowie die klimatischen Verhältnisse des Kirchspiels haben schon im Jahr 1859 in dem damaligen Pfarrer den Wunsch nach der Unterstützung durch einen Hilfsgeistlichen hervorgerufen. Aber erst nachdem inzwischen die Bevölkerung sich noch um fast die Hälfte vermehrt hatte (im Jahr 1890 waren es 4284 Evangelische in fünf Gemeinden mit zwei Zinken), wurde im Herbst 1889 ein Vikar berufen, zunächst für das Winterhalbjahr. Im Herbst des nächsten Jahres ist das Vikariat zu einem ständigen gemacht und dem jeweiligen Vikar auch die Pastoration der Evangelischen von Furtwangen und Triberg übertragen worden. Als aber im Jahr 1890 Furtwangen (zu dem auch Vöhrenbach, Gütenbach und Neunkirchen eingepfarrt sind) einen eigenen evangelischen Pastorationsgeistlichen erhielt, verblieb nur noch die Pastorierung der Diasporagemeinde Triberg, die alle 14 Tage einen Predigtgottesdienst erhielt, bei St. Georgen. Seit 1894 hat nun auch Triberg einen eigenen Geistlichen und seither hat der Vikar seinen Dienst ganz dem Kirchspiel zu widmen. Von den hiesigen Vikaren nennen wir: Karl Bauer, Georg Koppert, Hermann Zipse, Karl Hartmann, Theodor Fingado, Wilhelm Wehn.

Anfangs dieses Jahrhunderts waren im ganzen Kirchspiel nur Evangelische. Unterdessen hat sich hier wiederum eine kleine katholische Gemeinde gebildet, welche nach der Volkszählung des Jahres 1890 sich auf 241 Seelen belief*), zu denen noch weitere 105 aus den Stäben hinzukamen. Die Katholiken hatten längere Zeit in einem hiesigen Gast-

---

*) Im Jahr 1880 waren es 194 und im Jahr 1885: 253.

haus ihren Gottesdienst, der von Nußbach, später von Gremmelsbach und dann wieder von Nußbach aus abgehalten worden ist. Vor allem durch die Bemühungen des Accisors Vogel konnte die Gemeinde an den Bau eines eigenen Gotteshauses gehen. Die in der Nähe des Platzes der einstigen Abteikirche erbaute katholische Kirche ist im Jahr 1891 vollendet worden. Seit 1894 besitzt die katholische Gemeinde auch ein eigenes Pfarrhaus und seit Spätjahr 1894 in der Person des Pfarr= verwesers Mörmann einen eigenen Geistlichen.

4. Kapitel.
Die Schulen im Kirchspiel.

Vor der Reformation wird ein Schulmeister Hieronymus Boldt in St. Georgen erwähnt; Nachrichten über eine Schule haben wir aber erst aus der evangelischen Zeit.

Zunächst brachte die Reformation eine Klosterschule, deren Lehrer (Präceptoren) zugleich Prediger waren, im Jahr 1561. Anfangs war an ihr nur ein Präceptor, seit 1573 waren es deren zwei. Durch die große Kirchenordnung des Jahres 1556 war festgesetzt worden, daß Landeskinder im Alter von 14 bis 15 Jahren nach einer in Stuttgart abgenommenen Prüfung „in den niederen, grammatischen Klosterschulen" Abelberg, Alpirsbach, Anhausen, Blaubeuren, Denkendorf, St. Georgen, Königsbronn, Lorch und Murrhard in 22, später 27 Wochenstunden im Neuen Testament nach der lateinischen Übersetzung, Cicero, Ovid, Virgil, später auch im Griechischen unterrichtet würden. Dazu kamen Übungen im Katechismus und in der Musik. Am Samstag Nachmittag wurde das Evangelium des folgenden Sonntags, am Sonntag Nachmittag wurde ein Psalm erklärt. Täglich fand in der Kirche Morgen= und Abend= andacht sowie zweimaliges Chorsingen statt.

Die St. Georgener Klosterschule wurde schon im Jahr 1595 auf= gehoben; wie Pfarrer Wüst meint, weil es den Eltern zu viele Unkosten verursachte, ihre Kinder an die äußerste Grenze des Landes zu schicken und wieder abzuholen, und weil die Regierung überhaupt eine Verein= fachung des Klosterhaushaltes vornahm.

Schon im Jahr 1580 hatten die Thalvögte und Richter den Herzog Ludwig um die Errichtung auch einer deutschen Schule angegangen. Die von Abt Renz und dem Amtmann Wibenmayer unterstützte Bitt=

schrift besagte unter anderem: „Weil unsere lieben Voreltern und wir seit langen Jahren hero in der Finsternis des Bobstthumbs gestecket und allerlei greulicher und abscheulich Abgötterei unterworfen gewesen, welches wir tags zu tags mehr mit schmerzlichem Seufzen und Bereuen zu Herzen nehmen, jetzt aber durch Predigen des heil. Evangelii zur rechten, puren Lehr und Erkenntnis gebracht worden, so bitten wir um eine Schule".[2] Die zahlreiche Jugend von 400 Kindern habe unter diesem rauhen Volke eine Zucht nötig. Als Schulhaus solle man das Taglöhnershaus, welches früher ein Meierhof gewesen, einrichten und als Besoldung dem Lehrer den Meßnergehalt zuweisen.

Von 1609 bis 1631 war ein Valentin Weber im hiesigen Schul= dienst. Derselbe mußte zurücktreten, als der katholische Abt zurückgekehrt war. Nunmehr hören wir erst nach dem dreißigjährigen Krieg wieder von einem Lehrer in St. Georgen, er hieß Hans Jakob Molt und war von 1649 bis 1654 hier. Damals und noch lange Zeit betrieben die Lehrer daneben ein Handwerk oder vielmehr: es wurden Handwerker in die Schule berufen. So war Molt ein Maurer, sein Nachfolger Groß war ein Weber, und im Jahr 1686 übernahm die Stelle ein Schreiner, Georg Wintermantel. Dieser hielt die Sommerschule nicht mehr, wie bisher üblich war, bloß an zwei Wochentagen, sondern alle Vormittage, wofür er eine Gehaltsaufbesserung bekam. Im Jahr 1717 wurde ihm in seinem Schwiegersohn Johann Georg Weiß ein Adjunkt beigegeben. Als dieser 13 Jahre später abgesetzt wurde, trat in seine Stelle Gott= fried Fiebler, ein Sachse. Von 1756 bis 1792 finden wir dessen Schwiegersohn Kaspar Bronnenkant von Hornberg als hiesigen Lehrer. Der Provisor Bronnenkants wurde Johann Georg Kaltenbach, welcher 1794 die Stelle definitiv erhielt.

J. G. Kaltenbach wird vom damaligen Dekan Ludwig[3] in Hornberg als ein vorzüglicher Mensch geschildert, der zuerst an der Landstraße Steine klopfte, dann durch unermüdlichen Fleiß nicht nur die besten Kenntnisse in der deutschen Sprache und pädagogischen Litteratur sich erwarb, sondern auch mit lateinischen und griechischen Schriftstellern so bekannt war, daß er „die Schriften eines Cicero und Xenophon zu seinem Zeitvertreib las". In der Württemberger Zeit zog er auch sämtliche Steuern ein, die er in jedem Frühjahr bei der Generalsteuerkasse in Stuttgart persönlich ablieferte. Im Jahr 1814 machte er, ein Zwei= undvierzigjähriger, in Karlsruhe das theologische Examen und er wurde zunächst Pfarrverweser in Weiler, dann 1815 Pfarrer in Mönchweiler,

wo er 1835 starb. Pfarrer Lebderhofe hat ihm in einer Lebensbe=
schreibung, in welcher er zeigt, was aus einem Hirtenbüblein werden
kann, ein Denkmal gesetzt.

Im hiesigen Schulamt folgte ihm M. Vetter und nach dessen Ab=
setzung im Jahr 1830 M. Müller. Neben dieser ersten Lehrerstelle,
welcher die Unterweisung der Mädchen verblieb, ward 1838 eine zweite
errichtet, die Knabenschule; an dieser wirkten nacheinander Nikolaus
Weiß, K. Jbler, J. Mayer, Ph. Zimmermann, N. Heiß und K. Bohm.
Von den früheren hiesigen Lehrern der letzten Jahrzehnte ist der Organist
und erste Hauptlehrer Johann Adam Fünkner, der auch Vorstand des
Schwarzwälder Missionsvereins war und im Jahr 1887 gestorben ist,
noch in der Erinnerung der meisten.

So lang in St. Georgen nur ein Lehrer war, befand sich die Schule
im Meßnerhaus neben der Kirche. Der zweite Lehrer erhielt Schullokal
und Wohnung in der Amtsschreiberei. Als im Jahr 1865 das Meßner=
haus abgebrannt war, wurden im neuen Rathaus (das teilweise aus
den damals noch vorhandenen Quadern der Abteikirche erbaut ist) drei
Schulzimmer und zwei Lehrerwohnungen eingerichtet. Später wurde zu
Schullokalen provisorisch auch die Amtsschreiberei und nach deren Ab=
bruch das neue Spitalgebäude, solange es seiner Bestimmung nicht über=
geben wird, verwendet.

Was das Schulwesen in den Stäben betrifft, so war im Anfang
dieses Jahrhunderts in keinem Filial ein Schulhaus vorhanden. Nur
in Oberkirnach war die Gemeinde seit langer Zeit berechtigt, in der
hinteren Stube des Bühlwirtshauses zum Kreuz, das ursprünglich Ge=
meindewirtshaus war, das ganze Jahr hindurch Schule halten zu lassen,
wofür sie nach dem Kaufprotokoll vom 28. Februar 1716 dem Besitzer
jeden Herbst vier Klafter Holz kostenlos zu liefern hatte; eine Lehrer=
wohnung war jedoch nicht vorhanden. In Brigach wurde eine Schul=
stube gemietet „bald oben bald unten im Ort" in einem Bauernhaus.
Ähnlich war es in Peterzell und Langenschiltach. Letztere Gemeinde hat
im Jahr 1818 wenigstens eine eigene Schulstube sich (in dem jetzt Jo=
hann Laufer'schen Hause) erworben, bis sie im Jahr 1839 das jetzige
Rat= und Schulhaus sich erbaute. In Peterzell hielt Lehrer Johann
Georg Obergfell († 1871) vom Jahr 1820 an die Schule in seinem
eigenen Hause, in dem er nebenbei das Schusterhandwerk ausübte; später
wurde er auch Ratschreiber. Im Jahr 1840 wurde in Peterzell ein
Schulhaus erbaut, das im Jahr 1888 abbrannte, aber im folgenden

Jahr neu errichtet wurde. Das jetzige Schulhaus in Oberkirnach ist im Jahr 1839 erbaut worden, das in Brigach zur selben Zeit.

Ein Bericht aus dem Jahr 1796 nennt den Stand der St. Georgener Schule, der damals Kaltenbach vorstand, gut; der der Filialschulen sei mittelmäßig. Dekan Ludwig von Hornberg erklärt im Jahr 1813 die Schule zu St. Georgen für eine der vorzüglichsten der Diöcese, sie überrage vor allem auch die Schulen in den Stäben. Allein die Be= zahlung der Filialschullehrer war damals so dürftig, daß diese noch anderweitigen Broterwerb suchen mußten und Männer von besseren Kennt= nissen eine solche Stelle gar nicht annahmen. Während die Kompetenz des Hauptlehrers Kaltenbach zu St. Georgen wenigstens noch 222 Gulden betrug, bezog Lehrer Schrenk in Peterzell jährlich nur 36 Gulden und derselbe schrieb damals in seinen Visitationspersonalien: „Neben meinem Schuldienst weiß ich im Sommer nichts anderes zu treiben, als im Feld zu arbeiten. Da heißt es bei mir, wie unser Hergott zu Adam ge= sprochen hat: Im Schweiß deines Angesichts sollst du dein Brod essen." Um seine Familie zu ernähren, trieb Lehrer Mayer in Brigach damals noch das Schusterhandwerk. Lehrer Blum in Oberkirnach bezog sogar nur eine Besoldung von 25 Gulden, neun weniger als er Schüler hatte, und Dekan Ludwig, der dessen gar geringe Kenntnisse erwähnt, fügt verständnisvoll hinzu: „bei so elender Besoldung kann man nicht viel verlangen".

Wie sehr es übrigens ein Anliegen der Kirche war, die Schulen zu heben und die Besoldungen der Lehrer zu bessern, ersehen wir nicht nur aus den Erlassen der Dekane aus der württembergischen Zeit, sondern vor allem auch aus dem erwähnten Bericht des ersten badischen Dekans, welcher es tief beklagte, daß einige Lehrer weder kalligraphische Fertig= keit noch orthographische Kenntnisse besäßen, der ferner von der Regierung 1900 Gulden zu Schulbauten im St. Georgener Kirchspiel verlangte und „insbesondere mit gerührtem Herzen" auf das unterthänigste bat, „den traurigen Schulzustand unserer Diöcese, welcher eine Folge der all= zuschlechten Schulbesoldungen ist, nach welchen keine besseren Schuldiener angestellt werden konnten, in höchstgnädigste Erwägung zu ziehen".

Während vor hundert Jahren (im Jahr 1796) in St. Georgen ein Schulmeister mit einem Provisor angestellt war, die zusammen in der Sommerschule 110 und im Winter 128 Schüler hatten, und während in jedem Stab ein Lehrer sich befand mit durchschnittlich 24 Schülern in Brigach, 51 in Oberkirnach, 24 in Peterzell und 16 in Langenschiltach,

so sind jetzt in St. Georgen vier Haupt= und ein Unterlehrer, in Langen=
schiltach und Peterzell je ein Haupt= und ein Unterlehrer und in Brigach
und Oberkirnach je ein Hauptlehrer im Dienst. Die Schülerzahl betrug
im Jahr 1894 in St. Georgen 487, in Brigach 65, in Oberkirnach 66,
in Peterzell 112 und in Langenschiltach 130. Von diesen 860 Schülern
waren 828 evangelisch und 32 katholisch; von den 32 katholischen Schü=
lern waren 29 in St. Georgen und 3 in Peterzell.

Die Hauptlehrer der letzten Jahrzehnte waren

in St. Georgen: G. A. Fünkner (1860—1886), H. Gebhard
(1873—1880), M. Baumgärtner (1876), H. Kopp (1881—1886),
A. Knecht (1887—1890), J. Hummel (1887), Fr. Werner (1889), E. Lang
(1891);

in Brigach: Stulz (1868—1873), Rektanus (1874—1880), Stein=
hauser (1881—1893), Fr. Balschbach (1894);

in Langenschiltach: Geier (1858—1867), H. Gebhard (1867—1873),
M. Baumgärtner (1874—1876), Jenny (1877—1879), Müller (1879
bis 1884), E. Benz (1885—1890), A. Hager (1890);

in Oberkirnach: Bauer (1870—1874), Fr. Balschbach (1874—1894),
Fr. Wüger (1894);

in Peterzell: G. Fath (1869—1875), Öttle (1875—1882), Grether
(1882—1892), Fr. Hauth (1892).

5. Kapitel.

Die Verkehrswege.

Der Mittelpunkt des Verkehrs in unserem Kirchspiel war lange
Zeit nicht St. Georgen, sondern Langenschiltach. Über Langen= oder
Krummenschiltach führte nämlich von der Benzebene her nach Peterzell
die Verkehrsstraße zwischen Straßburg und Schaffhausen. In einem der
größten Bauernhöfe war eine Poststation errichtet worden, mit welcher
auch das Stabswirtshaus verbunden wurde. In demselben, dem „grünen
Baum", wurden der Post und des Vorspanns wegen bis zu 30 Pferden ge=
halten, und der Verkehr war so stark, daß oft noch die Pferde der um=
liegenden Höfe in Anspruch genommen werden mußten. So war das
Posthaus zu Krummenschiltach eines der bedeutendsten am Wege und
weithin bekannt, und es entstand für die Gemeinde ein erheblicher Nach=
teil, als später der Verkehr in eine andere Richtung abgeleitet wurde.

Von Langenschiltach wurde die Post zweimal in der Woche nach
St. Georgen herübergebracht. In den zwanziger Jahren wurden hier nur
ein paar Zeitungen gehalten und die Leser würden es nicht verstanden
haben, wenn heutzutage bittere Klage schon darüber geführt wird, daß
die tägliche Zeitung einmal ausgeblieben ist.

Als im Jahr 1835 die sogenannte Kunststraße erbaut wurde, die
am Fuß von St. Georgen vorüberführt, wurde naturgemäß der Verkehrs=
mittelpunkt im Kirchspiel hierher verlegt. Vom hiesigen Gasthaus zur
Post, welches später der letzte Langenschiltacher Posthalter, Friedrich
Dobler, übernahm, ging der Postwagen nach Villingen und Triberg.
Halteplätze für die Lastwagen waren ferner das „Rößle" in Sommerau,
die „Sonne" in St. Georgen, der „Löwen" und die „Krone" in Peter=
zell. Die Größe der Gasträume sowie der Stallungen dieser Häuser
lassen noch heute auf die Ausdehnung des Verkehrs in jener Zeit schließen.

Wer damals nach Offenburg reisen wollte, benutzte den Postwagen
bis dahin, später bis Hausach, und die Uhren sowie die anderen Güter
wurden auf der Achse den Schwarzwald hinuntergebracht. Es war die
„schöne Zeit" des Postillons und des Frachtfuhrmanns.

Aber das Posthorn verstummte und der Peitschenknall wurde immer
seltener, nachdem die erste Lokomotive die Schwarzwaldbahn heraufge=
fahren war.

Diese Bahn verband die schon früher erbauten Strecken Offenburg=
Hausach und Villingen = Konstanz miteinander. Sie war in sechs
Jahren erbaut worden und wurde am 1. November 1873 dem Güter=
verkehr und am 10. November jenes Jahres dem Personenverkehr er=
öffnet. An letzterem Tage sandte Bürgermeister Braun an den Groß=
herzog ein Telegramm, in welchem er den Dank der Gemeinde „für die
große Wohlthat, die uns durch den Bau und Betrieb der Eisenbahn zu
teil geworden", ausdrückte. Auf dasselbe erhielt er folgende huldvolle
Antwort:

„Mit aufrichtiger Freude habe ich Ihren telegraphischen Gruß er=
halten und danke durch Sie den Bewohnern St. Georgens recht herz=
lich dafür, daß dieselben so freundlich meiner gedenken in dem Augen=
blick, da die Gemeinde der Wohlthat sich erfreut, an dem großen
Weltverkehr teilnehmen zu können. Meine treuesten Wünsche begleiten
die fernere Entwicklung St. Georgens.

Friedrich, Großherzog."

Das Verlangen nach einer Eisenbahn, welche auch den sonst so ab=
seits gelegenen und im Winter für die Reise wie für den Transport so
ungünstigen Schwarzwald mit den großen Verkehrsmitteln und Verkehrs=
wegen in Verbindung brächte, war schon jahrzehntelang rege gewesen,
und die Freude über die Verwirklichung dieser Hoffnung war groß. Der
Schwarzwald hat dem Erbauer seiner Eisenbahn, dem Baudirektor Ger=
wig, seinen Dank durch dessen Wahl in den Reichstag ausgedrückt. Nach
seinem Tod ist ihm in Triberg ein einfaches, sinniges Denkmal gesetzt
worden: ein mächtiger Granitblock mit dem bronzenen Reliefbild Gerwigs
und einem Adler, der mit seinem ausgebreiteten Flügelpaar und dem
über den Felsen schweifenden Blick ein Bild des Menschengeistes ist, der
nach seiner ihm von Gott gegebenen Bestimmung sich alles dienstbar
macht und auch die gewaltigsten Hindernisse überwindet. In St. Georgen
wird künftig eine Straße den Namen Gerwigs tragen.

Die Postexpedition dahier ist am 27. Januar 1874 mit dem am
9. März 1863 errichteten Telegraphenbureau in den „Adler" verlegt
worden. Anfangs 1885 kam sie in den „Hirsch" und seit Herbst 1893
ist das Reichspostamt in einem besonderen Gebäude, das der Besitzer
Fabrikant Andreas Weißer eigens dazu einrichten ließ, untergebracht. Von
hier aus werden die Stäbe (mit Ausnahme von Peterzell, das eine
eigene Postexpedition hat) durch die Post versorgt, auch fährt täglich ein
Postwagen nach Tennenbronn, das außerdem durch einen Telephon mit
St. Georgen verbunden ist.

Welche Veränderung, welcher Fortschritt des Verkehrs seit 60 Jahren!
Wie beschwerlich war damals eine Reise in das Land hinunter, zumal in der
Winterszeit; wie mühsam und zeitraubend der Transport der Güter!
Heute befinden sich innerhalb des Kirchspiels drei Bahnstationen: Sommerau
(unser Westbahnhof), St. Georgen und Peterzell. Mehrmals im Tage
wird die Post ausgetragen. In Paketen, Kisten und ganzen Wagen-
ladungen wandern die Erzeugnisse des Schwarzwaldes in das Rhein= und
das Donauthal hinaus, um in den entferntesten Ländern von dem Fleiß
und der Geschicklichkeit des Schwarzwälders zu zeugen.

6. Kapitel.
Die Industrie.

Kärglicher als in den gesegneten Gegenden längs des Rheins oder
am schwäbischen Meer reicht die Natur auf dem Schwarzwald dem Land=

mann ihre Gaben. Darum sind dessen Bewohner von Haus aus darauf hingewiesen, eine weitere Erwerbsquelle zu suchen, und darum ist auch die Industrie auf demselben so früh und so allgemein heimisch geworden. Dazu kommt noch ein zweites. Mag es die Mischung mit keltischem Blut mit sich bringen oder mögen die klimatischen Verhältnisse, welche ihn eine lange Zeit des Jahres über in seine einsame Wohnung ver= weisen, ihren Einfluß ausgeübt haben: der Schwarzwälder unterscheidet sich nach seinem Charakter wesentlich von den übrigen badischen Lands= leuten. Er ist bedächtiger und langsamer, wohl auch zäher und aus= bauernder, jedenfalls schweigsamer und nach innen gekehrt. Wie er gern über religiöse Fragen grübelt, so hat er sein Nachdenken auch seiner Arbeit zugewandt und darum hat er die einzelnen Industriezweige bald erheblich gefördert und deren Erzeugnisse verbessert. Es ist erstaunlich, wieviel Kunstsinn und Kunstfertigkeit auf dem Schwarzwald sich finden; die merkwürdigsten Erfindungen und wichtigsten Verbesserungen der Uhren, Maschinen und Musikinstrumente rühren zum Teil von den einfachsten Leuten her.

Auch im Kirchspiel St. Georgen ist die Industrie⁴ bald heimisch geworden, und wenn wir auf den folgenden Blättern ihre Geschichte be= schreiben, so wenden wir unsere Aufmerksamkeit naturgemäß zunächst dem= jenigen Industriezweig zu, welcher dem Schwarzwald einen Weltruf schon vor anderthalb Jahrhunderten erworben hat, der

Uhrenindustrie.

Die Uhren kamen in Deutschland gegen Ende des 14. Jahrhunderts auf. Die ersten Uhren hatten nur einen Zeiger und zählten sämtliche 24 Stunden eines Tages. Wenn sie am Abend nach Sonnenuntergang eins schlugen, so schlugen sie am nächsten Abend 24. In Deutschland wurden diese Uhren am Ende des 16. Jahrhunderts abgeschafft und die Halbuhr eingeführt, die von 1 bis 12 zeigt und schlägt.

Auf den Schwarzwald kam die erste Uhr nach der Mitte des 17. Jahr= hunderts; ein Glashändler des Klosters St. Peter hatte sie von einem böhmischen Glasträger erhandelt. Sie wurde bald nachgeahmt, zuerst von den Kreuz auf dem Glashof bei Waldau, das zur Herrschaft St. Peter gehörte; aber die Kriegsläufe verhinderten ein halbes Jahrhundert lang die weitere Verbreitung des Gewerbes, dessen Entwickelung dann aber in ruhigeren Zeiten (vom Anfang des vorigen Jahrhunderts an) um so nachhaltiger wurde. Die ersten Uhren, die sog. Wag= oder Un=

ruhuhren, waren noch überaus einfach: sie hatten nur drei hölzerne
Räder, nur einen Zeiger und statt des Pendels nur einen wagrechten
Balken, die sog. Balancierstange; das Zifferblatt war ein Teil des
plumpen Stirnbretts, die Gewichte bildeten an Schnüren hängende Steine,
wie sie von der Straße aufgelesen wurden, von einem Schlagwerk war
noch keine Rede.

Freilich waren auch die ersten Werkzeuge der Uhrenmacher noch sehr
unvollkommen; geht doch auf dem Schwarzwald die Rede, die erste
Schwarzwälder Uhr sei mit einem Brotmesser gefertigt worden. Ein
Zirkel zum Zeichnen des Kreises der Räder und zum Austeilen der
Zähne, eine kleine Säge, einige Bohrer und ein Messer waren die
Hauptwerkzeuge, und so ein alter Uhrenmacher würde gar große Augen
machen, wenn er sehen würde, mit wie vielen und vielerlei Werkzeugen
heute ein Uhrenmacher bei seiner Hausindustrie hantiert, oder gar wenn
er in eine Fabrik treten könnte mit ihren sausenden Rädern und den
kunstreichen Maschinen.

Um die Mitte des 18. Jahrhunderts wurde die Waguhr durch die
Pendeluhr verdrängt, und zwar hatte das Pendel zuerst seine Stelle vor
dem Zifferblatt, bald aber hinter dem Uhrwerk. Von nun an folgte
eine Verbesserung auf die andere. Die hölzernen Werke wurden durch
solche aus Messing ersetzt, der Bindfaden wich dem Draht. Gingen die
ersten Uhren nur zwölf Stunden, so gab es bald Eintag= und Achttag=
uhren, welche auch die Stunde schlugen. Mit dem Schlagwerk wurden
allerhand bewegliche Figuren in Bewegung gesetzt, von denen der Kuckuck
eine besondere Beliebtheit erlangte. Heutzutage geschieht die Anzeige der
Stunden durch Glockenton, Federklang, Trompetenschall, Kuckucksruf,
Wachtelschlag, Hahnenschrei.

Die ins Auge fallende äußere Ausstattung fand natürlich ebenfalls
Beachtung und vielfache Verbesserung oder auch nur Veränderung. Am
bekanntesten ist die Schwarzwälder Uhr mit einem lackierten Holzschild,
einem einfachen bemalten Brett, das die Ziffern deutlich zeigt und den
Vorzug einer großen Dauerhaftigkeit besitzt. Mit diesem Schilde haben
einst die Schwarzwälder Uhrenmacher auf ihren oft wunderlichen und
abenteuerlichen Wanderungen der heimatlichen Industrie die Welt erobert;
auch später hat keine andere Schildform eine so große Verbreitung ge=
funden wie diese. Bis in die vierziger Jahre dieses Jahrhunderts war
sie der Hauptsache nach die einzige Form für Wälderuhren, außer in
ganz Deutschland auch in Großbritannien, Skandinavien, Spanien, Italien,

Rußland, der Türkei, ja bis nach Indien bekannt. Es giebt noch heutzutage Leute, welche ſich unter einer Schwarzwälder Uhr keine andere als eben die mit lackiertem Holzſchild vorſtellen. Der Abſatz dieſes Schildes kann in unſerer Zeit gewiſſermaßen als ein Grab-meſſer der Kultur eines Volkes gelten: während es in einigen Gegen-den Deutſchlands gar nicht mehr abgeſetzt und in den andern immer mehr verdrängt wird, findet es in Böhmen und Rußland noch am meiſten Freunde.

Es hängt mit der Liebe des Schwarzwälders zu den hergebrachten Formen zuſammen, daß er nur ſchwer ſich dazu verſtand, nach einem neuen Schild zu greifen. Abgeſehen von einigen unbedeutenderen Verſuchen brachten erſt die vierziger Jahre dieſes Jahrhunderts ein ganz neues Schild auf, nämlich das geprägte Bronzeſchild in poliertem ſchwarzem Holzrahmenkaſten und ziemlich gleichzeitig kamen auch die Säulenuhren in den Handel. Beide geſtatteten, das Zifferblatt durch ein Glas zu ſchützen, und mit ihrer Einführung hängt auch die Entſtehung der Email-zifferblattfabrikation und das Aufkommen der Tiſchlerei als eines Neben-gewerbes der Uhreninduſtrie zuſammen. In den fünfziger Jahren kam das dekorierte Porzellanſchild, 1860 das untermalte Glasſchild und 1865 der ovale, runde und geſchweifte Rahmen auf. Der Gedanke, die Bahn-wärterhäuschen nachzuahmen, welchem der nachmalige Erbauer der Schwarz-waldbahn, Ingenieur Gerwig, der damals im Auftrag der Regierung ſich der Schwarzwaldinduſtrie annahm, ſehr förderlich war, hat nicht nur den Kuckucksuhren den Weg in die Wohnungen auch der gebildeten Stände gebahnt, ſondern auch zu der nachher ſo ſehr in Schwung gekommenen Holzſchnitzerei Anſtoß gegeben.

In Bezug auf die beſſeren Sorten ſchließt ſich die heutige Fabrikation mehr als die frühere dem Stil der Zimmereinrichtung an, ſo daß die Uhr nunmehr eine ſtilgerechte Vervollſtändigung der Möbel bildet; auch ſind die techniſchen Einrichtungen ſo ſehr ausgebildet, daß die Wald-induſtrie auch dem anſpruchsvollſten Geſchmack zu genügen vermag.

Der Schwarzwald verfertigt alle Arten von Uhren, die auf den heutigen Markt kommen, ſei es, daß die Formen eigener Erfindung ſind, oder daß ſie fremden Urſprung haben. Neben dem nunmehr allgemein verbreiteten Regulateur und dem noch Bahn ſuchenden Nickelwecker dient die Waldinduſtrie auch ganz fremdem Geſchmack. Es werden auch die nach Form und Farbenzuſammenſtellung uns ſo wenig zuſagenden Amerikaner Uhren auf dem Walde gefertigt und exportiert.

Zwei Jahrhunderte ſind verfloſſen, ſeit jene einfachſte Wälderuhr zum erſtenmal auf einer „Kräze" ins „Uhrenland", d. h. ins Abſatz= gebiet getragen wurde. In dieſer Zeit haben Söhne und Enkel das Erbe der Väter vervollkommnet, und nicht deutlicher kann der Fortſchritt erſchaut werden, als durch eine Vergleichung der alten Waguhr mit einer der ſtilvollen modernen Renaiſſance=Uhren, an deren Entſtehung der Ge= werbfleiß und der Kunſtſinn gleichen Anteil haben*).

Im Kirchſpiel St. Georgen hat die Uhrenmacherei ſehr bald nach ihrem Aufkommen Eingang gefunden. Schon zu Ende des 17. Jahr= hunderts verfertigte Simon Henninger im Stockwald neben den Kübeln und Waſſerzübern auch Uhren. Etwa gleichzeitig mit ihm hat Andreas Müller im „Neſt" zu Brigach dieſe Kunſt innerhalb des Kirchſpiels ausge= übt. Deſſen Lehrling Chriſtoph Lupfer im Gſob fertigte ſchon überſetzte Vier= teluhren, auch Kirchenuhren mit Viertelweckern. Lupfers Schwager, Jakob Steibinger von Peterzell, erlernte ebenfalls die Uhrenmacherei, die dann in ſeiner Familie heimiſch blieb. Gleichzeitig mit Lupfer war der ſog. Mühlen= weber Johann Georg Weißer (geb. 1715), der bei Friedrich Dilger von Urach die Uhren zu machen gelernt hatte und manche Neuerungen einführte. Nach St. Georgen ſelbſt kam das neue Gewerbe durch den „Neſtmathis", Matthias Müller von Brigach, deſſen Sohn (Schullehrer Matthias Müller) ſchon Figuren= und Muſikuhren verfertigte und Schwiegervater des Lehrers Kaltenbach wurde. Im ſelben Jahr mit dem Mühlenweber geboren war Michael Henninger von der Sommerau. Er wohnte auf dem Schmieds= bauernhof, der damals Uhrenmacherhof hieß, und war ein tüchtiger Meiſter. Sein Sohn Johannes zog nach St. Georgen und ſpäter nach Langen= ſchiltach. Henningers Lehrling, Johannes Weißer von Oberkirnach (er ſtammte aus dem „Richebe" und war 1747 geboren, geſtorben 1831), übernahm den Neſtmichelshof in Sommerau und betrieb neben der Land= wirtſchaft eifrig das Uhrenmachergewerbe. Sein einer Sohn Andreas wurde Krämer in St. Georgen (deſſen Söhne ſind Stroh= und Palm= hutfabrikant A. Weißer und der frühere Kaufmann und Bürgermeiſter Joſeph Weißer); der andere, Johann Michael, wurde hier Uhrenmacher, und in ſeinem Geſchlecht blühte durch ſeinen Sohn Johannes und ſeine

---

*) Von den beiden Tafeln innerhalb dieſes Kapitels zeigt die eine eine Wag= uhr, die andere eine Renaiſſanceuhr.

Enkel Samuel, Simeon und Christian Joseph, sowie durch seinen Schwieger= sohn Christian Henninger das Gewerbe weiter. Der im Jahr 1767 ge= borene Georg Pfaff führte die Jockeluhren hier ein; sein Sohn Johannes und sein Enkel Georg blieben gleichfalls im Gewerbe, letzterer widmete sich auch der Taschenuhrenmacherei, die er in der Schweiz erlernt hatte. Er betrieb dieselbe fabrikmäßig mehrere Jahre hindurch, bis eine Krisis in Amerika die Preise so herunterdrückte, daß nur noch die Schweiz, welche viele Vorteile voraus hatte, die Herstellung von Taschenuhren fortsetzen konnte. Neben diesen allen nennen wir als in der Geschichte des hiesigen Gewerbes bedeutsam noch die Namen Bäuerle, Braun, Hakenjos, Haller, Jäckle, Kammerer, Kayser, Lehmann, Schuler, Staiger und Wöhrle.

Dadurch, daß in einer Familie, in welcher die neue Kunst einmal Eingang gefunden hatte, sie immer weitere Vertretung bekam, gab es bald im ganzen Kirchspiel Uhrenmacherwerkstätten. Dieses Gewerbe wurde neben der kleinen Landwirtschaft betrieben; die Eltern übten es mit ihren Kindern aus, und in freien Stunden half auch das Gesinde mit. Es war die blühende Zeit der Hausindustrie.

Als ein Zweig des Uhrenmacherhandwerks wurde auch die Schild= malerei von einzelnen Familien betrieben, von denen die Namen Bösinger, Burgbacher, Maier, Wintermantel, Zucker hier genannt seien; ebenso erblühte die Tonfedern= und Uhrengehäusefabrikation, die Gießerei metal= lener Uhrenräder und Uhrenglocken, die Herstellung von Zifferblättern (Brunnenkant, Obergfell), ebenso der Werkzeuge für die Uhrenmacher, wovon später noch die Rede sein wird.

Als nach den Zeiten des ersten Napoleon ein langer Friede über Europa angebrochen war, wurde die Uhrenmacherei erst eigentlich allge= mein. Es wurden gute Preise bezahlt, und war bei den einfachen Ein= richtungen die Zahl der verfertigten Uhren auch keine große, so kamen die Meister dabei doch zu einigem Vermögen. Wer nicht die Aussicht hatte, vom Vater einen Bauernhof zu ererben, und wem die Stube nicht zu eng war, der hatte es damals nicht zu bereuen, wenn er als Lehrbube bei einem Meister eingetreten und nach drei Jahren „Uhren= knecht" geworden war. Denn vollends in den dreißiger Jahren war die schönste Zeit für die Uhrenmacherei; wer darin fleißig und dabei sparsam war, der kam zu Wohlhabenheit und Ansehen, und er hätte mit manchen Bauern nicht getauscht, die doch auf die „Stubenhocker" ziemlich ver= ächtlich herabsahen.

Schon die vierziger Jahre freilich brachten einen bösen Umschwung. Die infolge der Kartoffelkrankheit des Jahres 1845 und des Mißwachses im Jahr 1846 entstandene Teurung drückte auf das Uhrengeschäft, insbesondere aber auch die politischen Unruhen der Jahre 1848 und 1849, denn der Uhren= und der Bauholzhandel scheuen unruhige Zeiten. Im Jahr 1847 wurde der Schwarzwald=Gewerbeverein gegründet, dessen Sekretär ein St. Georgener war, J. G. Schultheiß. Dieser Verein erstrebte die Gründung einer Uhrenmacherschule, die dann im Jahr 1850 in Furtwangen errichtet wurde und zum Wiederaufblühen der Industrie mitbeigetragen hat.

In jener Zeit erfuhr auch der Uhrenhandel eine wesentliche Veränderung. Einst trugen die Uhrenmacher selbst in der „Kräze" hinaus, was sie zu Hause gefertigt hatten. Naturgemäß gab es aber bald auch Leute, welche sich lediglich dem Handel widmeten; daß auch sie in der Uhrenmacherei bewandert sein mußten, versteht sich von selbst, da sie auch die Reparaturen vornahmen. Die Uhrenhändler kamen weit hinaus in fremde Länder und verschafften der Schwarzwaldindustrie Anerkennung durch ganz Europa. Der „alte Major", welcher als Uhrenhändler auch durch Mähren wanderte (damals war er aber noch jung und auch noch nicht „Major"), hätte um seiner guten Gaben und Kenntnisse willen sogar Schullehrer in Austerlitz werden können, wenn nicht das Hindernis der Konfession gewesen wäre.

Uhrenmacher oder Uhrenhändler, welche zu Vermögen gekommen waren, fingen dann an, soweit sie kaufmännische Befähigung hatten, auch Uhren fremder Werkstätten anzukaufen und zu versenden, auch solche Meister, die nicht auf Lager arbeiten konnten, für sich zu beschäftigen, indem sie bei ungünstiger Geschäftslage die Uhren für günstigere Zeiten auf Lager behielten. Diese Versender (Spediteure) nannte man allgemein „Packer". Die Packereien besorgten neben den mit den fernen Uhrenhändlern in Verbindung gebliebenen Uhrenmachern den Verschleiß und erwuchsen zum Teil zu größeren Handelshäusern. Solche Packereien waren in St. Georgen vor allem die von Hirschwirt Haas, aus welcher die Fabrik von Philipp Haas und Söhne hervorgegangen ist, und diejenige von Bartholomäus Kayser (dem Schlosserbarthle), welche sich hernach in die Geschäfte des Joseph Kayser und der Gebrüder Kayser verzweigte. Die gute Zeit der Packereien war die Zeit der Hausinbustrie. Ihr Rückgang wurde durch die Einführung des Fabrikbetriebes veranlaßt.

I

1640

Waguhr.

Noch ist der Groll wider die Uhrenfabriken nicht erloschen, vielmehr scheint er von Zeit zu Zeit wieder neu aufzuleben. Beide, Hausindustrie und Fabrikbetrieb, haben ja wie alles Irdische ihre Licht= und Schatten= seiten. Die Vorteile des Fabrikbetriebs liegen wesentlich auf technischem Gebiet, die Schäden sind vorwiegend socialer Natur und darum für das Volksleben schwerer wiegend. Es liegt außerhalb der Aufgabe, die wir uns gestellt haben, und würde uns zu weit führen, eine Vergleichung der Vorzüge und Nachteile der Fabriken anzustellen. Nur darauf weisen wir hin: wie sehr auch die Existenz der Uhrenfabriken beklagt werden mag: sie verdanken ihre Entstehung nicht einer menschlichen Laune und nicht dem blinden Zufall; sie haben darum ihre Bedeutung und Berechtigung. Deswegen und auch schon, weil sie doch einmal vorhanden und nicht mehr zu verdrängen sind, gilt es, sich mit ihnen zurechtzufinden. Als nach dem amerikanischen Krieg in den 60er Jahren sich drüben auch eine bedeutende Uhrenfabrikation entwickelt hatte, riß diese nicht nur den Markt in England, Holland und Schweden an sich, sondern der niedriger gewordene Zoll öffnete den amerikanischen Uhren den Eingang auch nach Deutschland. Die leichte Handhabung der amerikanischen (Schiffs=)Uhren machte dieselben bald beliebt, und da sie so billig nur mit Maschine hergestellt werden konnten, so war die Schwarzwaldindustrie in dem großen Wettbewerb schließlich darauf hingewiesen, ihre Produktionsweise zu ändern. Wo man diesem Drang nachgab und Fabriken errichtete, ist der äußere Wohlstand geblieben; in einigen Orten, welche der Fabriken entbehren, ist er zurückgegangen, da ohne dieselben die Hausindustrie sich nicht mehr halten konnte. Es ist aber um der socialen und sittlichen Bedeutung der Hausindustrie willen jeder Rückgang derselben zu beklagen und wir erachten es deshalb für eine Pflicht der großen Fabriken, die Hausindustrie nicht mit der Macht des Stärkeren zu zer= treten, sondern sie zu schonen, wo sie sich noch findet und den schweren Kampf um das Dasein kämpft. Wie wir auf den nächstfolgenden Blättern verzeichnen, besteht in St. Georgen noch manche Hausindustrie und auch die Fabriken beschäftigen viele Arbeiter in den Häusern.

Wenn wir nunmehr den gegenwärtig in St. Georgen bestehenden Uhrengeschäften uns zuwenden, so kommt in erster Reihe das älteste und bedeutendste derselben in Betracht: Philipp Haas und Söhne. Der Begründer desselben ist der frühere Hirschwirt Philipp Haas, 1802 in Stockwald geboren. Schon sein Vater Matthias Haas betrieb die Uhren= macherei mit mehreren Gesellen; auch als derselbe im Jahr 1804 den

„Hirsch" dahier sich erworben hatte und vom Stockwald herübergezogen
war, gab er das Uhrenmachergewerbe um so weniger auf, als der Wirt=
schaftsbetrieb ihm dazu die nötige Zeit ließ: wie später oft erzählt wurde,
war der beste und treueste Gast des Hirschwirtshauses damals der Jörglis=
bauer am Rupertsberg, welcher alle vierzehn Tage nach dem Kirchgang
dort einen Schoppen Sechser trank.

Der Sohn Philipp hatte eine harte Jugend; er war zuerst Hirten=
knabe auf dem Nestmichelshof in Sommerau und noch im Alter erzählte
er seinen Kindern, wie allein die betagte Großmutter auf dem Hof um
seines gewissenhaften Hütens willen für ihn gesorgt und ihm Kleider und
Strümpfe in Ordnung gehalten habe. Als er dann im elterlichen Hause
die Schildmalerei erlernte, kam das Hungerjahr 1817, in welchem das
Brot in der Schublade nur spärlich vorhanden war. Siebzehn Jahre
alt wurde Philipp in ärmlicher Gewandung und mit 17 Gulden aus=
gestattet nach bayrisch Franken geschickt, um mit einer Kiste voll Uhren
in dortiger Gegend auf den Handel zu gehen. Der Uhrenhandel war
in gewissem Sinn organisiert, jedes Land in Striche eingeteilt, von
denen einem oder mehreren einer zugewiesen wurde. Nachdem Philipp
von seinen Kameraden, welche gelernte Uhrenmacher waren, im Reparieren
und Reinigen der Uhren unterrichtet worden war, konnte er das ihm
zugeteilte Revier bald selbständig begehen. Seine einfache Erziehung und
seine Anspruchslosigkeit halfen ihm die Entbehrungen und Strapazen er=
tragen; seine rechtschaffene Gesinnung stärkte ihn gegen manche Ver=
suchung, welcher andere erlagen. Damals galten die Schwarzwälder
Uhrenhändler noch als halbe Künstler; sie kamen mit ihrer Ware in
Hütte und Herrenhaus, und im Landstädtchen war ihnen auch im Herren=
stübchen der Herberge ein Platz gegönnt, da sie allerlei Neues zu erzählen
und über manchen Bekannten der Stammgäste Bescheid wußten. Wenn
Philipp Haas am Abend die Kräze abgestellt und sich in bessere Kleidung
geworfen hatte, suchte er gern die Gesellschaft der Honoratioren auf.
Nach einer zehnjährigen Händlerzeit hatte er sich soviel gespart, daß er
das väterliche Haus übernehmen und auch, als dasselbe im Jahr 1836
abgebrannt war, wieder erbauen konnte. Unterdessen hatte er sich mit
Christine Pfaff vom Roßberg verehelicht, einer verständigen, fleißigen
Frau, die nicht nur der großen Kinderschar eine treue Mutter, sondern
auch im Geschäft ihres Mannes Gehilfin war.

Er errichtete nunmehr eine Packerei und knüpfte Verbindungen mit
Kaufleuten in Wien, Prag, Königsberg, Memel, Tilsit an. Gleichzeitig

sammelte er um sich eine Schar junger Uhrenmacher und Schildmaler und bewirkte in den Gewerbsverhältnissen St. Georgens einen erfreulichen Umschwung. Da die vielfachen Neuheiten, denen er abhold war, die Arbeit vermehrten und erschwerten, war es ihm eine willkommene Hilfe, als im Jahr 1854 sein Sohn Ludwig und zwei Jahre darauf der Sohn Karl in das Geschäft eintraten. Die kaufmännische Schulung derselben kam dem Geschäft zu gut: es wurden nunmehr zum erstenmal Muster=bücher ausgegeben, ein Musterraum eingerichtet, auch die geschäftlichen Verbindungen erweitert. Im Jahr 1861 wurden die Söhne Teilnehmer des Geschäfts, und nachdem in der Nachbarstadt Villingen Fabriken er= richtet worden waren, auch die aus verschiedenen Werkstätten zusammen= getragenen Waren im Großhandel weniger gern mehr angenommen wurden, ging die Firma Philipp Haas und Söhne im Jahr 1867 zum Fabrikbetrieb über, zunächst nur stufenweise und unter Schonung der bisherigen Betriebe mit Herstellung von amerikanischen Uhren, denen später auch Schwarzwälder Uhren folgten.

Philipp Haas wandte sein Interesse auch gemeinnützigen Angelegen= heiten zu und er errang sich einen weitgehenden Einfluß auf die öffent= liche Meinung in der Gemeinde und auf den Gang der Gemeinde= angelegenheiten. Streng monarchisch gesinnt war er in den Revolutions= jahren 1848 und 1849 als „Aristokrat" (heute würde er deutsch=konservativ heißen) von den Freischaren mit Strafeinquartierung bedacht und an Gut, Freiheit und Leben bedroht, aber er wurde für viele seiner Ge= meinbegenossen durch seine christliche Charakterfestigkeit und unwandelbare Treue in jener wogenden Zeit zu einem Halt und in der allgemeinen Unsicherheit zu einem Führer, dem sie gerne folgten. In der preußischen Konfliktszeit konnte die allgemeine Stimmung Südbeutschlands gegen Preußen ihn nicht beeinflussen. Als die preußischen Kassenscheine in Verruf gekommen waren und von vielen zurückgewiesen wurden, war es bald hier bekannt, daß Philipp Haas diese Scheine jederzeit einwechsele; er war der Überzeugung, daß bei einem Bankrott Preußens auch alle anderen deutschen und österreichischen Staatspapiere wertlos würden. Große Genugthuung bereiteten dem deutschen Manne die Erfolge der deutschen Waffen Anno 1870 und 1871, und den Fürsten Bismarck ver= ehrte er warm — nur den Kulturkampf hielt er für einen großen Fehler, der ernste Folgen haben werde.

Philipp Haas starb am 8. April 1874, nachdem er einige Jahre zuvor von jedem Geschäft sich zurückgezogen hatte; seine Witwe folgte ihm im Jahr 1889.

8*

Die Fabrik betreibt heute die Fabrikation der Uhren nebst der Ge=
häuse unter Anwerbung aller neueren technischen Hilfsmittel; sie be=
schäftigt gegen 200 Arbeiter in den eigenen Gebäuden und etwa 100
außer dem Hause.

Ein weiteres Geschäft, die Uhren= und Uhrenschildfabrik A. Maier,
ging ursprünglich von der Herstellung von Holzzifferblättern aus und
wir nehmen hiervon die Veranlassung, über diese Fabrikation einige
Worte vorauszuschicken. Auf alten Uhren, die ganz aus Holz geschnitzt
sind, sieht man als Zifferblatt ein rohes Brett, auf welches die Zahlen
aufgemalt sind. Daneben wurden später einfache Verzierungen angebracht
und noch später klebte man auf die Bretter ein gedrucktes Blatt. In
den zwanziger Jahren dieses Jahrhunderts fing man an, Lackzifferblätter
herzustellen, d. h. es wurde auf die Schildblätter ein Gipsgrund und
auf diesen ein weißer Lack von Kremser=, später Zinkweiß aufgestrichen,
auf welchen dann Ziffern und Verzierungen in oft sehr wunderlicher
Ausführung aus freier Hand gemalt wurden. Da dieses Holzschild lange
Zeit das einzige Zifferblatt der Schwarzwälder Uhren bildete, so konnte
seine Herstellung eine größere Anzahl von Malern beschäftigen; so
arbeiteten in St. Georgen zwölf Schildmaler, meist mit Gehilfen. Auch
hierbei finden wir das Merkmal der Hausindustrie: die ganze Familie
half schleifen, lackieren und malen. Die Malerei erforderte immer=
hin eine gewisse Geschicklichkeit; als jedoch andere Schildarten (Glas=,
Porzellan=, Emailblätter) aufkamen und die Preise der Holzschilder
herabdrückten, kam den Schildmalern weniger mehr die Kunst als
die Handfertigkeit zu statten, und es gingen manche Werkstätten all=
mählich ein.

Die Firma Andreas Maier in St. Georgen als einziges Fabrik=
geschäft dieser Art auf dem Schwarzwald unternahm es, die Holzschild=
malerei wieder konkurrenzfähig zu machen, indem sie den Fabrikbetrieb
einrichtete und die Lithographie verwendete. Gegründet wurde das Ge=
schäft von Andreas Maier im Jahr 1851. Er war der Sohn armer
Eltern und erlernte mit seinem älteren Bruder Christian die Holzschild=
malerei. Sehr bald machte er sich selbständig, indem er zunächst in der
Hinterstube eines Bauernhauses das Geschäft betrieb, hernach ein eignes
Haus sich erwarb und zunächst für die hiesigen Packer lieferte. Als die
Packereien eingingen, knüpfte er mit Großhändlern in verschiedenen
Städten Deutschlands und Österreichs an, die ihm günstigere Preise
zahlten, als er sie auf dem Schwarzwald selbst erzielt hatte. Im Jahr

1871 trat der älteste Sohn Albert, der die Holzschild= und Glasziffer=
blättermalerei erlernt hatte, und im Jahre 1880 der Sohn August,
welcher sich als Kaufmann ausgebildet hatte, in das Geschäft ein und
wurden der Erweiterung desselben förderlich. Im Jahr 1881 wurde
in der Bahnhofstraße ein größeres Haus erbaut.. Der Eintritt des
Sohnes Andreas, welcher die Lithographie erlernt hatte, gab im Jahre
1882 die Veranlassung, die Fabrikation auf die sog. Façonzifferblätter
in Farbendruck (Chromolithographie) auszudehnen und überhaupt die
Schilder in einer gefälligeren, stilvollen Ausführung nach Art der Nürn=
berger Abziehbilder zu fertigen. Im weiteren wurden dann nicht nur
die Schilder, sondern auch die Uhrenkasten im Hause hergestellt und in=
folge dieser Geschäftserweiterung im Jahre 1887 eine Fabrik mit einer
zehnpferdigen Dampfmaschine und andern Hilfsmaschinen in Betrieb ge=
setzt. Da leere Uhrenkasten weniger leicht Abnehmer finden, so wurde
schließlich zur Fabrikation der Uhrenschilder auch diejenige der Uhren
selbst eingerichtet (1890), was im Jahr 1894 die Erbauung eines weiteren
Fabrikgebäudes nötig machte.

Das Geschäft, welches außer dem Begründer Andreas noch dessen
Söhne Albert, August und Andreas innehaben, fabriziert zur Zeit Lack=
und Glaszifferblätter, Rahmen und Uhrenkasten, Schotten=, Wecker=,
Stand= und Kuckucksuhren, die teils in Deutschland abgesetzt, teils nach
Österreich=Ungarn, Holland, Belgien, Rußland und Frankreich exportiert
werden. Es beschäftigt 70—80 Arbeiter.

Eine dritte Uhrenfabrik ist ebenfalls noch von ihrem jetzigen Be=
sitzer aus kleinen Anfängen gegründet. Tobias Bäuerle machte im
Jahr 1864 sich mit einem Gehilfen und einem Lehrjungen selbständig.
Als er im Jahr 1870 gegen Frankreich in den Krieg zog, mußte er
seine damaligen zehn Arbeiter entlassen, aber nach seiner Rückkehr im
folgenden Jahr setzte er das Geschäft mit der gleichen Arbeiterzahl fort.
In seinem im Jahr 1875 erbauten Hause konnte er 25 Leute beschäf=
tigen und eine Dampfmaschine einstellen. Das Geschäft nahm stetig zu,
so daß im Jahr 1886 ein Anbau und schon im nächsten Jahr ein neues
Fabrikgebäude nötig wurde. Tobias Bäuerle begann sodann im Jahr
1888 die in St. Georgen bis dahin noch nicht vertretene Fabrikation
von Regulateuren, er stellte eine Dampfmaschine von 12 Pferdekräften
ein und die Zahl seiner Arbeiter wuchs auf 80 heran. Gegenwärtig
bringt die Fabrik Schwarzwälder Uhren, verschiedene Weckeruhren und
Regulateure auf den Markt.

Tobias Bäuerle und ſein älterer Bruder Matthias Bäuerle entſtammen einer Stockwälder Uhrenmacherfamilie. Auch Matthias war bald in der Uhrenmacherei beſchäftigt, die er im Jahr 1868 im Bruder=haus mit einem Gehilſen und einem Lehrling ſelbſtändig zu betreiben begann. Er verfertigte Schwarzwälder Viertelſchlag=Repetieruhren in Holzgeſtellen, die hauptſächlich nach Italien ihren Abſatz fanden. Unter=deſſen bildeten ſich ſeine Söhne teils auf der Uhrenmacherſchule, teils in ausländiſchen Uhrengeſchäften aus und von ihnen unterſtützt verlegte M. Bäuerle im Jahr 1888 ſein Geſchäft vom Bruderhaus nach St. Georgen, indem er ſich zugleich der feineren Uhrenmacherei zuwandte. Mit etwa zwanzig Arbeitern betreibt er die Fabrikation aller Arten feiner, komplizierter Uhren wie Viertelboppelſchlaguhren mit Repetition in Re=gulatoren, Tiſchuhren, Hängeuhren, Pendulen, Hausuhren, Glocken=ſpielen u. a.

Ein Neffe des „Neſtmathis" (Matthias Müller, von dem oben die Rede geweſen iſt), Johann Georg Jädle von Tennenbronn, erlernte bei dieſem am Anfang des Jahrhunderts die Uhrenmacherei und wurde dann deſſen Nachfolger in Geſchäft und Haus. Er errichtete ſpäter auch eine Packerei und iſt im Jahr 1866 geſtorben. Sein Sohn Matthias Jädle alt gründete ſich gleichfalls ein Uhrengeſchäft mit eigener Kund=ſchaft, das er mit 6—8 Geſellen betrieb und für welches an 20 Uhren=macher auswärts Stückarbeit lieferten. Matthias Jädle verfertigt ins=beſondere Schottenuhren, Holzuhren, Wirbelwecker mit und ohne Gewicht, aber auch verſchiedene andere Arten.· Sein Abſatzgebiet iſt hauptſächlich Bayern und Norddeutſchland, Öſterreich=Ungarn, Italien, Belgien und Holland.

Schon oben war von Chriſtian Henninger die Rede. Derſelbe be=trieb mit Vorliebe und Geſchick die Herſtellung ſeiner Uhrwerke. Nach ſeinem Tode im Jahr 1871 übernahm ſein Sohn Jonathan Hen=ninger das Geſchäft. Auch dieſer widmet ſich der Fabrikation ſeiner Uhrwerke, namentlich von Haus= und Salonuhren mit Tonſeder= oder Glockenſchlag; ferner werden Hof= und Fabrikuhren mit Gewicht und Federzug von ihm gefertigt. Seine Specialität ſind Haus= und Salon=uhren mit Muſikwerken, die entweder durch Einwurf eines Geldſtücks oder beim Stundenſchlag in Thätigkeit treten.

Im Jahr 1835 hatte Andreas Rapp ein Uhrenmachergeſchäft ge=gründet, das im Jahr 1875 an deſſen Sohn Wilhelm Rapp über=ging. Dieſer ſtellt hauptſächlich zwei Sorten Schottenuhren, Federzug=

uhren, Rahmen= und Kastenuhren her, die er im Gebiet des deutschen Reiches verschleißt.

Im Jahr 1860 begann Heinrich Kayser die Uhrenmacherei. Er fabriziert Kuckucksuhren in stilvollen Kästen und einfache Trompeteruhren. Daneben hält er ein Lager von Baro= und Thermometern, sowie allerlei Schnitzwaren.

Im gleichen Jahre machte sich Jakob Kammerer selbständig, dessen Specialität gleichfalls die Figurenuhren sind (Kuckucks= und Trompeteruhren).

Von der Herstellung gewöhnlicher Uhren ging Clemens Staiger, der im Jahr 1863 anfing, zur Kuckucks= und Wachteluhrenmacherei über. Daneben stellt er mit seinen Söhnen und einigen Bestandteil= arbeitern, die er außerhalb beschäftigt, Ketten= und Federzuguhren aller Art her.

In Stockwald sind Bäuerle, Haller, Schuler und die Brüder Weißer, im Bruderhaus Gottlieb Kammerer, in Brigach außer dem schon ge= nannten Christian Weißer noch Christian Beck und in Peterzell Herr= mann zu nennen, welche teils ganze Uhren fertigen, teils wie auch eine ganze Reihe von andern Uhrenmachern in ihrer Wohnung Bestandteile für hiesige und auswärtige Fabriken machen.

Auch die Uhrenschildfabrikation hat sich noch als Hausinbustrie er= halten; so betreibt Oswald Obergfell die Herstellung von Glaszifferblättern und Johann Georg Zucker diejenige von Holzzifferblättern.

Als Hilfswerkstätte für die Uhrenmacherei gründete Karl Burger im Jahr 1867 eine Gießerei für Räder und Glocken. Im Jahr 1886 erbaute er daneben ein neues Gebäude, in welchem etwa 30 Maschinen mit Dampfbetrieb aufgestellt sind. Seither wird die Massengießerei von Uhrenbestandteilen betrieben, welche teils gezahnt, teils ganz fertig hergestellt und auf dem Schwarzwald, aber auch in Österreich und Ruß= land an Uhrenfabrikanten abgesetzt werden.

Die Fabrikation von Stanzartikeln aller Art, besonders blauer Stahlzeiger für Uhren, Manometer, Federwagen und dergl. betreibt Christian Aberle. Obwohl erst im Jahr 1888 gegründet, ist das Geschäft doch schon erheblich erweitert worden. Seit 1894 ist ein Petroleum=Motor von vier Pferdekräften eingestellt und es finden 15 Personen Beschäftigung. Monatlich werden Zeiger für cirka 100000 Uhren amerikanischen Systems und 15—20000 Schwarzwälder Uhren verfertigt.

Wohl ebenso früh als die Uhreninbustrie kommt auf bem Schwarz=
walb

die Strohflechterei

vor. Wie ein Glasträger die erste Uhr auf den Walb gebracht hat, so
ist gewiß auch bas Strohflechten, das bamals in ber Schweiz unb in
Italien vorzugsweise betrieben wurde, burch Glasträger eingeführt worden,
sowie auch die Glasträger es waren, welche die Erzeugnisse ber auf bem
Walb balb heimisch geworbenen Strohhutinbustrie zuerst in ben Hanbel
brachten. Die Strohflechterei unb Hutnähterei war um so mehr geeignet,
eine Hausinbustrie zu werben, als auch die Kinber schon frühzeitig baran
teilnehmen konnten. Insbesonbere kam bieses Gewerbe in benjenigen
Schwarzwalbgegenben auf, in welchen die Lanbwirtschaft noch geringeren
Ertrag abwirft als in unserem Kirchspiel, in unb bei Furtwangen,
Schönwalb, Neustabt, Lenzkirch. Als die vierziger Jahre knappen Ver=
bienst unb förmliche Not gebracht hatten, nahmen sowohl die babische
als auch die württembergische Regierung sich ber Strohflechterei an. So
wurden auf bem babischen Schwarzwalb einige Flechtschulen errichtet,
auch St. Georgen unterhielt mehrere Jahre eine solche. Was an Stroh=
geflechten von bieser Flechtschule unb in ben Privathäusern gefertigt
wurde, bas suchte Kaufmann Joseph Weißer teils als Geflecht, teils zu
Hüten unb Taschen verarbeitet zu ben Tagespreisen umzusetzen. Doch
zeigte sich balb, baß zur vollen Befriebigung ber Abnehmer von Hüten
eine nähere Kenntnis ber Hutfabrikation erforberlich war, unb auf Grunb
einer solchen entstanb

bie Stroh= unb Palmhutfabrik von Andreas Weißer.

Der Grünber, ein jüngerer Bruber bes oben genannten Joseph
Weißer, hatte im Auslanbe biese Fabrikation grünblich kennen gelernt
unb begann bieselbe im Jahr 1856 in seiner Heimatgemeinbe St. Georgen.
Gleichzeitig mit ber Strohhutfabrikation unternahm er bie ber Palmhüte,
welche er in Frankreich kennen gelernt, woher er auch eine Flechterin
unb einen Bügler nach St. Georgen mitbrachte. Die aus ben gebleichten
ober gefärbten, feingespaltenen Blättern ber aus Kuba bezogenen Fächer=
palme (Lattania) bereiteten starken unb babei leichten, aber bie Form
bälber verlierenben Sommerhüte waren bamals sehr beliebt geworben.
Andreas Weißer ließ in St. Georgen burch bie französische Flechterin
eine Anzahl von Mäbchen unterrichten, welche in ber Strohflechtschule
gut vorgebilbet waren, sehr balb bie Palmhüte unb auch bie aus bem

Λ
walb

vor.
ist gen
Italien
sowie
Walb
brachte
eine H
teilneh
Schwa
Ertrag
Schön
bienst
als an
wurde
auch (
geflech
wurde
Hüter
zeigte
eine n
einer

t

Weiß
und k
Gleich
welch
und
ober
palm
bálbe
Anbi
eine
gut

Renaiffanceuhr.

Sumpfgras von Panama hergestellten Panamahüte zu flechten vermochten
und dann im Auftrag und auf Kosten Andreas Weißers in Hornberg,
Mönchweiler, Burgberg, Buchenberg, Fischbach und Niedereschach wiederum
Unterricht im Flechten erteilten, wozu diese Gemeinden Lokal und Heizung
stellten. Da diese Orte aber durch die Landwirtschaft im Sommer besseren
Verdienst boten und darüber die für Anfänger schwierige Kenntnis der
Palmhutflechterei*) immer wieder verloren ging, so faßte diese Haus=
industrie dort keinen Boden und die Leute kehrten wieder zur Strohflechterei
zurück. Um jedoch die Bügler und die übrigen mit der völligen Her=
stellung der Hüte befaßten Arbeiter das ganze Jahr hindurch beschäftigen
zu können, begann Andreas Weißer auf dem volkreichen württembergischen
Schwarzwald mit seinen St. Georgerinnen aufs neue Flechtschulen zu
errichten, und diese hatten dann einen bleibenden Erfolg. So lange der
Palmhut in Mode war (1857—1873), flochten dort im Winter über
1000 Personen für die Andreas Weißer'sche Fabrik und im Sommer
jeweils 200—300. Seitdem die Mode sich wieder dem Strohhut zuge=
wandt hat, beschäftigt die Fabrik nur noch 200 Flechterinnen für die
Palmhüte, während ihr übriger Absatz in Strohhüten besteht.

Ein dritter Industriezweig, der zunächst der Uhrenmacherei diente,
dann aber eigene Wege ging, ist

die Emailfabrikation.

Als die Zifferblätter ein besonderer Teil des Uhrenschildes geworden
waren, fing man bald an, auch solche aus emailliertem Kupferblech an=
zuwenden. Diese wurden zunächst aus der französischen Schweiz um hohe
Preise eingeführt, bis die Emailfabrik der Gebrüder Schultheiß
in St. Georgen sie auf dem Schwarzwald selbst zu fabrizieren begann.

Der Gründer dieses Geschäftes, Johannes Schultheiß (geb. 1814,
gest. 1888), war ursprünglich Schreiner und Schildmaler, und schon
Familienvater mit drei Kindern, als er sich entschloß, bei einem Frei=
burger Glaskünstler, der einige spärliche Kenntnisse des Emaillierens be=
saß, eine sechswöchige Lehre durchzumachen. Nach seiner Heimkehr er=
richtete er im Jahr 1841 eine eigene Werkstätte. Während der 40er
Jahre arbeitete er mit nur wenigen Leuten, die er selbst erst heran=
bilden mußte; er selbst war unermüdlich, und oft trug er am Abend
seine Waren noch selbst nach Triberg oder Königsfeld. Mehrmals drohte

---

*) Die Arbeiterin hat es gleichzeitig mit 4—800 Halmen zu thun.

seinem Geschäft der Zusammenbruch, aber es gelang seiner zähen That=
kraft immer wieder, es zu retten. Auch die Kundschaft mußte er sich
erst erringen. Zwar fand sie sich für die Zifferblätter leicht; als jedoch
auch Inschrifttafeln — die er zuerst in Deutschland einführte — fabri=
ziert wurden, verging eine Reihe von Jahren, in denen nicht viel mehr
als Muster versandt wurden, bis die Erzeugnisse in weiteren Kreisen Ein=
gang und Anerkennung fanden.

Im Jahr 1849 erlangte der Bruder des Geschäftsbegründers,
Johann Georg Schultheiß*), in Paris direkte und bessere Bezugsquellen

---

*) Georg Schultheiß, geb. 1809, hatte zuerst in Heidelberg Theologie studiert,
nachdem er aber über den Vorträgen des Prof. Paulus die Freude an diesem
Studium verloren hatte, sich dem Studium der Natur= und Staatswissenschaften
zugewandt. Auf die Empfehlung Rottecks hin wurde er vom Fürsten zu Fürsten=
berg für seine Studienzeit mit jährlich 500 fl. unterstützt. Infolge eines Gedichts:
„Nachruf an Ofen" ist er aber hernach in München zu sieben Monaten Gefängnis
wegen Majestätsbeleidigung verurteilt worden. Als Mönch verkleidet floh er, und
nachdem er unterwegs einem nach ihm fahndenden Landjäger noch einige Ratschläge
erteilt hatte, wie er des Flüchtigen habhaft werden könne, entkam er in die Schweiz,
wo er im Hause des Prof. Ofen mit dem Prinzen Louis Napoleon bekannt wurde,
der ihn nach Arenenberg einlud, ein Bändchen „napoleonischer Gedichte" von ihm
drucken ließ und von der Königin Hortense ihm eine Pension verschaffte. Die ver=
schiedenen Erhebungsversuche Napoleons, für welche Sch. in der Presse thätig war,
obgleich der Freiherr von Wessenberg ihm väterlich abriet, da er als ehrlicher
Deutscher nicht zu den falschen Franzosen passe, brachten Schultheiß auf die Liste
der Verdächtigen und es kamen von Frankfurt, Wien und Paris Anzeigen über
sein vertrautes Verhältnis zu dem Prinzen an die badische Regierung. Die Familie
bewahrt noch heute ein Briefchen folgenden Wortlautes: „Mein lieber Herr Schult=
heiß! Bevor ich heute Konstanz verließ, ließe ich Sie suchen, um Ihnen zu sagen,
daß nach besserer Überlegung ich Sie ersuche, den bewußten Artikel gar nicht fort=
zusenden und drucken zu lassen. Ich ergreife mit Vergnügen diese Gelegenheit,
Ihnen noch einmal glückliche Reise zu wünschen. Rechnen Sie auf meine Freund=
schaft. Napoléon Louis."
Schon Ende der 30 er Jahre hatte G. Schultheiß, um seine chemischen Kennt=
nisse zu verwerten, in St. Georgen eine Fabrik gegründet (mit Unterstützung des
Fürsten von Fürstenberg); aber mangelhafte praktische Kenntnis, die Ungunst der
Zeit und Mangel an Beharrlichkeit ließen seine Thätigkeit scheitern und er wandte
sich schriftstellerischen Arbeiten über Gewerbe und Industrie zu; daneben war er
auch in dem von seinem Bruder Johannes unterdessen gegründeten Geschäfte beschäftigt.
Infolge einer Beleidigungsklage der fürstenbergischen Beamten verurteilt,
floh er nach Paris, wo er sieben Jahre lang für deutsche und französische Fabriken
thätig war. Napoleon aber, der unterdessen Kaiser geworden war, hatte die frühere
Freundschaft vergessen; er lehnte eine Wiederanknüpfung der Verbindungen ab. Im

für die Materialien, auch wurden allmählich die Einrichtungen vervoll=
kommnet und das Geschäft dadurch gehoben.

Um die Mitte der fünfziger Jahre wurden die Versuche, Eisenblech
ebenso wie Kupferblech zu emaillieren, begonnen. Erst nach großen Opfern,
welche die vorhandenen Mittel fast ganz aufzehrten, gelang es, eine halt=
bare und schöne Emaillierung des Eisenblechs herzustellen, wobei der aus
Paris zurückgekehrte Bruder Georg gute Unterstützung bot. Als der
Sohn Jakob im Jahr 1860 mit Hilfe eines Staatsbeitrags in der
französischen Schweiz die Fabrikation der Taschenuhrenzifferblätter erlernt
hatte, wurden nach seiner Heimkehr auch die emaillierten Zifferblätter für
Regulateure und Pendulen unter die Fabrikationsartikel aufgenommen
und der Schwarzwald auch in diesem Stück gegenüber Paris und Wien,
woher diese Sorten bezogen worden waren, selbständig gemacht.

Die Emailschilder aus Eisenblech wurden zunächst von den Apotheken
anstatt der porzellanenen Schubladenschilder angewendet; viele Städte
ließen die Straßenschilder und Hausnummern aus emailliertem Eisen=
blech in der Schultheiß'schen Fabrik herstellen, so zuerst Freiburg i. B.,
später fast alle sächsischen Städte, ferner viele größeren Städte im übrigen
Deutschland, der Schweiz, Holland, Schweden, Norwegen, Belgien. Die
deutsche Reichspost und die österreichische Post beschäftigen die Firma,
deren Erzeugnisse auch die Postdampfer zwischen der alten und der neuen
Welt tragen.

Diese Fabrik, welche 70—80 Arbeiter beschäftigt, zeigt den viel=
seitigen Gebrauch des Emails. Neben Zifferblättern für Uhren aller Art
und Inschrifttafeln werden Gas= und Wassermesser, Skalen für Baro=
und Thermometer, Manometer, Federwagen u. dgl. hervorgebracht. Auch
Litho= und Photographien werden auf Email gefertigt. Es ist erfreulich,
daß gerade auf dem Gebiet dieser ursprünglich französischen Erfindung

---

Jahr 1856 kehrte Schultheiß nach St. Georgen zurück, wo er bis zu seinem Tod
verblieb, keinem Ratsuchenden sich versagend, insbesondere für die Gründung eines
Arbeiterkrankenvereins, des Gewerbevereins, die Erbauung einer Straße nach Schram=
berg thätig, auch für den Eisenbahnbau sich interessierend und kraftvoll für den=
selben eintretend. Da er nie eine Staatsprüfung bestanden hatte, so hieß er sein
Leben lang „der Student". Als darum der Bezirksbeamte ihm gelegentlich mitteilte,
daß er auf die Vorschlagsliste für den Zähringer Löwenorden gekommen sei, meinte
er, der Titel „Professor" wäre ihm lieber, denn es verleide ihm nachgerade, in
seinem Alter noch immer der Student zu heißen. Aber ehe ihm die eine oder die
andere Auszeichnung zu teil wurde, starb er im Jahr 1872.

unfere überrheinifchen Nachbarn vom deutfchen Markt zurückgedrängt
worden find, und für den Schwarzwald ehrenvoll, daß es durch einige
feiner Söhne gefchah.

Ein zweites Emaillierwerk ift das von Gottlob Schlegel. Obgleich erft ein gutes Jahrzehnt beftehend, hat es fich doch fchon bedeutend
entwickelt. Der Gründer des Gefchäfts, welcher zuvor 17 Jahre dem
kaufmännifchen Fach fich gewidmet hatte, richtete das Werk im Jahr 1883
ein, indem er zunächft Zifferblätter für alle Gattungen Uhren herftellte.
Der Rückgang der Preife derfelben ließ ihn fein Augenmerk bald einem
weiteren Artikel zuwenden, deffen Abfatzgebiet über den Schwarzwald
hinausging, und er fchritt zur Fabrikation von auf Eifen emaillierten
Schrifttafeln. Die technifchen und chemifchen Schwierigkeiten erforderten
zunächft einige Jahre des Probierens und verlangten größere pekuniäre
Opfer, bis es gelang, eine Ware herzuftellen, welche jedem Einfluß der
Witterung dauernd widerfteht. Gottlob Schlegel brachte fodann auch
neue Formen von Schildern auf und kleidete fie in hübfche Dekorationen,
fo daß feine Emailplakate an Stelle von folchen aus Metall, Porzellan,
lackiertem Blech, Holz oder Karton vielfeitig eingeführt wurden.

Um mit der Konkurrenz des Inlandes (Bayern, Pfalz, Rheinland
und Schlefien) wie auch des Auslandes (England, Frankreich, Schweiz
und Öfterreich) Schritt halten zu können, wurden mehrfache Vergrößerungen
des Gefchäftes vorgenommen, neue Mafchinen in neuen Arbeitsräumen
aufgeftellt, die Litho-, Zinko-, Typo- und Photographie beigezogen und
die Firma Gottlob Schlegel befchäftigt gegenwärtig in ihren Fabrik-
gebäuden über 40 Arbeiter.

Wie die Emaillierwerke, fo ift auch ein weiteres Gewerbe aus den
Bedürfniffen der Uhrenmacherei hervorgegangen und dann bald über diefe
hinausgewachfen, nämlich

Die Mafchineninduftrie.

Wohl ein Jahrhundert lang befaßen die Uhren einen rein hölzernen
Inbau und auch die Schlagglocken beftanden damals noch nicht aus
Metall, fondern aus Glas. Zum erftenmal wurde Metall zu den Rädern
der Spieluhren verwendet. Solche goß um 1726 für den Uhrenmacher
Lupfer im Gfod bei St. Georgen der fogenannte Spenglerhans, feines
Zeichens ein Löffelfchmied. Um die Mitte des vorigen Jahrhunderts
wurden dann auch die hölzernen Triebe und Räder der Uhren durch
meffingene erfetzt. Diefer Fortfchritt bedingte die Anwendung von

Maschinen und in jene Zeit fällt der Gebrauch der ersten Zahnschneid=
maschine, sowie auch das Bedürfnis nach praktischeren Werkzeugen sich
regte. Dem letzteren halfen die ansässigen Löffel=, Nagel=, Hufschmiede
und Schlosser ab. Da die einzelnen Meister sich bestimmten Werkzeugen
zuwandten, so bildeten sich bald auch verschiedene Handwerkszweige aus
und mancher Meister war um seiner Geschicklichkeit willen hochangesehen
und vielbeschäftigt. So in St. Georgen ein Hettich, Kayser, Heinemann,
Steibinger, Lehmann. Diese alle arbeiteten handwerksmäßig mit Ge=
sellen und Lehrlingen. Eine eigentliche Maschinenfabrikation umfassender
Art besitzt St. Georgen erst seit Ende der fünfziger Jahre in der
Maschinen= und Werkzeugfabrik von J. G. Weißer Söhne.

Der Gründer derselben war der „Postschmied" Johann Georg Weißer,
der in den dreißiger Jahren neben dem Posthaus zu Langenschiltach
seine Werkstätte hatte, in der er mit zwei Gesellen und mittelst einer
kleinen Wasserkraft arbeitete und neben dem Hufbeschlag und der Wagen=
schmiederei auch Schraubstöcke und andere Werkzeuge für die Uhrenmacher
verfertigte; auch beschäftigte er sich mit dem Anfertigen von Schieß=
waffen aller Art. Als die Poststraße verlegt worden war (vergl. 5. Kap.), siedelte er
im Jahr 1842 nach St. Georgen über und erbaute gegenüber der „Post"
an der Landstraße eine neue Schmiede. Nach einigen Jahren kehrten
seine Söhne Andreas und Georg, die das väterliche Handwerk erlernt
hatten, aus der Fremde zurück und es erweiterte sich durch ihre Mithilfe
das Geschäft so, daß J. G. Weißer es in das von ihm angekaufte, bis=
her dem Fürsten von Fürstenberg gehörige und damals leer stehende
dreistöckige Fabrikgebäude an der Brigach verlegte. Das war im Jahr
1856. Hier wurden unter Aufgabe des Hufschmiedebetriebs zunächst
Werkzeuge für Uhrenmacher und Orchestrionbauer angefertigt.

Ein neben dem Fabrikgebäude errichtetes Wohnhaus brannte im
Jahr 1868 nieder, es wurde aber im nächsten Jahr in größerem Umfang
wieder erbaut. In dieser Zeit schied der Gründer aus dem Geschäft,
das die beiden Söhne nunmehr gemeinsam betrieben und für welches
beide eine vorzügliche Begabung besaßen. Der ältere, Andreas, starb
jedoch schon im Jahr 1870. Mit Fleiß und Energie brachte dann
Johann Georg die mechanische Werkstätte so in die Höhe, daß er nach
drei bis vier Jahren schon etwa 45 Arbeiter beschäftigte und die größeren
Uhrenfabriken (später nach amerikanischem System) vollständig einrichten
konnte. Schon Ende der siebziger Jahre hatte das Geschäft einen be=

beutenden Export nach allen Induſtrieländern der Welt und auf allen von ihm beſchickten Ausſtellungen wurden ihm erſte Preiſe zu teil.

Mitten im freudigen Schaffen und gerade mit dem Plan einer neuen Turbinenanlage beſchäftigt, wurde im Mai 1886 J. G. Weißer nach kurzer Krankheit, erſt 46 Jahre alt, abgerufen, zum Leide aller, die den liebenswerten Mann gekannt haben. Wenige Wochen ſpäter traf die Familie ein zweiter Schlag. Der älteſte Sohn Georg, welcher das väterliche Geſchäft zu übernehmen im Begriffe war und nach des Vaters Tod zum Ordnen ſeiner Angelegenheiten noch einmal nach Mitt-weida, wo er ſeine Ausbildung vollendete, ſich begeben hatte, fand auf der Heimreiſe am 3. Juli 1886 beim Eiſenbahnunglück am Faulenberg bei Würzburg einen jähen Tod.

Da der Erbteilung wegen das Geſchäft nunmehr veräußert werden mußte, übernahmen die beiden Anverwandten Karl und Ludwig Haas dasſelbe, um ſpäter die beiden Söhne von Johann Georg, Ludwig und Eduard, deren erſter ſchon einige Jahre in demſelben thätig iſt, als Teilnehmer aufzunehmen.

Der tüchtig geſchulte und treue Stamm der Arbeiter und Werk-führer verblieb auch unter den neuen Beſitzern. Auch die Pläne des Verſtorbenen ſind unterdeſſen verwirklicht worden: Ende der achtziger Jahre wurde eine vorzügliche Kanaliſation nebſt Turbine angelegt und ein großer Maſchinenſaal errichtet, ſo daß zur Zeit 110 Arbeiter an 80 Maſchinen beſchäftigt ſind, welche mittelſt 18 Pferdekräften Waſſer und ebenſoviel Dampfkraft in Bewegung geſetzt werden.

Die Maſchinenbauwerkſtätte von J. G. Weißer Söhne iſt eine viel beſuchte Anſtalt, welche dem Kenner wie dem Laien viel Intereſſe abgewinnt. Sie dient gewerblichen und wiſſenſchaftlichen Zwecken und ihre Erzeugniſſe ſind in Fabrikſälen, Handwerkerbuben und polytech-niſchen Anſtalten zu finden, wo ſie davon Zeugnis geben, welche Ver-vollkommnung auch dieſer Zweig der Waldinduſtrie gefunden hat.

In dieſelbe Zeit, in welcher das J. G. Weißer'ſche Geſchäft ent-ſtand, führen auch die Anfänge einer anderen mechaniſchen Werkſtätte zurück, der Gebrüder Heinemann. Im Jahr 1836 richtete der Schloſſer und Zeugſchmied Johann Michael Heinemann ſich ſelbſtändig ein. Er arbeitete mit zwei Geſellen und zwei Lehrlingen. Neben den Schmied- und gewöhnlichen Schloſſerarbeiten verfertigte er kleine Dreh-bänke und allerlei Handwerkszeuge für die Uhrenmacher, auch Uhren-beſtandteile wie Zeiger und Ketten. Als er im Jahr 1856 geſtorben war, führte der erst siebzehnjährige älteste Sohn Heinrich das Geschäft weiter; im Jahr 1868 trat sein Bruder Christoph als Lehrling bei ihm ein. Sechs Jahre später wurde dieser wie auch der jüngste Bruder Jakob, der die Uhrenmacherei erlernt hatte, in das Geschäft aufgenommen, welches im Jahr 1877 als Firma Gebrüder Heinemann in das Handels= register eingetragen wurde. In gemeinsamer Arbeit mit einigen Ge= sellen verfertigten die drei Brüder zunächst Maschinen und Werkzeuge für das Uhrenmachergewerbe, und seither hat die Werkstätte in kurzen Zwischenräumen immer neue Vergrößerung erfahren. Schon im Jahr 1876 wurde eine dreipferdekräftige Lokomobile eingestellt. Drei Jahre darauf ist ein Fabrikgebäude errichtet worden, in welchem eine achtpferdekräftige Lokomobile aufgestellt wurde. Dieses Gebäude mußte im Jahr 1888 erweitert und schon zwei Jahre später ein zweites Fabrikgebäude erbaut werden. Im Jahr 1891 ist in einem besonderen Kesselhaus eine Dampf= maschine von 20 Pferdekräften mit eingemauertem Kessel von 25 Quadrat= meter Heizfläche in Betrieb gestellt worden.

Außer den schon angeführten Maschinen lassen die Gebrüder Heine= mann nunmehr auch größere Drehbänke für Mechaniker und Optiker, für Holz= und Beindrechsler, ferner Revolverdrehbänke und Fräsmaschinen für Massenartikel, Excenterpressen u. dgl. aus ihrer Fabrik hervorgehen; sie erbauen Transmissionsanlagen, insbesondere aber widmen sie sich auch der Fabrikation von Eisenhobelmaschinen in sechs verschiedenen Nummern, für welche sie in allen Industriestaaten der alten und neuen Welt ein Patent sich erworben haben. Ihr Absatzgebiet erstreckt sich über Deutschland, die Schweiz, England, Frankreich, Spanien, Italien, Schweden und Rußland. Als Handelsmarke führen die Erzeugnisse den Ritter St. Georg. Die Fabrik beschäftigt zur Zeit 65 Arbeiter und sie hält 17 Leitspindeldrehbänke, 12 kleinere Drehbänke, 15 Hobelmaschinen, 5 Bohrmaschinen und je eine Stirnräderhobelmaschine, eine Stirnräder= fräsmaschine und eine Kreissäge im Betrieb.

Die beiden Geschäfte J. G. Weißer Söhne und Gebrüder Heine= mann haben die meisten der seit zwanzig Jahren entstandenen Großbetriebe der Uhrenmacherei auf dem Schwarzwald montiert und mit den neuesten maschinellen Einrichtungen versehen; gleichzeitig dienen sie den verschiedensten Industriezweigen im übrigen Deutschland und im Ausland und ihre Maschinenerzeugnisse haben dem Schwarzwalde und der Stadt St. Georgen bei Nähmaschinen= und Telegraphenfabriken, Optikern, Drechslern, Elek= trikern und Dilettanten einen ehrenvollen Namen erworben.

Neueren Datums ist die **Metallschraubenfabrik und Façon=
fräserei von Robert Weißer.** Im Jahr 1883 mit etwa zehn Ar=
beitern gegründet, befaßte sie sich zunächst mit der Anfertigung von Me=
tallgewindeschrauben und gefrästen Bestandteilen für die Uhrenmacherei und
Feinmechanik; für den Betrieb genügte eine Dampfmaschine mit zwei
Pferdekräften. Bei der günstigen Entwicklung der Uhreninbustrie und
infolge des Aufschwungs der Elektrotechnik wurde aber bald eine Er=
weiterung des Betriebes notwendig. Schon im Jahr 1885 wurde auf
Stelle der damaligen Feuerwette an der Hauptstraße das jetzige zwei=
stöckige Fabrikgebäude errichtet, in dessen zwei Sälen etwa 30 Arbeiter
und Arbeiterinnen an 50 Schraubenfräs= und Hilfsmaschinen beschäftigt
sind. Die zur Fabrikation erforderlichen Werkzeuge werden in der me=
chanischen Werkstätte angefertigt, die im alten Fabrikgebäude sich befindet.
Zwischen den beiden Gebäuden ist eine Dampfanlage mit zwölf Pferde=
kräften errichtet. Mit der Geschäftserweiterung Hand in Hand ging
eine Vergrößerung des Absatzgebietes. Heute finden die in Eisen, Stahl,
Messing, Neusilber u. s. w. ausgeführten Fabrikerzeugnisse nicht mehr
allein in der Uhreninbustrie, sondern auch in den verschiedensten Jnbustrie=
zweigen des Jnlandes, so in elektrotechnischen Fabriken, in Maschinen=,
Waffen=, Nähmaschinen=, Musikinstrumenten=, Reißzeug=, Metallwaren=
fabriken, in Spinnereien und Webereien Verwendung.

Kleinere Hilfsmaschinen für Uhrenmacher gehen aus einem weiteren
Geschäfte, der **mechanischen Werkstätte von Leopold Kammerer,**
hervor. Dieselbe ist im Jahr 1874 mit kleinem Betriebe begonnen,
unterdessen aber erweitert worden, so daß seit 1891 ein Gasmotor von
zwei Pferdekräften aufgestellt ist und der Besitzer zur Zeit acht Leute
beschäftigt. Es werden vornehmlich Drehbänke, kleine Fräsmaschinen,
Schneidzeuge, Stanzen, Schildbohrer, Winkel, Hämmer und andere Uhren=
macherwerkzeuge gefertigt; auch gestanzte Uhrenziffern und Zeiger für die
geschnitzten Uhrenschilder. Da die Fabriken eigene mechanische Werk=
stätten einrichteten, so verminderten sich die Reparaturarbeiten, so daß
Leopold Kammerer sich noch auf die Herstellung einiger anderer Artikel
wie Backofenbeleuchtungsapparate und Lampenfederzüge verlegte.

Eine zusammenfassende Darstellung dessen, was die Jnbustrie St.
Georgens und des Schwarzwaldgaues vermag, bot die Ausstellung des
Jahres 1884. Die erste Ausstellung von Erzeugnissen der Schwarz=
wälder Jnbustrie hatte im Jahr 1858 in Villingen stattgefunden; eben=
daselbst etwa zehn Jahre später eine zweite. Eine dritte brachte in etwas

beschränkterem Umfang das Jahr 1882 in Vöhrenbach. Im Jahr 1884 fand in St. Georgen 800 Jahre nach dessen Gründung die vierte Schwarzwälder Gau-Gewerbeausstellung statt.

Der hiesige Gewerbeverein hatte bei seinem Entstehen im Jahr 1858 auch die Ausstellung industrieller Erzeugnisse ins Auge gefaßt und im Jahr 1867 hatte man es auch mit einer ständigen Gewerbeausstellung versucht, die aber nach zwei Jahren schon einging. Bei Gelegenheit der Feier seines 25jährigen Bestandes beschloß der Gewerbeverein unter seinem Vorstand Karl Haas, der dann auch im Verein mit einigen anderen hiesigen Gewerbetreibenden das Unternehmen leitete, im Jahr 1884 eine Ausstellung abzuhalten, für welche er einen Kredit von 30 000 Mark bewilligte. Die Regierung genehmigte zu derselben eine Lotterie und beauftragte die Furtwanger Filiale der Landesgewerbehalle, das Unternehmen durch Pläne und Entwürfe zu unterstützen. Es wurden die Gewerbevereine des Schwarzwaldgauverbandes und die Gewerbetreibenden vom hiesigen Vereine zur Teilnahme aufgefordert, sodann aber auch noch einige Firmen der Baar und des Kinzigthals, die mit der Schwarzwaldindustrie in Verbindung standen.

Während die früheren Ausstellungen in schon vorhandenen Räumen erfolgt waren, erbaute man in St. Georgen ein besonderes Ausstellungs-gebäude im Schwarzwälder Bauernhausstil mit einigen Renaissanceverzierungen, daneben wurde eine große Maschinenhalle mit einem Motor errichtet, ferner eine Musikhalle für die Orchestrionwerke unter Berücksichtigung der Tonansprüche der letzteren.

Die Ausstellung umfaßte folgende Gruppen: 1. Bergbau und chemische Produkte. 2. Buchbinderei, graphische Künste, Photo- und Lithographien, Zeichnungen. 3. Holzindustrie, Möbel, ganze Zimmereinrichtungen, Holzschnitzereien, Hausgeräte, Drechslerarbeiten. 4. Kurzwaren, Bürsten, Pinsel, Hornwaren. 5. Kunst. 6. Lederindustrie, Sattlerarbeit. 7. Werkzeug- und Landwirtschaftsmaschinen, Werkzeuge, Schmied- und Schlosserarbeiten. 8. Metallwaren, Kücheneinrichtungen und Haushaltungsgegenstände. 9. Nahrungs- und Genußmittel. 10. Orchestrion. 11. Uhren, Uhrenbestandteile, Uhrenschilder, physikalische Apparate. 12. Stein- und Thonwaren. 13. Strohindustrie. 14. Textil- und Bekleidungsindustrie, Stickereien. 15. Wagen, Transportmittel, Feuerwehrgeräte. 16. Erziehung und Unterricht.

Außer den in der Geschichte der hiesigen Industrie schon genannten Industriellen begegnen wir unter den Ausstellern noch folgenden Namen

von Gewerbetreibenden aus St. Georgen: Hafnerm. Jakob Staiger und
Joh. Schuler; Schreinerm. Anb. Bösinger, Simon Hils, Ab. Schlegel
und Paul Fleig; Drechslerm. Fr. Kieninger und Matth. Lehmann;
Sattlerm. K. Weißer; Zimmerm. K. Götz; Küferm. W. Steibinger
und Heinzmann; Schlosserm. Rosenfelber; Schmiedm. Grieshaber und
Joh. Staiger; Flaschnerm. Joh. Staiger; Zimmermaler Max Maier;
Uhrenmacher Joseph Hakenjos, Klemens Wöhrle, Simon Weißer, Andr.
und Gottl. Kammerer im Bruderhaus, J. J. Kammerer und Fr. Stock=
bürger von Stockwald, Fr. Ettwein von Langenschiltach; Wagner Staiger;
Oswald und Christoph Obergfell, J. G. Zucker; Schmied Joos von
Peterzell; Jakob Maier von Oberkirnach. Endlich die Schuhmacherm.
Anb. Schuler, Philipp Dinger und S. Weißer; Schneiderm. J. Arm=
bruster und die Verfertigerin von Schapeln: Frau K. Braun.

Von außerhalb unseres Kirchspiels war die Ausstellung beschickt von
Villingen, Furtwangen, Vöhrenbach, Triberg, Hornberg, Neustadt, Offen=
burg, Immendingen, Freiburg, Donaueschingen, Lenzkirch, Baden=Baden,
Dürrheim, Burgberg, Mönchweiler, Königsfeld, Eisenbach, Unterkirnach,
Gütenbach, Weiler, Haslach, Alterweg, Schonach, Schönwald, Stockburg,
Oberbränd, Gutach, Rohrbach, Thannheim, Schwärzenbach, Pfullendorf,
Zell a. H., Stetten a. k. Markt, Karlsruhe, Stuttgart.

Die Ausstellung, welche ein glänzendes Bild dessen bieten konnte, was
Schwarzwälder Gewerbe und Industrie zu leisten vermag, wurde am
20. Juli 1884 nach einem Festzug, an welchem etwa 700 Personen teil=
nahmen, eröffnet. Als Vertreter der Regierung waren Geh. Referendar
v. Stößer, Direktor Götz, die Professoren Meidinger und Hammer
erschienen.

Im Lauf von 100 Tagen wurde die Ausstellung von 15000 Per=
sonen besucht. Der glanzvollste Tag der Ausstellung war der 21. August,
an welchem J. J. K. K. H. H. Großherzog Friedrich und Großherzogin
Luise von morgens 7 bis $\frac{1}{2}$ 1 Uhr dieselbe besichtigten. Unterdessen
hatten die Einwohner vor dem Gebäude sich versammelt, unter ihnen
etwa 70 Schapelmädchen aus dem Kirchspiel, die hernach mit einer An=
sprache geehrt wurden. Der Frauenverein durfte der Landesmutter zur
Erinnerung an diesen Besuch einen Schapel überreichen. Am 12. Sept.
besuchte der unterdessen heimgegangene Prinz Ludwig Wilhelm die Aus=
stellung und die Uhrenfabrik von Phil. Haas und Söhne, und vierzehn
Tage darauf, am 26. September, überraschte der Großherzog die Aus=
steller freudigst durch einen zweiten Besuch, um von den wichtigsten

Gegenständen nochmals Einsicht zu nehmen und einige derselben sich zu erwerben. Wie sämtliche badische Minister die hiesige Ausstellung besichtigten, so entsandten auch andere deutsche Regierungen Sachverständige.

Nach Beendigung der Ausstellung wurden die Maschinen- und die Musikhalle abgebrochen, die Gewerbehalle aber dient seither dem hiesigen Gewerbeverein zu einer ständigen Ausstellung, welche alljährlich erneuert und ergänzt wird.

Eine gute Hilfe zur Heranbildung tüchtiger Arbeiter ist die hiesige Gewerbeschule, welche erst im Jahr 1894 eine Erweiterung erfahren hat.

Wir können dieses Kapitel nicht beschließen, ohne auch zu erwähnen, daß im allgemeinen zwischen Fabrikanten und Arbeiter in St. Georgen ein vertrauensvolles Verhältnis besteht. Eine ganze Reihe von Arbeitern hat sich (besonders im letzten Jahrzehnt) eigene Häuser erbaut. Ein „Arbeiterfortbildungsverein" hat eine Anzahl von Arbeitern zu geistiger Fortbildung und geselligen Zusammenkünften vereinigt. Ein zweiter Arbeiterverein, der „Volksverein", welchem auch hiesige Bürger aus verschiedenen Ständen angehören, der neben der Treue gegen Kaiser und Reich, Fürst und Vaterland besonders auch ein freundliches Einvernehmen zwischen den Arbeitern und Fabrikanten pflegen will und der auch eine Krankenkasse gegründet hat, brachte es in vier Jahren seines Bestehens unter dem Vorstand A. Maier jung und dem jetzigen, Chr. Aberle, schon auf über 200 Mitglieder.

7. Kapitel.
Die Landwirtschaft.

Das Kloster hatte einst im Kirchspiel seine eigenen Meierhöfe. In Oberkirnach heißt noch heute der Besitzer eines Hofes der Meierbauer*). Von den beiden Klostermeierhöfen in St. Georgen haben wir schon erfahren, daß sie im Jahr 1659 von der württembergischen Regierung an die Gemeinde verkauft worden sind. Erst von dieser Zeit an hatten die hiesigen Bürger einen größeren Bodenbesitz. Klima und Bodenbeschaffenheit waren einem Aufschwung der Landwirtschaft von jeher hinderlich und die Bewohner der Stäbe hatten sich immer meist auf die Viehzucht

---

*) Auch erinnert der Name „Leihwiesershof" daran, daß das Kloster sein Wiesfeld als Lehen ausgegeben hatte.

beschränkt. In einem Bericht an die Regierung vom Jahr 1812 ist die Bedeutung der Viehzucht im Kirchspiel rühmend hervorgehoben. Man treffe Ställe von 25 bis 50 und 60 Stück Hornvieh an.

Bald nach Übernahme des Amtes Hornberg durch Baden unter Karl Friedrich erfuhr die Landwirtschaft in unserer Gegend eine Hebung. Im Jahr 1811 machte der Urbarungskommissär Gerster aus Freiburg zwei mit verkrüppelten Föhren teilweise bewachsene Moorstrecken in der Nähe des Bruderhauses und im Vohenlohr*) urbar. Durch dieses Beispiel veranlaßt, wendeten nun auch hiesige Bürger der Verbesserung ihres Feldes größere Aufmerksamkeit zu. Erst in jener Zeit fand auch der Spelz hier Eingang, ebenso Klee und Esparsette. Letztere ist unter= dessen wieder verschwunden, sowie auch ganz selten mehr ein Reps= oder Lewatfeld angetroffen wird.

Man unterscheidet zwischen zahmen und wilden Äckern; letztere werden auch Hack= oder Reutfeld genannt. Das Bebauen des ersteren erfordert zum Umbrechen oder Brachen erstmals die ganze Zugkraft des vorhandenen Zugviehs. Zunächst wird dann über Winter unter Düngung Roggen gesäet, oder es werden im Frühjahr ohne Düngung Kartoffeln gesteckt; auf den besten Äckern wird bei reichlichem Überdüngen auch Kraut und dergl. gesetzt. Auf solchen Äckern gedeiht dann auch einmal Spelz, hernach folgen 2—3mal ohne Düngung Hafer, wohl auch einmal Klee oder Wicken und darauf nochmals Korn oder Hafer. Nach sieben Bau= jahren gedeiht einige Jahre ein Heugras in reichlicherer Menge, wenn dem Boden während des Anbaus ziemlich Dünger hatte zugeführt werden können, was dem Hofbauern aber nicht immer möglich ist.

Die wilden Äcker, welche oft zehn Jahre und darüber für den Weid= gang des jüngeren Viehs dienen, werden mit Pflug oder Hacke umge= brochen, der Rasen und die Pfriemen getrocknet und auf dem Felde selbst verbrannt; die Asche düngt hinlänglich, um einen spärlichen Sommer= roggen oder Kartoffeln und noch einen Hafer zu pflanzen, worauf vielleicht wieder ein Jahrzehnt im Sommer das Vieh darauf weidet.

Die Wiesen geben reichlichen Heuertrag; da auf dem ausgedehnten Besitz aber zu viel Arbeit zu bewältigen ist, so findet der Bauer selten Zeit, die sumpfigen Stellen trocken zu legen. Das reichlich vorhandene Quellwasser eignet sich zum Wässern vorzüglich, kann aber nur auf den abschüssigen Wiesen ein gutes Futter hervorbringen, während es in den sumpfigen Ebenen der Thäler ein mehr saures Futter erzeugt.

---

*) Das ist der richtige Name für „Vogelloch", wie man heute spricht.

Früher hatten die hiesigen Bürger für ihr Vieh im gesamten Nehle- und Hochwald das Weidrecht, das auf die einzelnen Häuser nach Aus- schlägen verteilt war. Als an Stelle der „Klosterreuter", welchen die Waldaufsicht unterstand, wissenschaftlich gebildete Forstbeamte getreten waren, schränkten diese aus Rücksicht auf die Waldkultur die Weidgänge ein. Dadurch wurde die Einführung der Stallfütterung veranlaßt, die ihrerseits bewirkte, daß der Pflege des Ackerfeldes eine größere Aufmerk- samkeit gewidmet wurde.

Seit einiger Zeit haben die Hofbauern über Mangel an Arbeits- kräften zu klagen, meist infolge davon, daß die Industrie eine große Anzahl derselben an sich gezogen hat. Die einfachere Kost, die strengere Arbeit und die längere Arbeitszeit auf den Höfen geben auch dem Ge- sinde immer wieder Veranlassung zu Vergleichungen mit der freieren Lebenshaltung und der größeren Barbezahlung der Fabrikarbeiter, und wenn abends um sieben Uhr die Pfeife der Fabrik den Feierabend an- zeigt und ihr Ton auch auf entlegenem Gehöfte vernommen wird, so macht wohl einmal der Knecht seinen Bauern oder die Magd ihre Frau darauf aufmerksam, wieviel besser die Arbeiter der Fabriken daran seien als sie selbst. Das patriarchalische Leben, das einst auf den Wälder- höfen vorhanden war, findet sich immer seltener. Die „Ehehalten" (Dienstboten) nehmen eine selbständigere, entfremdetere Stellung zum Hof- bauern ein als früher; auch folgen manche nur noch widerwillig seinem Ruf zum gemeinsamen Morgensegen.

Dem Mangel an Arbeitern in den arbeitsreichsten Zeiten des Jahres sucht der Bauer einigermaßen dadurch abzuhelfen, daß er Taglöhnern und Kleingütlern auf seinen entlegeneren Äckern gepflügtes Feld anweist, auf dem sie je in einem Jahr Kartoffeln und anderes pflanzen können, wofür dieselben dann eine durch die Größe des Feldstückes bestimmte Anzahl Tage in der Heu-, Öhmb- oder Kartoffelernte unentgeltliche Hilfe zu leisten haben. Auch ein etwaiger Mietbewohner des Leibgebinghäus- chens hat dem Hofbauern gegen Bezahlung seine Arbeitskraft in Ernte- zeiten zur Verfügung zu stellen.

Die Haupteinnahme der zahlreichen über das Kirchspiel St. Georgen zerstreuten Hofgüter mit ihren 70 bis 300 Morgen Acker-, Wiesen- und Waldboden kommt aus der Rindviehzucht. Die großen Weidgänge, auf denen die Rinder vom ersten halben Jahr an sich in den Monaten Mai bis Ende Oktober den Tag über ergehen, während sie des Nachts an der gewohnten Krippe stehen, bewirken einen kräftigen, dauerhaften

Schlag Zugtiere, die in besseren Gegenden in kurzer Zeit ausgemästet werden.

Die Kühe haben eine ähnliche Größe, aber schmäleren Bau als das an Farbe ihnen gleiche Schweizervieh. Sie zeichnen sich durch große Milchergiebigkeit bei magerem Futter aus. Zwar bringen sie nur die halbe Tageszeit auf der Weide zu, aber es werden für sie die besseren Weidplätze bestimmt.

In den letzten zwanzig Jahren hat man versucht, das Wäldervieh durch Kreuzung mit dem rotscheckigen Emmenthaler Schlag breiter und schwerer (gröber) zu gestalten. Dadurch hat sich für die Aufzucht von Ochsen ein bemerkenswerter Vorteil herausgestellt; die Kühe der Kreu=zung aber verlangen mehr Futter und liefern doch nicht mehr Milch, auch sind sie durch ihre geringere Beweglichkeit für den Weidgang un=geschickter, so daß sie nur beim Verkauf an den Metzger einen Vorteil bringen.

Die letzte Zeit hat auch in der Landwirtschaft manche Verbesserung aufgebracht. So wird auf manchem Hof der Stäbe die Wasserkraft der eigenen Mühle zur Dreschmaschine vorteilhaft verwendet. Und daß auch in unserer Zeit noch mancher Boden der Kultur gewonnen werden kann, sehen wir aus dem Beispiel des Johannes Kieninger in Peterzell, der den Brunnentobel rodete, und aus dem seines Sohnes Johann Georg, welcher in Brigach den öden Landstrich um sein Haus von den Granit=blöcken und Ginsterhecken säuberte, um ihn in gutes Acker= und Wiesfeld zu verwandeln und schöne Johannisbeeranlagen zu schaffen, aus denen er schon 1500 Liter Wein in einem Jahr gezogen hat.

Mit Staunen hatten die Schwarzwälder in den Befreiungskriegen gesehen, wie die Russen den Schnaps aus großen Gläsern tranken. Seit jener Zeit wurde auf dem Schwarzwald mehr Branntwein getrunken als früher. Dieser zweifelhafte Genuß hat seit einiger Zeit glücklicher=weise wieder abgenommen und viele Leute bereiten sich einen Haustrunk aus Heidel= und Johannisbeeren. Die Heidelbeeren liefern unsere Wälder umsonst und die Johannisbeersträucher geben in den meisten Jahren einen reichen Ertrag. Es ist zu wünschen, daß auf landwirtschaftlichen Ausstellungen weniger den süßen Fruchtweinen als vielmehr dem Haus=trunk, welcher allein für das Volksleben eine Bedeutung hat, Auf=merksamkeit geschenkt werde.

Für die Obstbaumzucht ist in unserer Gemeinde seit vielen Jahr=zehnten wenig geschehen; auch der einst mit Obstbäumen dicht besetzte Klosterhof weist nur noch wenige Bäume auf. Daß die jedem Sturm ausgesetzten Obstbäume auf dieser Höhe wenig oder keinen Ertrag liefern, ist selbstverständlich; aber die Anlagen der Gebrüder Schultheiß aus früheren Jahren, wie die der Gebrüder Haas aus letzter Zeit, zeigen, daß bei einigermaßen geschützter Lage auch die feinsten Äpfel- und Birnensorten hier oben fortkommen. Hat doch sogar eine junge Rebe an der Haas'schen Uhrenfabrik im Herbst 1893 reife Weintrauben geliefert, und auch in dem durch Nässe und Kälte so ungünstigen Herbst 1894 hat der Verfasser von jungen Bäumen des Pfarrhofes vortreffliches Obst geerntet.

Im Wiederaufblühen begriffen ist in unserer Gegend die Bienenzucht. Der Brigachthäler Bezirksverein für Bienenzucht hat in vier Jahren es schon auf mehr als 80 Mitglieder gebracht, von denen eine Anzahl aus unserem Kirchspiel sind. So unglaublich es manchem Bewohner der Ebene klingen mag — die Bienenzucht gedeiht auf unserer Höhe recht gut, die Wälder bieten im Spätjahr in der Regel noch eine reichliche Bienenweide, wenn drunten im Rheinthal alle Honigquellen schon versiegt sind, und der Honig der Schwarzwaldberge mit ihren kräftigen Kräutern gehört nicht zum geringsten des Landes.

8. Kapitel.
Trachten und Sitten.

Der Schwarzwald war von jeher reich an Volkstrachten und zwar für beide Geschlechter. Es ist aber eine allgemeine Beobachtung, daß dieselben allmählich zu verschwinden drohen und daß zuerst die Männer die Volkstracht ablegen. So ist im Kirchspiel St. Georgen die charakteristische Kleidertracht der Männer: der bis unter das Knie reichende einreihige Rock mit einem kurzen Stehkragen, die bis zum Hals geschlossene doppelreihige

Weste, die hirschlederne Kniehose, die (am Sonntag weißen, an den
Werktagen blauen) Kniestrümpfe und die niederen Schuhe seit einigen
Jahrzehnten abgegangen. Der letzte und längere Zeit noch einzige
Träger derselben in St. Georgen war der im Jahr 1876 verstorbene
Krämer Andreas Weißer.

Die weibliche Volkstracht hat sich dagegen bis heute erhalten. Um
sie der städtischen Kleidung mehr anzupassen, hat man die kurze Hippe
einmal zu verlängern versucht, aber die Tracht wurde dadurch nicht schöner
und es blieb bei dem Versuch. Unser Bild zeigt uns die Schwarzwälderin
in der Tracht unseres Kirchspiels und zwar sowohl in der Sonn= und
Werktagsgewandung mit Hippe, Schauben, dem bunten Brustlatz, der
großen Schürze und der Kappe oder dem weißen Hut mit den schwarzen
Bollen, als auch in dem Festgewand der Jungfrau, deren Hauptmerkmal
der hohe und breite Schapel ist, welcher aus bunten Glasperlen, Rosetten
und Spiegelchen zusammengesetzt ist und zu welchem Kette und bunte
Bänder, sowie die weiße Halskrause gehören.

Diese Tracht hat sich, wie wir sagten, im Kirchspiel bis heute er=
halten; wir müssen aber auch hinzufügen, daß die Zahl ihrer Trägerinnen
mit jedem Jahr kleiner wird, wenigstens in St. Georgen. Nach unserer
Erinnerung haben am Konfirmationstag 1894 sämtliche Konfirmandinnen
aus den Stäben die Volkstracht und sämtliche aus St. Georgen eine
moderne Gewandung getragen, unter den letzteren auch solche, die bis
dahin die Volkstracht gehabt hatten.

Seitdem Hansjakob in seinem sehr lesenswerten Schriftchen: „Unsere
Volkstrachten; ein Wort zu ihrer Erhaltung“ neue Anregung gegeben
hat, ist das Augenmerk weiter Kreise mehr denn bisher auf die Er=
haltung der Volkstracht gerichtet. Auch Vereine haben sich gebildet, um
in diesem Sinne zu wirken; wir können uns jedoch von demselben keinen
großen Erfolg versprechen.

Die Volkstracht nämlich ist ein wesentliches Stück der Volkssitte;
sie bringt den Charakter eines Volkes zum Ausdruck, sie schließt sich an
die Lebensbedingungen und Lebensgewohnheiten desselben an, und es üben
nicht nur äußere Verhältnisse und Umstände, wie das Klima, einen be=
stimmenden Einfluß auf sie, sondern vor allem auch geistige Kräfte,
sogar das kirchliche Bekenntnis. Wer das Volksleben nur einigermaßen
kennt, der weiß aber, daß die äußere Sitte in der Regel noch eine Zeit
lang vorhält, nachdem das innere Leben, aus dem sie hervorgegangen
und durch das sie bedingt war, schon entschwunden ist. Darum haben

Weſte,
Werkt
Jahrz
Träge
Kräm
　　ſ
ſie be
einma
und
in be
Werk
große
Voll
der l
und
Bän

halt
mit
Erin
aus
mol
bah

Vo
hat
hal
in
gr

ſie
di
ni
ſti
ſc
fe
l
u

Trachtenbild.

diejenigen, welche die Volkstracht leichten Herzens ablegen, die sie viel=
leicht schon jahrzehntelang getragen hatten, sich innerlich zuvor schon
vom Volksleben losgelöst, das jene Tracht hervorgebracht hatte; und
wenn man in einer Gemeinde der alten Tracht allgemein den Rücken
wendet, so ist zuvor in derselben das alte Volkstum von innen heraus
geschwunden. In diesem Fall kann ja die Tracht noch eine Zeit lang
künstlich erhalten werden, fallen wird sie aber früher oder später doch,
denn wenn vor 250 Jahren Logau gegen die Annahme der welschen
Kleidertracht geschrieben hat:

> „Alamode-Kleider, Alamode-Sinnen:
> Wie sich's wandelt außen, wandelt sich's auch innen",

so müßte es heute von denen, welche die Volkstracht gegen das Aller=
weltsgewand vertauschen, heißen: wie es innen sich gewandelt hatte, so
wandelt es sich auch außen.

Wer es darum vermöchte, die Volksseele zu ihrer Frische und
Ursprünglichkeit zurückzuführen, der würde ohne weiteres auch der Volks=
tracht die Lebenskraft erhalten.

Daß in St. Georgen in nicht zu ferner Zeit auch die weibliche
Volkstracht mit ihrer letzten Trägerin zu Grabe gebracht wird, erscheint
uns ebenso zweifellos, als es nicht verwunderlich ist, so sehr man es auch
beklagen mag. Denn aus dem einstigen Bauerndorf, das nach Größe
und Bedeutung hinter den Filialen zurückstand, ist eine Industriestadt
geworden, die an der Verkehrsstraße des Handels liegt und am Welt=
verkehr teilnimmt, also ganz neue Lebensverhältnisse aufweist. Um so
erfreulicher ist es, daß in den Stäben die Volkstracht durchgängig noch
getragen wird, und um so herzlicher ist unser Wunsch, daß auch das ganze
volkstümliche Leben in denselben noch so stark sein möge, daß auch die
Tracht sich ferner erhalten kann. Des Volkes Zukunft beruht wesentlich
mit auf einem einfachen, treuen und ehrenfesten Bauernstand. In
unserer Zeit zumal, in welcher das Leben so ganz anders geworden ist,
als es früher war, aufregend und aufreibend; wo nicht nur die Bahn=
züge und die Maschinen der Fabriken mit Dampf getrieben werden,
sondern auch das ganze Leben des Volkes unter diesem Zeichen steht; in
einer solchen Zeit ist der Bauernstand besonders berufen, wieder der
Jungbrunnen zu sein, aus dem alle übrigen Stände immer neue Kraft
und Verjüngung schöpfen können.

Die jungen Trägerinnen der Volkstracht aber verweisen wir auf ein
Wort Hansjakobs, das weniger unrichtig als derb ist: „Es ist jeder

Menſch mehr oder weniger eitel, der eine auf dies, der andere auf jenes. Wenn alſo auch Mädchen vom Lande etwas hoffärtig und eitel ſind, ſo thun ſie nur, was andere Leute auch thun. Wenn ſie aber glauben, ſie ſeien ſchöner oder ſtellen mehr vor, wenn ſie die alte Bauerntracht ablegen, dann haben ſie, wie man ſagt, den Finger am letzen Ort ver= bunden, und diejenigen Mädchen vom Lande, welche das glauben, gehören ohne Zweifel zu den dümmſten.“

Der Schapel gehört gewiß nicht zu den bequemſten Kopfbedeckungen, da er mit einem anſehnlichen Umfang auch ein reſpektables Gewicht ver= bindet. Aber er wird auch nur bei Taufen von der Patin und bei Hochzeiten von der Braut und ihren Geſpielinnen getragen. Neben den „ſtillen“ Hochzeiten, die vor wenigen Trauzeugen vollzogen werden, hat ſich „das rechte Hochzig“ aus alter Zeit mit allen dabei üblichen Ge= bräuchen erhalten, und es zeigt ſich auch hier, wie die Volkstracht mit den übrigen Volksſitten unteilbar zuſammenhängt: „das rechte Hochzig“ wird nur noch von den Trägern der Volkstracht gefeiert, alſo faſt nur noch in den Stäben. Acht Tage vor der Hochzeit ladet eine mit einem Strauß geſchmückte Perſon*) von Haus zu Haus gehend die Gäſte ſo= wohl zum Kirchgang als auch zum Feſtmahl. Dieſe verſammeln ſich am Morgen des Hochzeitstages je nach Verwandt= oder Freundſchaft im Hauſe des Bräutigams oder der Braut. Dort empfangen ſie den Früh= imbiß, die ſogenannte Morgenſuppe, und eine eigens hierzu berufene Perſon hält die „Abdankungsrede“. Die Anrede lautet: „Ehrbare Nach= barn, beſcheidene Hausherren, wie auch viel ehr= und tugendreiche Haus= frauen, ehrbare Geſellen und züchtige Jungfrauen!“ Nachdem der Ab= danker darauf hingewieſen, daß die Anweſenden zuſammengekommen ſeien, um chriſtliche Ehezeugen zu ſein, zeigt er nach der Schrift Alten und Neuen Teſtaments ſowie nach dem Buch Tobias, wie der Eheſtand be= gonnen und geführt werden ſolle. Er erinnert die Brautleute daran, wie gnädig der allmächtige Gott ſie ſeither geführt, und ermahnt ſie, den Eltern für ihre treue Liebe und Sorge zu danken. Im Namen der Brautleute bittet er die Eltern, Geſchwiſter, Nachbarn und Freunde für wiſſentliche und unwiſſentliche Kränkungen um Verzeihung, und nach einer Pauſe, die einem ſtillen Dankgebet für die empfangene Bewirtung

---

*) Vor dreißig Jahren noch war es immer ein Mann im blauen, langen Sonntagsrock mit einem Degen, an welchem lange bunte Seidenbänder flatterten. Jetzt ſind es auch Frauen.

gewidmet ift, fährt er fort: „Jetzt bitten die ehr= und tugendreichen Brautleute noch einmal und ich bitte in ihrem Namen, ob ihr nicht wollet mit ihnen gehen nach St. Georgen in das Gotteshaus, Gottes Wort mit anhören, Gott um den Ehesegen bitten helfen, wie es nach chriftlicher Ordnung der Brauch ift. Nach vollbrachtem Gottesdienft wollet ihr auch dem hochzeitlichen Ehrenfeft in dem Wirts= und Gaft= haus beiwohnen." Nunmehr wendet er fich im Namen der Anwesenden an die Brautleute: „Gott der Vater segne euch, wenn ihr ausgeht aus eurem Hause; Er segne euch, wenn ihr eingeht in das Gotteshaus; Er segne euch unter der Hand des Seelsorgers; Er segne euern Beruf und Arbeit; Er segne euer täglich Brot, eure Wälder und Felder, euern Ein= gang und Ausgang; so lange diefes zeitliche Leben währt, verbleibe Er euer Teil, und wann ihr einmal abscheidet aus diefer Zeit, so führe Er euch in die ewige Seligkeit. Ich wünsche euch zu eurer Hochzeitsgabe Jesum Christum, daß Er euer Schutz und Schirm wider die Feinde, euer Trost im Leiden und eure Hoffnung im Sterben sei. Endlich wünsche ich euch Gott den heiligen Geift. Er erleuchte euch, daß ihr aus der ehelichen Liebe erkennet die herzliche Liebe, welche Christus unser Bräutigam zu uns trägt, auf daß ihr dermaleins als würdige Gäste bei der Hochzeit des Lammes erfunden werdet."

Mit einer Mahnung zum Aufbruch schließt diese Abdankung, welche mit Ernst vorgetragen, mit großer Andacht und unter Thränen angehört wird. Nun setzt sich der Hochzeitszug in Bewegung, zunächst nach dem Marktplatz in St. Georgen. Sind die Züge des Bräutigams und der Braut dort angekommen, so umringen die Burschen, Zechbuben genannt, den Bräutigam, dem sie die Braut „verkaufen". Der Preis besteht in einem erklecklichen Quantum Wein, welches bei dem Hochzeitsmahl der Jugend zu gut kommt. Vom Marktplatz aus setzt sich dann der Zug, dem drei Musikanten mit einer Geige und zwei Klarinetten voraus= spielen, nach der Kirche weiter. Es gewährt einen imposanten Eindruck, wenn bis zu fünfzig Schapelmädchen und darüber, die in die volle Feft= tracht gekleidet sind, im Zuge vorausschreiten.

Nach dem Gottesdienft, in welchem der Trauung eine Predigt von der Kanzel vorausgeht, erfolgt das Mahl, bei welchem die Gäste ihre Zeche selbst bezahlen. Braut und Bräutigam gehen bei diesen herum, die Braut thut mit dem Brautpokal, der auch Gewürznelken enthält, den einzelnen Bescheid und die Brautleute empfangen deren Glückwünsche. Es gilt als eine Ehre, daß aus jedem Hof sich jemand an der Hochzeit beteiligt und die Bauernschaft der Gegend ist durch Verwandtschaft und Bekanntschaft unter sich so verbunden, daß auch von den Nachbar=gemeinden außerhalb des Kirchspiels sie zahlreich sich einfinden, wenn ein Bauernsohn und eine Bauerntochter ihren Ehrentag feiern.

Als nach dem breißigjährigen Krieg im Herzogtum Württemberg die Zechhochzeiten verboten wurden, wandten sich sämtliche Stabsvögte und Richter im Namen der Gemeinden St. Georgischen Klosteramts an die Regierung und sie erhielten am 5. Juni 1662 folgenden Bescheid des Herzogs Eberhard: In Ansehung, daß sie an einem Grenzort und fast gar außer Lands gelegen, es bei ihnen auch keine Schenkhochzeiten giebt, sondern ein jeder um seinen Pfennig dabei zehrt, so sollen sie nicht an die geringe Zahl der einzuladenden Gäste nach Ausweis der letztlich ausgekündeten Polizeiordnung zu binden sein, sondern es ist bei dem alten Herkommen zu belassen, daß ein jeder wie bisher also auch ins=künftig so viel Hochzeitsgäste, als ihm beliebt, einladen darf „jedoch der Polizeiordnung ohnabbrüchig, und anderen Ämbtern, mit denen es eine andere Bewandtnus hat und im Land besser hereingelegen, ohne Conse=quenz und Nachfolg".

Wie schon erwähnt, wird der Schapel außer bei Hochzeiten nur noch bei Tauffesten getragen. Diese werden feierlich begangen. Nur wenn das Kind krank ist, wird es zu Hause getauft; sonst wird das Kind vom Vater, den beiden Paten und der Patin in Begleitung der Hebamme zur Kirche gebracht. Als nach Einführung des Civilstandsgesetzes bei der Taufhandlung das Orgelspiel und der zweimalige Gesang eines Lieder=verses vom Kirchengemeinderat abgeschafft worden waren, mußten sie auf den Wunsch der Gemeinde hin wieder eingeführt werden. Die beiden Paten unterscheiden sich nach dem Alter in den den Vorrang einnehmenden „Großgötti" und den „Kleingötti"; die Taufpatin oder das „Gottli" nimmt bei Tisch den Ehrenplatz ein, wie sie überhaupt die geehrteste Person am Tauftag ist.

Wir wünschen dem Kirchspiel Glück dazu, daß so viele alte Volks=sitte sich noch in demselben erhalten hat, die ein Beweis für den gesunden Sinn der Bevölkerung ist, und wir hoffen, daß die Bewohner des Kirch=spiels auch bei dem immer reger werdenden Verkehr mit der Außenwelt sich beides: den einfachen Sinn und die väterliche Sitte zu erhalten ver=mögen. Von Interesse ist die Beobachtung, daß auch hier Volkstum, Volkssitte und Volkstracht im engsten Zusammenhang mit dem kirchlichen Leben stehen. Diese Thatsache muß insbesondere auch allen denen von

Bedeutung sein, welche die guten Kräfte des Volkslebens zu hegen und weiterzubilden berufen sind.

9. Kapitel.

Altes und Neues.

Kaiser Maximilian I., welcher damals gerade in Konstanz ver= weilte, hat den Ort St. Georgen, wie wir schon früher verzeichnet haben, am 21. August 1507 zu einem Marktflecken erhoben, in welchem „hinfür in ewige Zeit zween Jahrmärkt, nämlich einen auf St. Georgen= und den andern auf St. Michaelstag, deßgleichen einen Wochenmarkt allwegen am Samstag oder wo das des Feyrtags halben nicht sein mag, am nächsten Tag darvor zu halten gnädig vergönnt und erlaubt" sein sollte. Diese Marktgerechtigkeit wurde im Jahr 1587 von Herzog Ludwig, 1615 von Herzog Friedrich und im Jahr 1619 von Herzog Johann Friedrich von Württemberg bestätigt. Die letzte dieser Bestätigungen galt für drei Jahrmärkte; jetzt werden deren fünf abgehalten.

Nach dem dreißigjährigen Krieg stand der aus der gänzlichen Zer= störung sich allmählich erholende Ort St. Georgen eine Zeit lang hinter den Stäben des Kirchspiels zurück. Im Jahr 1681 haben die Peter= zeller sich beklagt, daß sie zu den Kirchturmsunkosten zu stark beigezogen worden seien; es kam am 14. Juni ein Vergleich zu stande, nach welchem von 70 Gulden Kirchspielsumlagen aufzubringen hätten:

Kirnach	20 fl.	42 Kr.	
Brigach	19 „	06 „	
St. Georgen . .	11 „	36 „	
Schiltach	11 „	36 „	
Peterzell	7 „	— „	.

Aus dieser Zusammenstellung ersehen wir, welche Stellung damals St. Georgen unter den Kirchspielsgemeinden nach ihrer Bedeutung hatte.

Etwa hundert Jahre später, im Jahr 1797, zählte St. Georgen (585, Stockwald 282) 817, Brigach 207, Oberkirnach 296, Langen= schiltach 191, Peterzell 193, zusammen 1704 Einwohner.

Die erste uns bekannt gewordene Zählung aus diesem Jahrhundert stammt aus dem Jahr 1812. Damals hatten:

St. Georgen und Stockwald 914
Kirnach   (25 Höfe)   264
Brigach   (23 „)   258
Peterzell   (15 „)   205
Langenſchiltach (14 „) _184

zuſammen 1825 (durchweg evang.) Einwohner.

Aus Martini entnehmen wir ferner die Seelenzahl in den Jahren

	1840	1850	1858
St. Georgen	1253	1335	1412
Brigach	505	470	460
Langenſchiltach	550	584	579
Oberkirnach	421	465	451
Peterzell	276	327	329
Kirchſpiel	3005	3181	3231.

Daß Langenſchiltach gegenüber der Zählung von 1812 eine ſo ſtarke Ver=
mehrung aufweiſt, hat ſeinen Grund darin, daß unterdeſſen im Jahr
1836 der Tennenbronner Anteil von Krummenſchiltach mit 38 Familien
zu dieſem Stab geſchlagen worden war.

Die drei letzten Volkszählungen ergaben:

im Jahr 1880: St. Georgen . . . 2168
          Brigach 492
          Oberkirnach . . . 389
          Langenſchiltach . . 667
          Peterzell . . . . _529
          im ganzen Kirchſpiel 4245;

im Jahr 1885: St. Georgen . . . 2397
          Brigach 548
          Oberkirnach . . . 349
          Langenſchiltach . . 619
          Peterzell . . . . _553
          im ganzen Kirchſpiel 4466;

im Jahr 1890: St. Georgen 2367 Evangel., 241 Kathol., zuſ. 2608
          Brigach   468 „   37 „   „   505
          Oberkirnach   334 „   9 „   „   343
          Langenſchiltach 587 „   14 „   „   601
          Peterzell   _528 „   45 „   „ _573

          4284 Evangel., 346 Kathol., zuſ. 4620.

In welchem Maße die politischen Gemeinden unseres Kirchspiels zugenommen haben, ersehen wir aus einer Vergleichung mit einigen anderen Kirchspielen unserer Diöcese Hornberg nach dem Stand der Jahre 1812 und 1890.

	1812	1890
Buchenberg	558	723
Mönchweiler	739	1099
Weiler	811	1255
Gutach	1583	2092
Schiltach	1847	2378
St. Georgen	1825	4630.

Der Ort St. Georgen allein stellt folgende Veränderungen seiner Einwohnerzahl dar:

im Jahr 1864: 1511 Einwohner   im Jahr 1875: 1952 Einwohner
„   „   1867: 1630   „   „   „   1880: 2158   „
„   „   1871: 1936   „   „   „   1885: 2367   „
im Jahr 1890: 2608 Einwohner.

Das letzte Jahrzehnt hat am meisten bauliche Veränderungen gebracht. In dieser Zeit sind eine (katholische) Kirche, zwei Pfarrhäuser (ein evangelisches und ein katholisches), eine Gewerbehalle, ein Spital, einige Fabrikgebäude und eine so große Anzahl von Privathäusern entstanden, daß nicht nur manche Lücken ausgefüllt, sondern auch einige neue Straßen durch sie gebildet worden sind.

Durch Ministerialerlaß vom 17. Dezember 1891 ist dem Marktflecken St. Georgen das Stadtrecht verliehen worden; die Bürgerschaft feierte die Erhebung ihrer Gemeinde zur Stadt den 27. Januar 1892, an Kaisers Geburtstag.

Das wichtigste Ereignis, welches aus der Zwischenzeit von St. Georgen zu verzeichnen ist, ist die Einrichtung einer Wasserleitung. Früher war der Ort durch einige öffentliche Brunnen mit Wasser versehen worden, auch waren noch mehrere private vorhanden; so besitzt auch der evangelische Pfarrhof das Recht eines laufenden Brunnens. Allein im Sommer wurde das Wasser oft spärlich, und für den Fall einer Feuersbrunst konnten die Brandweiher mit ihrem die Spritzen leicht in Unthätigkeit setzenden Inhalt kaum in Betracht kommen. Als dann die Zahl der Einwohner stark zunahm und die Fabriken gleichfalls größerer Wassermengen bedurften, konnten die Ortsbrunnen nicht mehr genügen.

Jahrelang herrschte in der Bürgerschaft eine Meinungsverschiedenheit über die Zufuhr neuen Wassers. Einerseits glaubte man durch Nach= graben den bisherigen Quellen Zuflüsse verschaffen zu sollen; andererseits war die Meinung vertreten, daß die Quellen des Roßbergs dem Be= dürfnis nicht genügen könnten. Und die Vertreter der letzteren Ansicht behielten recht. Zwar wurden im Jahr 1887 die Ortsquellen etwas verstärkt, aber nicht in einer einigermaßen ausreichenden Weise. Man grub darum im Nehlinwald (Alpirsgrund) weiter, wo man drei Quellen auffand, zu denen man im Jahr 1893 im Mühleutobel noch eine weitere, reichlich fließende Quelle fügen konnte. Im ganzen waren fünf Stollen gegraben worden. Das Wasser des Gemeindewalds, welches je nach der Jahreszeit 2 bis 4 Liter per Sekunde beträgt (der Ortsbrunnen liefert ¹/₂ bis 3 Liter), wurde ohne jede Anwendung von Dampf mittelst Hoch= druck durch den Weiherdamm auf den Roßberg geleitet, in ein Reservoir gefaßt, und von da ist in den Jahren 1893 und 1894 dasselbe auch in die höchstgelegenen Häuser St. Georgens geführt worden, so daß nun= mehr jedes Haus mit Trinkwasser versehen werden kann.

Durch die Einrichtung der städtischen Wasserleitung hat Bürger= meister Wintermantel, der sich derselben mit Eifer angenommen hatte, sich um das Gemeinwesen ein zweifelloses Verdienst erworben. Die technische Leitung hatte Inspektor Kühlenthal von der Kulturinspektion Donaueschingen, die Ausführung geschah durch Kulturaufseher Obergfell. Die Kosten belaufen sich auf 98000 Mark, wozu noch etwa 10000 Mark für Grabungen am Roßberg kommen.

Der Gemeindewald, in welchem die Quellen der Leitung fließen, ist der Nehlinwald, der auch in den älteren Urkunden Röhlinwald oder Rielinwald heißt*). Er gehörte dem Kloster und bedeckte ursprünglich nicht nur die Höhen, sondern auch das Thal des Nehlinbachs. Als er im Thal gestockt worden war und in diesem eine Ansiedelung entstand, wurde dieselbe Stockwald genannt; doch kommt für diesen Zinken auch der Name Rielinwald in früherer Zeit vor. Die Bürgerschaft von St. Georgen hatte von jeher Holzrechte im Nehlinwald gehabt. Als St. Georgen an Baden gekommen war, wurden die zur Verteilung ge= langenden Holzlose kleiner und wohl auch mit infolge der Vermehrung

---

*) Auch der Name St. Georgen wird in mehreren Variationen aufgeführt: Sankt Geörgen, Sankt Jörgen, Sankt Jergen, Sankt Georien, St. Gerien, San Gorien u. s. w.

der Einwohner verringerten fie fich immer mehr. Auf Grund einer
Bemerkung des Lagerbuchs erwirkte aber Bürgermeifter Schultheiß beim
Hofgericht zu Freiburg Mitte der dreißiger Jahre eine Entfcheidung zu
Gunften der Gemeinde, welche das Oberhofgericht zu Mannheim, an
den der Fiskus refurriert hatte, beftätigte. Die Bürger follten hiernach
das nötige Brennholz aus dem Staatswald erhalten; die Frage war
jedoch, wie groß das Bedürfnis des einzelnen fei. Da man hierüber
wiederum fich nicht einigen konnte, fo fchlug der Fiskus vor, die Laft
durch Überlaffung von 866 Morgen Wald an die Gemeinde unter Vorbehalt des Bauholzes abzulöfen. Die Angelegenheit blieb jedoch in der
Schwebe bis Frühjahr 1849, wo die Gemeinde 1050 Morgen im Rehlinwald ohne jeden Vorbehalt als Ablöfung des Bürgerholzrechts erhielt. So
ift St. Georgen zu feinem Gemeindewald gekommen.

Um nunmehr noch der Erwähnung werte Einzelheiten anzuführen,
fo findet fich Ende der zwanziger Jahre der erfte praktifche Arzt
in St. Georgen, Hölzlin. Nach ihm kamen die Ärzte Kamm, Dürr,
Willibald, Fifcher, Ummenhofer, Rebftein, Keppner, Jägerfchmidt,
Haßmann, Böglin, Lahief, Haas, Gnam, Tholus, feit 1886 Hermann Stehle.

Die erften Ärzte führten eine Handapotheke, bis Ende der dreißiger
Jahre Apotheker Enslin von Hornberg hier eine Filialapotheke errichtete.
Eine felbftändige Apotheke wurde Mitte der vierziger Jahre durch Apotheker
Lichtenauer eingerichtet. Seine Nachfolger wahren Würslin, Stephan und
Statsmann. Seit 1890 Auguft Brunner, welcher mit der Apotheke eine
bakteriologifch-chemifche Anftalt verband, die vielleicht die erfte derart auf
dem Schwarzwald ift und von den Ärzten der näheren und weiteren
Umgebung in Anfpruch genommen wird.

Durch den damaligen Pfarrer Oehler ift im Jahr 1876 ein Frauenverein gegründet worden, welcher insbesondere die Unterftützung armer
Kranken und Wöchnerinnen fich zur Aufgabe gemacht hat und feit Ende
1885 durch eine Zuwendung der Frau Lenz-Heymann in Bern in die
Lage gefetzt ift, eine Krankenpflegerin zu unterhalten.

Auch an anderen Vereinen fehlt es nicht. Die früheren Soldaten
haben fich zu einem Militärverein gefammelt; die turnerifchen Beftrebungen
finden in einem Turnverein Pflege; ferner find ein Lefe-, ein Gefang-,
ein Mufikverein vorhanden. Von den Gewerbe- und Arbeitervereinen
war fchon früher die Rede. Der Schwarzwaldverein hat in St. Georgen
eine Sektion; auch befteht ein Verfchönerungsverein.

An der Spitze der politifchen Gemeinden ftanden
in St. Georgen: 1804 Vogt Johann Georg Pfaff. 1807 Chriftoph
Haas. 1811 J. G. Pfaff. 1814 Johann Gottfried Schlegel. 1818 Schmied
Johannes Wößner. 1820 Clemens Möhrle. 1829 Bürgermeifter Gott=
lieb Schultheiß, Kaufmann. 1838 Schildmaler Johann Georg Winter=
mantel. 1844 Kaufmann Jofeph Weißer. 1850 J. G. Chriftian Weiß,
Verwefer. 1852 Uhrmacher Johann Georg Braun. 1866 Kaufmann
Chriftian Mayer. 1871 bis 1891 wiederum Johann Georg Braun
(der auch drei Jahrzehnte Mitglied des Kirchengemeinderates und der
Diöcefanfynode und längere Zeit Diöcefanausfchußmitglied gewefen ift,
† 14. März 1892). Seit 1891 Weinhändler Jakob Wintermantel.

In Langenfchiltach: Vogt Simon Zuckfchwerdt. 1805 Chriftoph
Zuckfchwerdt im Föhrenbächle. 1832 Bürgermeifter Georg Lehmann
in der Vogtei. 1837 Matthias Weißer im Kaltenbronn. 1847 Gott=
lieb Müller im Föhrenbächle. 1861 Johann Weißer, Lochbauer. 1882
Andreas Brüftle. 1889 Zuckerbauer Johann Georg Fleig und feit
1894 Johannes Epting im Bohenlohr.

In Brigach find uns als Ortsvorftände bekannt geworden: Gott=
lieb Heinzmann bis 1869 und feit diefer Zeit Andreas Obergfell.

In Oberkirnach: Johann Lauble bis 1838. Von da an Johannes
Ettwein. 1844 Gottlieb Weißer. 1854 Matthias Lauble (jetzt Rat=
fchreiber und Accifor). 1863 Jakob Weißer. Seit Oktober 1867 Matthias
Bäuerle, Kreuzwirt.

In Peterzell: 1835 Chriftian Martin. 1853 Gottlieb Rofen=
felder. 1861 Johann Aberle. 1871 Alexander Steibinger. 1883 Chriftian
Martin, der Sohn des erftgenannten.

10. Kapitel.

Rückblick und Ausfchau.

In einer kampfdurchtoften Zeit ift einft das Klofter St. Georgen
gegründet worden, das fpäter „des heiligen römifchen Reiches Gottes=
haus" fich nannte. Das römifche Reich aber war zerriffen und macht=
los, und ob es auch die Abtei „in feinen befonderen Schutz" genommen
hat, zu fchützen vermochte es diefelbe nicht, und fchließlich fank fie in
Schutt und Trümmer, um nie wieder aus denfelben zu erftehen.

Aus den wenigen Häusern aber, welche vor dem Thor des Klosters errichtet worden waren, ist ein Ort entstanden, der auch aus den Verheerungen der Kriege sich immer wieder erhoben und durch alle Stürme, die über ihn weggingen, sich erhalten hat und zu einem Gemeinwesen erwachsen ist, das unter dem Schirme und im Frieden des neuen Deutschen Reiches durch die Strebsamkeit seiner Bürger einen ehrenvollen Platz unter den Industrieorten des Schwarzwaldes sich errungen hat.

Wo einst im Kreuzgang des Klosters weltvergessen der Mönch wandelte, da tummelt sich heute die Jugend an Barren und Reck. Wo die Klostermauern sich schützend um das Gotteshaus zogen, da stehen Werkstätten und es sausen die Räder der Maschinen. Und wo brunten am Weiher in einsamer Stille der Fischer die Reusen stellte und das Netz warf, da braust heute das Dampfroß durch das Thal. „Das Alte stürzt, es ändert sich die Zeit und neues Leben blüht aus den Ruinen." Mögen aber St. Georgens Bürger es nie vergessen, daß nur Einigkeit stark macht und daß durch redliches Streben, treuen Bürgersinn, uneigennützige Hingabe an das Ganze und durch neidloses Schaffen des Einzelnen ein Gemeinwesen erhalten wird.

Es ist eine noch nicht erwiesene Vermutung, daß der Stifter Hezilo ein Anverwandter des Zähringer Geschlechts war; aber sicher ist, daß einst ein Zähringer die Weihe über das neugegründete Kloster gesprochen hat und daß die Herzoge von Zähringen lange Zeit dessen Schirmvögte gewesen sind. Heute steht St. Georgen wiederum unter dem Schutze eines Herrscherhauses aus dem Zähringergeschlecht, dessen jetziges Haupt dem Orte manchen Beweis seiner landesväterlichen Fürsorge gegeben hat.

„Die Treue steht zuerst, zuletzt
Im Himmel und auf Erden."

Möge unser Fürstenhaus allezeit die Gewißheit haben dürfen, daß auf unserer Schwarzwaldhöhe Männer und Frauen wohnen, die nach deutscher Art ihm unentwegt die Treue halten!

Seit vielen Jahrhunderten sind die Filialgemeinden mit St. Georgen kirchlich verbunden. Es ist ein liebliches Bild, wenn am Sonntag von allen Höhen her und aus allen Thälern die Bewohner hinaufziehen zum Gotteshaus auf dem Berge, um sich in gemeinsamer Erbauung Trost zu holen wider die Trübsale der Erde, Kraft für die Kämpfe des Lebens und Licht der Ewigkeit in das Dunkel der Zeit. Wir schließen mit

dem Wunſche, daß die Liebe zu Gottes Wort und Haus in allen Ge=
meinden fortlebe, daß von dem gemeinſamen Gotteshaus allezeit ein
reicher Segen auf das ganze Kirchſpiel ausgehe und daß die jüngſte
Walbſtabt nicht nur nach ihrer natürlichen Lage, ſondern auch in einem
höheren Sinne (Matth. 5, 14) ſei und bleibe

die Stadt auf dem Berge!

Anhang.

Anmerkungen.

I.

[1] Seite 1. »monticulum, arborum densitate consitum et horrore sylvatico squalidum, ubi nondum fuerat vel unum domicilium.« Not. fund. 13.

Die **notitia fundationis** ist der älteste Bericht über das Kloster St. Georgen. Sie enthält die Geschichte der Gründung und die ersten Begabungen, und umfaßt die Zeit von 1083—1155. Der vielleicht von mehr als einer Hand herrührende, aber den beschriebenen Vorgängen wohl gleichzeitige Bericht ist nicht in der Urschrift und nicht lückenlos auf uns gekommen (es fehlen die Jahre 1095—1120). Die Pergamentschrift ließ Abt Georg Gaisser (1627—1655) abschreiben, er korrigierte die Abschrift selbst und versah sie mit Anmerkungen. Während das Original gegen Ende des vorigen Jahrhunderts verloren ging, ist die Gaisser'sche Kopie erhalten geblieben. Sie findet sich im Generallandesarchiv zu Karlsruhe und nach ihr wurde die Not. fund. zum erstenmal in der Zeitschrift für Geschichte des Oberrheins, Band 9 von Baber herausgegeben. Eine Erläuterung derselben gab Roth von Schreckenstein in Band 37. Wiederum ist sie von Holder-Egge in den *Monum. Germ.* SS. XV., 1005 ediert worden. Zu dieser Veröffentlichung sind die Bemerkungen in der Ztschr. Gesch. Oberrh., neue Folge, IV., 251 zu vergleichen. Ein Auszug über die Schenkungen an das Kloster findet sich im Fürstenbergischen Urkundenbuch, Band V, dessen Register die Ortsnamen nachweist. Ficker hat in seiner Urkundenlehre I., 91 und Waiß in der Verfassungsgeschichte Band V mehrfach die Not. verwendet.

Ebenfalls im Besitz des Generallandesarchivs sind die für die Klostergeschichte wichtigen **St. Georgener Jahrbücher,** welche vermutlich von Bernhard Lenz stammen, einem St. Georgen-Villingischen Konventualen, der 1789 gestorben ist. Die 16 Bände reichen von 1083—1787. Band I behandelt die Jahre 1083—1100, Band II—XIII je 50 weitere Jahre, Band XIV geht von 1701—1755, Band XV von 1756—1780 und Band XVI von 1781—1787.

Gleichfalls im Generallandesarchiv befinden sich die **St. Georgener
Copeybücher.** Von den 22 Bänden gehören Band X, XI, XIV, XV,
XX und XXI der ausschließlich villingischen Zeit an. Band I—VI
reichen von 1300—1504. Band VII und VIII sind Copeybücher der
villingischen Schaffnei und beziehen sich auf die Orte Kürnach, Peterzell,
Langenschiltach, Mönchweiler, Neuhausen, Obereschach, Martinsweiler, Weiler,
Burgberg, Stockburg, Schramberg, Tennenbronn, Wilbenstein, Hausen bei
Rottweil, Villingen, Beckhofen, Kappel, Schabenhausen, Weilersbach,
Grüningen, Emmingen, Schwenningen, Rietheim, Dürrheim, Kirchdorf,
Klengen, Oesingen, Thunningen, Unterbalbingen, Überauchen, Gunningen.
Den IX. Band bildet das Copeybuch des Abts Georg II. vom Jahr 1644
über die Zeit von 1095—1642. Band XII enthält Urfehden 1430—1528
und Privilegien 1095—1529. Der XIII. Band (1163—1632) giebt
Nachrichten über die Kirchen St. Lorenz in St. Georgen, St. Wendel in
Oberkirnach, St. Anton in Mönchweiler, die Kirchen zu Schwenningen und
Gunningen. Band XVI verzeichnet Verhandlungen mit Württemberg unter
Abt Nikobemus 1566—1585, von Klosteramtmann Hieronymus Bolb jr.,
und die übrigen Bände handeln von Furtwangen und Triberg; Leibringen,
Jsingen, Rothenzimmern, Dürrwangen, Dintenhofen, Wahlwies, Engen.
      Die ebenfalls dem Generallandesarchiv einverleibte **series abbatum**
monasterii S. Georgii in hercinia sylva führt sämtliche Äbte von
1086—1778 resp. 1810 auf.
      Auf Grund derselben im St. Georgischen Archive damals vorhandenen
Manuskripte, welche das Material für die Jahrbücher boten, haben die
Villinger Konventualen im Jahr 1786 eine zusammenhängende Kloster=
geschichte verfaßt. Diese in den Besitz des Klosters St. Paul in Kärnthen
übergegangene **Geschichte des Klosters St. Georgen** bildet einen starken,
handschriftlichen Foliobans; derselbe behandelt nur die Jahre 1083—1307,
bietet aber zugleich in der Anlage eine Abschrift der wichtigeren Urkunden
aus dieser Zeit.
      ² Seite 2.   Die Lage von Walba hat Baber in der Ztschr. G.
Oberrh., 3, 213 und 9, 194 zuerst und überzeugend nachgewiesen.
      ³ Seite 2.   Die Zimmerische Chronik (eb. Barack, 2. Aufl.), I.,
65 nennt den Hesso und Athila (oder Etzel) „Gebrüder, ihres Geschlechts
und Herkommens Freiherren von Degernow, welches Schloß und Herrschaft
unfern von der Stadt Biberach gelegen“.
      Brüder waren die beiden Stifter jedenfalls nicht. Hezelo war Be=
sitzer von Degernau und Jngolbingen. Die Vermutung, daß Hesso ein
Usenberger war, gründet sich darauf, daß derselbe in Kems, Blansingen,
Enbingen und Eichstetten begütert war (Neugart, episc. const. I., 429).
Ein Hesso von Usenberg hat 1052 eine Kirche zu Eichstetten gebaut. Über
das Geschlecht der Usenberger vgl. Freiburger Diöcesanarchiv, 10., 73 ff.
und Heyck, Gesch. der Herzöge von Zähringen, 570 ff. Die not. fund.
nennt den Hesso einen homo curialis und capitaneus. Roth von Schrecken=
stein beutet die erstere Bezeichnung als „nach höfischer Sitte lebend, vor=

nehm" und letztere als Burgherr. Beide Stifter werden in der vita Theogeri »religiosi et nobiles viri« genannt und in Heinrichs V. Bestätigungsbrief (*Gerbert*, hist. Nigr. silv. III., 41) heißen sie illustres viri. Jedenfalls waren die beiden Stifter vornehme Herren, „Dynasten ersten Rangs". Der Vorfahr Hezelos Lanbold I. war 992 Schirmvogt des Klosters Reichenau geworden. Nach ihm war es sein Sohn Lanbold II. Nach einer Zwischenzeit, in welcher Graf Mangold die Abvolatie besaß, kam sie auf Lanbolds Sohn Ulrich. Der Sohn Ulrichs ist Hezelo.

[4] Seite 2. Walba war von Hezelo ursprünglich seiner Gemahlin Bertha als Morgengabe bestimmt worden und nach ihrem Tod dem Sohn Hermann zugefallen. Dieser wurde am gleichen Tag durch die Begabung mit Degernau und Jngolbingen entschädigt, die Hezilo von seinem jüngst verstorbenen Bruder Abalbert geerbt hatte.

[5] Seite 3. *Mon. Germ.* SS. XII., 209: vita Willehalmi abb. Hirsaugiensis. Paul Gisele, Die Hirschauer während des Jnvestiturstreits. Württ. Kirchengesch. (Calw und Stuttgart 1893) 108—127, Wagenmann in Herzogs Realencyclopädie V., 154. Die not. fund. nennt Wilhelm einen Abt, quem dominus deus plebi suae exemplum verae religionis praeposuerat, operariumque ferventissimum in vineam suam conduxerat, qui in hac nostra Aegypto alter profecto fuit Joseph vel Moyses.

„Die Hirschauer trugen ein wallendes Obergewand mit weiten Ärmeln, den Froccus, darunter das Scapulare, das die Mönche früher beim Feldbau getragen, im Winter unter dem Froccus einen Schafpelz. Unmittelbar auf dem Leib saß das wollene Hemd, das ein Lederriemen an den Hüften zusammenhielt, an dem Riemen hing das Messer zum Essen in einer Scheide und in einer andern Nadel und Faden; unter dem Hemd die Hosen, an die sich Strümpfe und Schuhe anschlossen. Das Haupt bedeckte die Kapuze aus Schaf- oder Katzenpelz." Das äußere Verhalten bei Tag und Nacht, im Kloster, in der Kirche und auf Reisen war durch peinliche Vorschriften geregelt. Der Verkehr mit der Außenwelt war sehr beschränkt; aber ankommenden Gästen gegenüber wurde Gastfreundschaft geübt. Der Abt war der Leiter des Klosters; ihm hatten die Mönche unbedingten Gehorsam zu leisten und die größte Ehrerbietung zu erweisen. Sein Stellvertreter war der Prior. Während die Mönche sich ganz den geistlichen Übungen zu widmen hatten, wurden die weltlichen Arbeiten von Laienbrüdern besorgt. Diese trugen Bärte und hießen darum barbati, Bärtlinge. Acker- und Gartenbau, Küchendienst, Viehhut und dergleichen Arbeiten waren ihnen übertragen, und es fanden sich unter ihnen in der Hirschauer Blütezeit vornehme Herren, einstige Grafen und Markgrafen. (S. auch Freiburger Diöcesanarchiv, 10., 154 ff.)

[6] Seite 3. »cum autem Waldam ipse veniens locum viseret minusque aptum monasticae vitae certius disceret, asseruit alibi rem fieri debere et nisi id ipsi annuerent, non ausurum se ibidem intromittere«. Not. fund. 10. Roth v. Schreckenstein (Ztschr. Gesch.

Oberrh., 37, 362) vermutet dagegen bei Wilhelm höhere, kirchenpolitische Interessen, und nimmt an, daß dieser das Kloster im Konstanzer Sprengel errichtet haben wollte, dessen kaiserlich gesinnter Bischof bald einem Gregorianer weichen würde.

[7] Seite 3. »in pagum (Gau) nomine Bara, in comitatu Aseheim, in quendam monticulum nigrae sylvae, qui locus propter situm terrae dici potest et est ipse vertex Alemanniae. Quod. praedium ab oriente terminatur proprietate S. Mariae, ab occidente vero fontibus Brichenae, a meridie autem longi montis crepidine et a septentrione protenditur usque ad ipsas proprietates transsylvanorum.« not. fund. 11. Die Grafschaft Asen bildete den südwestlichen Teil der Bertholdsbaar. Scheitel Alemanniens mag der Grünbungsort genannt werden, sofern der Roßberg zu dem Gebirgsrücken gehört, welcher zwischen Rhein und Donau die Wasserscheide bildet. Die Ostgrenze bildet nicht, wie gewöhnlich angenommen wird, Mariazell, sondern Peterzell als Reichenauer Gebiet. Südlich zieht sich der Waldbrücken vom Kesselberg zum „Langenmoos" hin, und die transsylvani sind die Ennewälder oder Kinzigthäler.

[8] Seite 4. »iam pauperes Christi«. not. fund. 13.

[9] Seite 4. not. fund. 11: qui omnes destruxerunt et dissipaverunt et plantaverunt factisque aliquot casis, ubi interim repausarent, statim ligneam condiderunt capellam et claustrum qualecunque ei adiacens, placuitque ipsis, eundem locum cognominare cellam S. Georgii, eo quod aliis sanctis ibi ipse praehaberetur.

[10] Seite 5. Series abbatum monasterii ad S. Georgium im Freib. Diöcesanarchiv XV. Schönstein, Kurze Geschichte des ehemaligen Benediktinerstifts St. Georgen (Anhang).

[11] Seite 5. Henking, Gebhard III., Bischof von Konstanz, S. 31. Heyd, Geschichte der Herzoge von Zähringen, S. 150.

[12] Seite 5. Vita Theogeri, abb. S. Georgii et episc. Metensis in *Mon. Germ.* SS. XII., 449. Einzelnes hieraus im Fürstenb. Urkundenb. V. Giesecke, a. a. O., S. 154 ff. (Brennecke, Leben und Wirken des h. Theoger. Inauguraldiss., Halle 1873, ist dem Verf. nicht zur Hand gekommen.)

[13] Seite 6. Nach Ottobeuren sandte er auf die Bitte des Schirmvogts Rupert von Ursin den St. Georgener Prior Rupert. In St. Ulrich wurde 1109 Egino Abt; er nahm einige Mönche aus St. Georgen dahin mit. Nach Abmont kam 1114 Pater Wolfolb und 1137 Prior Gottfried von St. Georgen.

[14] Seite 6. Aus der Bulle Urbans II.: »Quia igitur nobiles viri Hezilo et Hesso, in episcopatu Constantiensi in pago nomine Bara in comitatu Aseheim in Silva quam dicunt nigram, juxta flumen Briganam, in honore Sti Georgii martyris monasterium aedificaverunt et beato Petro apostolo id ipsum cum universis quae illuc obtulerant, delegaverunt: Nos, secundum eorum devotionem praefatum locum

sub Apostolicae sedis tutela specialiter confovendum suscepimus — —. Advocatum sibi constituendi quem voluerint, Abbas cum suis fratribus liberam habeant potestatem; et si is postmodum monasterio inutilis fuerit, remoto illo alium constituant. Obeunte te nunc eius loci Abbate vel Tuorum quolibet successorum nullus ibi qualibet surreptionis astutia vel violentia proponatur nisi quem fratres communi consensu vel fratrum pars consilii sanioris secundum Dei timorem et regulam b. Benedicti elegerint.« Dieſer Auszug iſt aus einer Kloſter-abſchrift. Nach Martini ſind die Bullen von Urban, Paſchal, Innocenz und Alexander bei Schöpflin, Alsatia dipl., I, 177, 185, 266 abgedruckt. Neugart, cod. dipl., II., 105 hat die Bulle Alexanders III. Dieſe zählt die Orte auf, in denen St. Georgen damals begütert war. Zu den päpſtlichen und kaiſerlichen Beſtätigungen iſt zu vergleichen: Grünblicher Bericht von dem uralten deß Heil. Röm. Reichs Gotteshauß St. Geörgen auff dem Schwartz-Wald. 1719.

¹⁵ Seite 7. Gerbert, hist. silv. n., III., 29, 150, 225. Der kaiſerliche Schußbrief des Jahres 1108 führt zunächſt den Inhalt der Bullen der Jahre 1095 und 1105 faſt wörtlich an und fährt dann fort: »His decretis propter gratiam Dei nos annuimus, has constitutiones comprobamus et confirmamus, insuper et nostras libenter, benigniter et misericorditer adjungimus et statuimus, ut si quispiam quod absit, unum mansum vel molendinum vel saltem unam vineam vel unum mancipium vel tale quid a supradicto monasterio injuste abstulerit, is nostra, nostrorum successorum potestate coactus tria auri talenta ad Imperatoris aerarium persolvat primitus ecclesiae reddito quod usurpaverat, sive curtem vel aliquam villam inde violentus abalienaverit, sive invasor ipsius cellae extiterit, sive hujus testamenti decreta traditionesque quocunque ingenio seu argumento legum secularium pervertere vel infringere attentaverit, is triginta auri libras ad Imperatoris persolvat cameram, reddito — — —«. Das Dekret Heinrichs vom Jahr 1112 bildet eine wortgetreue Wiederholung des früheren und fügt dann die Beſtätigung des Kloſters Luxheim hinzu. Die Echtheit des erſteren iſt darum bezweifelt worden.

¹⁶ Seite 7. Kloſter Amtenhauſen, das immer bei St. Georgen blieb, iſt im dreißigjährigen Krieg geplündert und zerſtört worden; es wurde hernach wieder aufgebaut. Im Jahr 1806 iſt es aufgehoben worden. Im Jahr 1386 wurde entſchieden, daß der Abt von St. Georgen, wenn er nach Amtenhauſen komme, »mit hailten, mit processyon, mit gesange, mit lüten« empfangen werde. Die Nonnen ſollten ihm in allen geiſtlichen Sachen gehorſam ſein; er darf ſie mit zeitlichen und ewigen Bußen ſtrafen. Der Konvent wählt die Meiſterin, der Abt hat das Recht der Beſtätigung. Fürſt. Urkundenb., II., 512. Das Fürſtenbergiſche Urkundenbuch enthält über Amtenhauſen viele Notizen, beſonders in Band V.

Kloſter St. Marx iſt von Dagobert von Auſtraſien 676 als cella S. Sigismundi gegründet. Im Jahr 1049 wurde es dem Evangeliſten

Markus von Leo IX. als Priorei gewidmet. 1100 brannte es nieder. Theoger erbaute das Kloster wieder im Jahr 1105; die Mittel zur Restauration gab Pfarrer Seemann von Gebweiler. Im Jahr 1300 wurde St. Marx von St. Georgischen Ordensbrüdern besetzt. Es stand von 1101 bis 1749 unter St. Georgen. Papst Lucius bestätigte den Besitz im Jahr 1183, 10. März. (*Neugart*, cod. dipl., II., 110.)

Kloster Luxheim, Luchisin, Lukhesheim, bei Gaisser auch Lucklisheim genannt. *Calmet*, hist. de Lorraine: »Lixin, près Sarbourg, qui dépendoit de l'abbaye de S. George«. Ursprünglich war es ein Schloß des Grafen Volmar, welcher es dem Abt Theoger zur Umwandlung in ein Kloster anbot. Die kaiserliche Bestätigung im Schutzbrief Heinrichs V. vom Jahr 1112 besagt: »huic monasterio Folmarus Metensis urbis praefectus et filius ejus Folmarus subdiderunt, delegaverunt quidquid in villis Luckesheim et Alba habuerunt«. Kaiser Friedrich I. bestätigte 1163 der Abtei den Besitz von Luxheim. (*Neugart*, l. c. II., 97. Ztschr. Gesch. Oberrh., XXX., 289.) Wegen der geringen Einkünfte wurde 1265 verordnet, daß künftig nur noch der Prior und 12 Mönche zu Luxheim verbleiben durften.

¹⁷ Seite 7. *Gerbert* de musica, II., 183. *Neugart*, ep. const., I., 518, auch II., 115 f.

¹⁸ Seite 8. Quod nisi feceris, te ab omni divino officio sequestramus. Die beiden Briefe Kunos an Theoger siehe *Neugart*, cod. dipl., II., 44 ff.

¹⁹ Seite 9. Dieser Erbo diktierte das Leben seines Lehrers Theoger, und er selber hat in Abt Georg III. seinen Panegyriker gefunden.

²⁰ Seite 9. Kloster Friedenweiler. Das Gelände, auf welchem dasselbe errichtet wurde, tauschte Abt Werner gegen Güter in Deggingen und Hausen von Reichenau ein. (Fürst. Urkb., V., 85. Über die Stellung der Klöster Friedenweiler und St. Johann zu St. Georgen ebendort 407.) Am 31. Oktober 1452 brannte Friedenweiler ganz nieder; teilweise zerstört wurde es wiederum durch einen Brand am 30. März 1499. Im Jahr 1519 bittet der Abt den Grafen Friedrich zu Fürstenberg um Abhilfe der Nachlässigkeit in der Befolgung der Statuten gemäß der Regel des heil. Benedikt. Auch im nächsten Jahr macht das Kloster durch „Ungehorsam, Haß und Neid" dem Abt Nikodemus von St. Georgen zu schaffen (Mitteilungen aus dem f. f. Archiv, I., 111, 123, 150. Cf. auch ibid., 88, 290, 233).

Kloster St. Johann, St. Jean des choux. Graf Peter von Lützelburg bestimmte 1126 das praedium Megenhemswilere für ein Kloster, zu dessen Einrichtung er den Abt Werner von St. Georgen berief. Das Kloster blieb unter der Aufsicht der Äbte von St. Georgen bis Anfang des 18. Jahrhunderts, wo diese ihre Befugnisse den Prälaten von Ebersmünster übertrugen, nachdem das Elsaß an Frankreich gekommen war.

Kloster Urspringen. Die Brüder Rüdiger, Adalbert und Walter von Schelklingen übergaben 1127 zu Ehingen dem Kloster St. Georgen

eine Kirche zu St. Ulrich samt den angrenzenden Gütern und den Zehnt-
gefällen. Werner hat das Kloster erbaut, das zum erstenmal 1178 in
der Bulle Alexanders vorkommt.

Kloster Krauchthal oder Krafthal. Graf Peter von Lützelburg,
seine Gemahlin Jtha und ihr Sohn Reginald haben das Frauenkloster zu
St. Gangolf im Orbechthal oder Kroufthal, dessen Ordnung zerfallen war,
dem Abt Werner zur Restitution übergeben und ihm das Recht bewilligt,
Äbtissinnen zu setzen. Nach der Reformation ging dieses Kloster für
St. Georgen verloren. Abt Georg II. hat 1629 vergeblich versucht, es
wieder zu erlangen. Die Bulle Jnnocenz' II. vom Jahr 1140 über die
Reformierung dieses Klosters bei *Neugart*, cod. dipl., II., 70.

Kloster Wibersdorf, das alte Wargawilla. Über dieses Kloster
sind keine St. Georgischen Urkunden vorhanden. Alexander III. bestätigte
die Zellen Luxheim, St. Johann, Rippoldsau, Friedenweiler, Amtenhausen,
Urspringen als Besitz des Klosters; nicht als eigentümlich, aber oboedientiae jure subjectae werden die Zellen in Wargawilla, Crouchdal und
Sti Marci erwähnt.

²¹ Seite 9. Waller, Chronik der Stadt und ehemaligen Herrschaft
Schramberg, S. 3 ff.

²² Seite 9. Das St. Pauler Manuskript enthält die Bemerkung,
daß im Kloster zwei Abtreihen vorhanden gewesen seien, von denen die
ungenaue ausgegeben wurde. Daher die Ungenauigkeit der bisher gedruckten
Abtreihen. Das kaiserliche Privileg des Jahres 1163, das im Original
im Generallandesarchiv sich findet und sowohl bei *Neugart*, cod. dipl.,
II, 97 als auch Zeitschr. Gesch. Oberrh., XXX., 289 abgedruckt ist, besagt: »ex petitione Sintrami abbatis monasterii S. Georgii«. Bei
Neugart findet sich denn auch die Note: »corrigendi ergo catalogi abbatum
S. Georgii hactenus editi, qui Gunthramum habent«. Auch die Jahrbücher, welche die Angaben der verschiedenen Manuskripte nebeneinander-
stellen, haben ad a. 1154 die Bemerkung: »obiit Fridericus, cui Sin-
trammus successit«. Als offenbar unrichtig abgeschrieben erscheint eine
andere Notiz der Jahrbücher ad a. 1152: „Dieteramus einer genannt ist
zu einem Abt erwählt worden, regiert 13".

²³ Seite 10. Kloster Rippoldsau. Die cella S. Nicolai in
predio Ripoldesowe. cf. *Wirtemb. Urkundenb.*, II., 198. Die acidulae
waren früher Eigentum des Priorats. St. Georgen wandte dem letzteren
die meisten Wein-, Frucht- und Gelbgefälle aus Endingen und Hecklingen
zu. Über die Geschichte dieses Klösterleins siehe Martini, Geschichte des
Klosters und der Pfarrei St. Georgen auf dem Schwarzwald, 1859,
S. 71 ff. Vergl. auch Mitteilungen aus dem f. f. Archiv, I., 163, 174,
620, 834 und besonders 724 über den Neuanlauf durch St. Georgen um
440 fl. im Jahr 1549.

²⁴ Seite 10. Die Jahrbücher bemerken unrichtig: „1191 ward nach
Manegolden jamerlichen Todt Theodoricus erwählt".

²⁵ Seite 10. Das Kloster wurde mehrmals durch Feuersbrunst heimgesucht. Die Jahreszahlen sind genau nicht festzustellen. Die Zimmerische
Chronik (I, 186) nennt die Jahre 1234, 1338, 1391, 1474. Davon ist
wohl nur die letzte Zahl richtig. Am wahrscheinlichsten ist als Jahreszahl
des ersten Brandes 1224. Die Jahrbücher geben zwar das Jahr 1222
an: „1221 ward Heinricus erwählt, unter dem verbrand das Gotteshauß
vom Hagel permissione Dei ad 1222. jahr". Und Martini (S. 109)
schließt aus dem Umstand, daß der päpstliche Legat, Bischof Konrad von
Porto, am 8. Januar 1225 den Abt ermächtigte, die Einkünfte aller er-
ledigten Patronatskirchen drei Jahre lang zum Wiederaufbau der Kirche
zu verwenden (Neugart, cod. dipl., II., 152 und Zeitschr. Gesch. Oberrh.,
IX., 236), merkwürdigerweise, daß der Brand ohne Zweifel 1222 sich habe
ereignen müssen. Das St. Pauler Manustript giebt das vierte Jahr des
Abts Heinrich als das Unglücksjahr an, d. h. 1224. Das Chronicon
S. Georgii (apud Ussermann prodr. Germ., II, 446) besagt ad a. 1224:
Permissione Dei monasterium nostrum universaliter exuritur in XI
millium virginum et martyrum (21. Oktober). So auch Neugart
(episc. const., I., 2, 425) anno 1224 d. 21. Octobris monasterium
S. Georgii in Nigra Silva conflagravit. (Über die Einweihung der
restaurierten Gebäude siehe l. c. 444.) Auch Schönstein a. a. O. hat
das Jahr 1224.

²⁶ Seite 10. Wirt. Urkundenb., IV., 454.

²⁷ Seite 11. Jahrbücher: „Item, nach dem ward Dietmarus erwählt, ein bapferer Mann — — bweil macht der Conventualherr eine
Bräbig und Conspiration inter fratres, daß der frum Abt von einem
Conventual ohnverschenlich töbemlich wund geschlagen — —". Zum Wern-
wag'schen Fall siehe Neugart, ep. c. II., 2, 453.

²⁸ Seite 11. Die Jahrbücher und die Series abbatum nennen ihn
Eberhard. Das Manustript zu St. Paul führt eine Urkunde aus dem
Jahr 1283 an, welche den Verfassern noch zur Hand war und die deut-
liche Siegelumschrift aufwies: »S. Bertholdi, abbatis Sti Georgii«. In
einem alten Manustript sei er Bertholb von Rheinfelden genannt. cf.
Annales S. Georgii ad a. 1280: »obiit Diethmarus abbas, cui successit
B.« Mon. Germ. SS. XVII., 295. Auch die Jahrbücher haben den
Eintrag: »obiit Dietmarus abbas S. Georgii, cui successit Bertholdus I.«
Am 8. August 1281 hat Bertholb von Fallenstein dem Kloster eine Schenkung
gemacht: »acta sunt haec apud S. Georgium in praesentia B(ertholdi)
abbatis — —«. Neugart, episc. const., I, 2, 341. Eine Urkunde
vom 6. November 1282, die von einer Stiftung des Priesters Berthold
von Hausen zur Unterhaltung des ewigen Lichtes handelt, beginnt: »Nos
Bertholdus divina permissione abbas totusque conventus monasterii
S. Georgii in nigra Silva«. Die Schenkung ist begründet: cum ob
diversas distractiones reddituum custodine nostri monasterii lampades
singulae et universae nostrae ecclesiae non debito et antiquo more
incenderentur. Fürstenb. Urkundenb., V., 223.

²⁹ Seite 11. Abgedruckt bei *Gerbert*, hist. silv. nigr., III., 201.

³⁰ Seite 11. Die Urkunde, welche in der uns vorliegenden Kopie den Titel trägt: Confoederatio monasterii Zwifaltensis et S. Georgii, qua se invicem in veros fratres recipiunt et omnium bonorum operum ac vocis etiam capitularis participes reddunt, hat das Datum des 11. Juni 1283. Der Zwiefaltener Abt Ulrich ist in derselben genannt, nicht aber der Name des Abtes von St. Georgen. Schönstein giebt Juni 1285 als Datum des Vertrages an; danach hätte Abt Walter ihn geschlossen.

³¹ Seite 12. Dieser Abt ist nicht erst 1290, sondern schon 1289 im Besitz der Prälatur. Eine Urkunde vom 19. Oktober 1289 hatte unter andern Siegeln auch dasjenige mit der Inschrift: S. BERTOLDI . . . BATIS . SCI . GEORGII. Cf. *Neugart*, episc. const., I, 2, 661 f.

³² Seite 12. Die Jahrbücher bemerken zu dem Jahr 1310: „war das Gotteshauß auch verbrunnen." Und ad a. 1337: „Dieser Abt Heinrich hat das verbronnene Gottshauß wiederum aus der Eschen erhebt". An einer anderen Stelle heißt es, der Brand habe 1338 unter Heinrich selbst stattgefunden, und an einer weiteren: 1328 sei das Kloster auch wieder verbrannt (unter Ulrich I.). Bei Schönstein ist nur das Unglück unter Ulrich von Trochtelfingen erwähnt. Es wird schon hier gelten, was später ad a. 1369 in den Jahrbüchern gesagt ist: „von da an wird in dem 2. älteren msc. kein Ordnung mehr observiert und öfter in der Jarzahl geirret".

³³ Seite 13. Die Jahrbücher ad a. 1347: „Ulrich der Trochtel= finger genannt, welcher im Argwohn waß, daß er Abt Heinrich erwürgt haben sollt, derselbige wurde nach 10 Tagen Prälat zu St. Georgen. Er war ein heidischer/neidischer und zänkischer Abt, daß ihm Niemands günstig noch hold waß. Das Kloster verbrann auch zweymal in seiner Prälatur. Deß wurd der Bischof zu Konstanz, Heinrich genannt, verursacht, ein Inquisition über ihn zu halten, also wurd Er mit Urtel als ein unnützer Herr des Klosters und Prälaten entsetzt. Da appelliert er für den Papst gen Rom. underdeß ward ein Conventherr aus der Reichenau Graf Johann von Sulz zu einem Prälaten von St. Geörgen verordnet. Hernach ward genannter Abt Ulrich von dem Papst wider in die Prälatey gesetzt und Herr Johann der Conventual von der Reichenau wider in sein Kloster gesandt, als er der Abtey 5 Jahr lang zu St. Jergen ward vorgestanden. Aber es kostet das Kloster groß Gelt zu Rom, bis solcher Spann erörtert ward; aber Abt Ulrich hat füraus sein Wohnung zu Rottweil 4 Jahr gehabt und starb daselb anno 1369. Daß ganz Land hat sich über seinen Tod gefreut."

³⁴ Seite 13. Die Urkunde darüber zeigt uns den damaligen Stand des Konvents. Es sind nämlich vom äußeren Konvent die Unterschriften der Prioren von St. Marr, Amtenhausen, Friedenweiler, Rippoldsau, Urspringen, St. Johann, Widersdorf und Krauchthal sowie der Leutpriester

von Tennenbronn unterzeichnet; den inneren bildeten außer dem Abt und dem Prior noch 10 Konventualen.

35 Seite 13. »vir opere et sermone potens.«

II.

1 Seite 15. **Martini** a. a. O., S. 107 ff.

2 Seite 16. Not. fund. 40 f.

3 Seite 16. **Martini** erzählt Seite 114, daß in einer Ecke des Raumes, welcher früher als Sakristei diente, in einem kaminartigen Behälter ein aufrechtstehendes Skelett bei Aufräumung des Schutts gefunden worden sei. Nach **Kraus** (Die Kunstdenkmäler des Kreises Villingen S. 86): „wenn nicht eine Reliquie, so ohne Zweifel die Überreste eines Inclusus".

4 Seite 16. *Neugart*, episc. const., I., 2, 366: »Hugo, Krafto et Conradus de Burkberg, verisimiliter fratres, qui suis impensis in eadem abbatia oratorium aedificari atque memoriae OO. Sanctorum dicari curaverunt, assignatis sacellano fructibus annuis, ut singulis hebdomadibus rem divinam ibidem peragat«.

5 Seite 17. **Zimmerische Chronik**, I., 66 (2. Aufl.).

6 Seite 17. Am 8. August 1281. Bertholdus de Falkenstein miles monasterio S. Georgii in Nigra Silva praedium suum in Nideriscahe eo pacto tradidit, ut singulis hebdomadis ter in sacello b. Virginis prope sepulcrum majorum suorum res divina perageretur. *Neugart*, l. c., I., 2, 341. Daß in St. Georgen auch das Begräbnis der Herren von Falkenstein gewesen ist: cf. l. c. 314. *Gerbert*, hist. s. n., I., 209; II., 59.

7 Seite 18. Damals als die freiherren von Zimbern inen, auch iren nachkommen, die begrepnus zu St. Geörgen erwellt, do haben sie ain aigne capellen in zimlicher grösse hinder das münster gebawen und die unser lieben Frawen ehr weihen lassen. Mitten im cor haben sie ain gehawen sarch ufgericht, darauf ain wappen steet. Als aber über etlich hundert jar hernach das ganz closter verbronnen, darunder auch dise capellen, do sein etlich glocken, die ob disem sarch in ain thurm gehangt, herab uf den sarch gefallen, den zerschlagen, und dieweil eben selbiger zeit das haus zimber in höchstem verderben, die herrn verjägt, die landschaft verbrent und lauter armut do war, do belude sich der begrept niemands an, der sie renovirt. Zu dem so fing bald darnach der herrschaft begreptnus zu Messkürch an, das man der alten nit sonders achtung gab. So namen sich die ept allda der sach auch nit weiter an, dann das sie die capellen wider zuristen liessen; wollten die freiherr von Zimber iren begreptnus nit weiter achtung geben, so liesens sie underwegen. Die münch theten eben wie der pfarrer von Kallenberg. Jedoch, wiewohl kain sarch weiter gemacht, so hat man doch die zerbrochne und zerfallne fragmenta des wappenstains zusamen wider verfüegt, so gut es gehen künden, und het die in boden gelegt, wie das der augenschein noch mit sich bringt. Zimmerische Chronik, I., 186 f.

⁸ Seite 18. Zimmerische Chronik, I., 137. Ferner I., 70: man hat vor wenig iarn, ehe und zuvor das closter zu Sant Jörgen zerstört und in die evangelische verenderung gerathen, under denen zimbrischen heurathen, so in der zimbrischen capellen daselbst, namlich in den alten verzeichnussen und dann den geschmelzten fenstern ain unerkannten heurath gefunden, ist ain wappen, darin ain gelber adler in blawem veldt, mit gleichem helmclainat.

⁹ Seite 18. In einem kleineren handschriftlichen Band der Kloster= bibliothek von St. Paul. Dieser Band enthält Auszüge aus der not. fund. und einige sonstige Kopien. Das einzig Wertvolle dieses Bandes ist das Bild.

¹⁰ Seite 19. Fons Danubii primus et naturalis oder die Ur=Quelle des weltberühmten Donau=Stromes, welcher in dem Herzogthum Württem= berg und nicht zu Don=Eschingen, wie bishero darvor gehalten worden, zu sein behauptet wird u. s. w. von M. Friedrich Wilh. Breuninger, eines designierten Prälaten des Klosters St. Georgen auff dem Schwarzwald verordneten vicario perpetuo baselbsten. Tübingen 1819.

¹¹ Seite 20. Grünblicher Bericht, S. 14 f.

¹² Seite 20. Fürstenb. Urkundenb., II., 139 und VII., 277.

¹³ Seite 21. Breuninger a. a. O. S. 376.

¹⁴ Seite 23. Heyd, Herzoge von Zähringen, S. 403 f., 423 f.

¹⁵ Seite 23. Neugart, cod. dipl., II., 335.

¹⁶ Seite 23. „Das Kirchlein zu St. Wendel in der Kürnach a. 1585 von dem Württ. Amtmann Müller spolirt." (F. f. Archiv.)

¹⁷ Seite 24. Fürstenb. Urkundenb., III., 75.

¹⁸ Seite 24. Ebendaselbst III., 185. — Jörg Truchseß: Mitteil. aus dem f. f. Archiv, I., 8.

¹⁹ Seite 24. Ebendort, IV., 139.

²⁰ Seite 26. Breuninger a. a. O., S. 377.

²¹ Seite 26. Kraus, Die Kunstdenkmäler des Kreises Dillingen. S. 70 ff.

²² Seite 27. Heyd a. a. O., S. 229, 236, 264. Zeitschr. Gesch. Oberrh. 37, 367 f. Not. fund. 47 f.

²³ Seite 29. Aus der Bulle Alexanders III. vom 26. März 1179: »In quibus haec propriis duximus exprimenda vocabulis, quae jure

proprietatis idem coenobium obtinet. Cellam in Metensi episcopatu
Lukesheim. Cellam sancti Johannis in praedio Megenhelmeswilre.
Cellam sancti Nicholai in praedio Ripoldesowe. Cellam in praedio
Fridenwilre, quod legitima commutatione cambitum est ab ecclesia
Augiensi. Cellam Amitenhuisen. Cellam Urspringen. Villam Steten
cum ecclesia. Tertiam partem villae Fuezen cum ecclesia. Praedium
Kembiz cum ecclesia et Blansingen et Nuifare. Villam Walde cum
ecclesia Egge. Degernowe. Ingeltingen cum ecclesia. Estetten cum
ecclesia. Praedium in Oewingen. Lideringen cum ecclesia et medietate decimarum. Dagewingen. Magerbein. Baldrameshowe. Dindin-
houe. Scophelo cum ecclesia. Husen. Bickelspere. Turnewane cum
ecclesia et medietate decimarum. Cugenwalt. Betechowe. Swen-
ningen cum ecclesia et medietate decimarum. Mulehusen cum ecclesia. Sitingen. Gonningen. Grüningen. Aseheim. Cneigen. Uberah.
Wilaresbach. Tuningen. Walewis. Scanebrunne. Furtwangen cum
ecclesia. Tannebrunne cum ecclesia. Engen. Slata. Einbach cum
ecclesia Husen. Achare cum ecclesia. Mulnheim cum ecclesia.
Bubele, Trudenheim. Alteim. Scoppeim. Scaftolsheim. Eggebolds-
heim. Buotenheim. Belhan. Endingen. Ecclesiam Sellebach. Fokken-
husen cum ecclesia.« Endlich sind erwähnt als iure oboedientiae vobis
et coenobio vestro subjectae die cellae in Wargnwilla, in Crouchdal,
S. Marci.

24 Seite 29. Über die Kirche zu Schopfloch im Filsgau und ihre
Versehung cf. *Neugart,* cod. dipl., II., p. 75; über die zu Gunningen
ibid. 99.

25 Seite 30. Romulus Kreuzer, Zeitgeschichte von Furtwangen,
S. 106.

26 Seite 30. Näheres bei Martini, S. 256 ff.

27 Seite 32. Mone in der Zeitschr. Gesch. Oberrh., 7., 129—171
über das Eherecht der Hörigen hat eine Anzahl von Beispielen aus den
St. Georgener Urkunden.

28 Seite 32. Nach einer im Staatsarchiv zu Stuttgart befindlichen
Abschrift aus dem 16. Jahrhundert abgedruckt in den Württ. Viertel-
jahrsheften für Landesgeschichte, XIII., Heft 1 und 2.

29 Seite 34. Mone, Quellensammlung, II., 466.

III.

[1] Seite 37. Hermann hielt in einem Kompetenzstreit, den Bischof Gebhard von Konstanz mit Abt Ulrich von Reichenau hatte, zum Bischof. Man hat darin den Grund der Ermordung Hermanns vermutet.

[2] Seite 37. Siehe Heyck a. a. O., im Anhang.

[3] Seite 37. Die Zähringer jener Zeit waren:

Berthold I., † 1078.

Hermann, † 1074, Markgraf von Baden, Stammvater des badischen Fürstenhauses.	Gebhard, † 1110, Bischof von Konstanz.	Berthold III., † 1111, Herzog.

Berthold III., † 1122. Konrad, † 1152.

Berthold IV., † 1186.

Berthold V., † 1218.

[4] Seite 37. Siehe Grünblicher Bericht von dem uralten beß Heiligen Römischen Reichs Gottshauß St. Geörgen auff dem Schwartz-Wald. Ordinis S. P. Benedicti. 1714. Seite 13. Ferner: Sammlung gegrünbeter Nachrichten von dem Hochfürstlich Württembergischen Kloster St. Georgen auf dem Schwarzwalb: deffen Fundation, Stifter, Privilegien, Kastenvogtey u. f. w.; zusammengetragen von M. Johann Georg Wüst, p. t. Pfarrer daselbsten anno 1754 (Manuskript).

Da Kaiser Friedrich II. in feinem Schutzbrief vom Jahr 1245 die Abvolatie von St. Georgen ausdrücklich für sich und seine Erben vorbehalten hat, so fiele die Übergabe derselben an Fallenstein in die letzten Jahre dieses Kaisers. Nachdem die Anhänger des Schirmvogts Kaiser Friedrich das Kloster gebrandschatzt hatten, mußte diefem angelegen fein, seinen Abvolaten in der Nähe zu haben. Die Fallensteiner wurden wohl in der Erinnerung an den Konventsbeschluß unter Abt Johannes erwählt und eine Übergehung derselben hätte ihre Rache hervorrufen mögen. Schon 30 Jahre später beschloß der Konvent, keinen Fallensteiner mehr aufzunehmen. — Die übrigen Besitzungen des Klosters hatten zum Teil verschiedene andere Vögte.

[5] Seite 37. Graf Ludwig von Württemberg kaufte am 10. September 1444 von Konrad von Fallenstein die Feste Unterfallenstein sowie einen Teil der St. Georgener Vogtei; im Jahr 1449 kaufte er von Jakob, Wilhelm und Hans von Fallenstein das obere Schloß samt ihrem Anteil an der Vogtei. Waller, Chronik von Schramberg, S. 3. Der Kaufbrief des Jahres 1444 ist vom Samstag vor Michaelis datiert und betrifft die untere Feste Fallenstein mit Zugehörde, die Dörfer Schwenningen

und Flößlingen halb u. s. w., den Teil Konrads von Falkenstein an der Vogtei über das Kloster, ausgenommen die Lehen vom heil. röm. Reich. Kaufpreis: „300 fl. Geld Leibgedings" (s. s. Archiv).

[6] Seite 37. Zimmerische Chronik, I., 403 f.

[7] Seite 38. Rober, Heinrich Hugs Villinger Chronik, in der Bibliothek des litterarischen Vereins in Stuttgart. CLXIV. S. 19.

[8] Seite 41. Rober a. a. O., S. 75. Mone, Quellensammlung, II., 85.

[9] Seite 41. *Gerbert*, hist. silv. nigr., II., 317: propalam fatentur, se non esse Evangelicos nec Evangelii causa confluxisse. Vierordt, Geschichte der evang. Kirche im Großherzogtum Baden. I., 196 ff.

[10] Seite 41. Erzherzog Ferdinand bezeichnete den „Hans Mullner" als „ainen rablsueter und aufwigler aller aufruern." Baumann, Akten zur Geschichte des deutschen Bauernkriegs in Oberschwaben, S. 86.

[11] Seite 42. Rober a. a. O., S. 119. Mone, II., 96.

[12] Seite 42. »nam aber dem apt nutt, man plundratt aber die husser uff dem berg.« Rober a. a. O. S. 134. Mone, II., 101.

[13] Seite 43. Rober a. a. O., S. 143 f. Mone, II., 103.

[14] Seite 44. Zimmerische Chronik, II., 573 ff.

[15] Seite 44. Bossert, Württemberg und Janssen, I., 7.

[16] Seite 45. Bossert a. a. O., S. 77.

[17] Seite 45. Bossert verweist auf S. 83 darauf, daß diese Abfindungssumme nicht unbillig war, indem damals mancher Lehrer an der Universität nicht mehr als 40 fl. Gehalt bezog (Roth, Urkunden, S. 234).

[18] Seite 45. Vierordt, I., 305. Rothenhäusler, Die Abteien und Stifte des Herzogtums Württemberg, S. 2. Martini, S. 125.

[19] Seite 46. Spreter ist mit Paul Speratus, der nicht von Rottweil sondern von Röteln bei Ellwangen stammt, nicht verwandt. Er war erst Pfarrer zu St. Stephan in Konstanz, etwa 1533 war er nach Geißlingen berufen worden. Seine an den Magistrat von Rottweil am 14. Juli 1527 gesandte Schrift hatte den Titel: „Christliche Instruktion und freundliche Ermahnung, das göttliche Wort anzunehmen." Näheres über ihn bei Vierordt a. a. O., I., 255.

[20] Seite 46. Bossert in der Württ. Kircheng., S. 339 nennt neben Hans Spreter den Arsacius Seehofer als zu jener Zeit nach St. Georgen geschickt. Aber Hochstetter in den Blättern für württ. Kirchengesch. 1894 Nr. 6 berichtet von Arsatius Schofer, der auch Seehofer sich schrieb, nur, daß er von 1834 Lehrer in Augsburg war, 1836 nach Stuttgart kam und Pfarrer in Leonberg, 1837 in Winnenden wurde. Er starb 1542.

[21] Seite 50. Spegele eröffnete (am 5. März 1813) die Landesuniversität Ellwangen mit einer Inauguraldissertation über das Thema: de studio biblico a catholicis nunquam penitus neglecto. — Auch

Gottfried Lumper, der Verfasser einer 13 bändigen Patrologie: historia
theologico-critica ist hier zu nennen.

³⁹ Seite 50. Wattenbach, Deutschlands Geschichtsquellen im Mittelalter, S. 126.

IV.

¹ Seite 53. Grünblicher Bericht, S. 22. — Mitheilungen
aus dem f. fürstenb. Archiv, I., 340.

² Seite 54. Schönstein, Kurze Geschichte, S. 13. — Den Abschied der Unterhandlungen vom 18. Oktober 1548 siehe Grünblicher
Bericht, S. 26.

³ Seite 54. Grünblicher Bericht, S. 28.

⁴ Seite 55. Württemb. Kirchengesch., S. 368.

⁵ Seite 57. Series abbatum, Freiburger Diöcesanarchiv, XV.,
241; Schönstein, Anhang.

⁶ Seite 57. Grünblicher Bericht, S. 36.

⁷ Seite 58. Vergl. Bierordt, Gesch. der evang. Kirche in Baden,
II., 91, Anm.

⁸ Seite 59. Für die Geschichte des Kirchspiels im breißigjährigen
Krieg sind uns wertvolle Aufzeichnungen erhalten, die zugleich zum wich-
tigsten gehören, was aus dem ganzen Schwarzwald aus jener Zeit über-
liefert ist. Der katholische Abt Georg Gaisser hat von 1621 an bis 1655
in lateinischer Sprache Aufzeichnungen in mit weißem Papier durchschossene
Kalender eingetragen. Auch auf seinen Reisen machte er regelmäßige
Notizen. Die Jahrgänge 1622 und 1631 sind verloren gegangen, die
Aufzeichnungen von 1624, 1632, 1633 u. f. w. sind mangelhaft erhalten.
Der fürstenbergische Kammerherr Freiherr von Pfaffenhofen fand die Kalender
bei einem Antiquar in der Schweiz und überließ den erstandenen Fund dem
Generallandesarchiv in Karlsruhe. Mone hat in der Quellensammlung
der badischen Landesgeschichte, Band II., Seite 161—523 das Meiste und
Wichtigste veröffentlicht.

Die Schriften des Vereins für Geschichte und Naturgeschichte der
Baar enthalten in Jahrgang 1880, III., S. 67—265 „Beiträge zur Ge-
schichte der Stadt Villingen während des breißigjährigen Krieges" von
Prof. Dr. Christian Rober, in welchen unter anderem das Tagebuch des
Theoger Gäßlin enthalten ist.

Auch bei Schleicher, Beitrag zur Geschichte der Stadt Villingen,
mit besonderer Beziehung auf die Wasserbelagerung im Jahre 1634, finden
sich einige von uns verwendete Notizen.

⁹ Seite 60. Mone, II., 187f.

[10] Seite 60. Grünblicher Bericht, S. 40ff.

[11] Seite 62. Die Handschrift enthält Büeringen, was auf Riebböhringen deuten könnte. Oberbalbingen und Biesingen aber sind bis 1861 von Öfingen aus pastoriert worden.

[12] Seite 64. Grünblicher Bericht, S. 49ff.

[13] Seite 65. Schleicher a. a. O., S. 24ff.

[14] Seite 66. Rober a. a. O., S. 101ff.

[15] Seite 66. Rober a. a. O., S. 256.

[16] Seite 67. Breuninger, S. 370.

[17] Seite 73. Grünblicher Bericht, S. 68f.

V.

[1] Seite 74. J. G. Wüst a. a. O., S. 116.

[2] Seite 78. Die Inschrift lautet:
Q. D. B. V.
Abbate Domino Samuele Gerlachio, ope et consilio Dom. Superintendentis M. Joh. Casp. Baldenhoferi, sub inspectione curatoris coenobii Dom. Georgi Henrici Schickardi, antistite ecclesiae M. Michaele Walzio, ruinosa modo turris haec funditus restaurata et ad coronidem perducta MD.CLXXX.

[3] Seite 81. Breuninger, S. 370f.

[4] Seite 81. Der Wortlaut ist: Religione florente, auspiciis D. D. Eberhardi III. D. W. aedes has exstruxit J. J. Enslinus Not. Publ. Curator hujus Coenobii. Anno aerae Dionys. MDCLXVI.
Quem te cunque aedes capient hae, prospera captent
Omnia, sed votis in vigila αὐτὸς ἔφα.

[5] Seite 84. Martens, Geschichte der innerhalb der gegenwärtigen Grenzen des Königreichs Württemberg vorgefallenen kriegerischen Ereignisse, S. 560.

[6] Seite 85. Breuninger, S. 375.

[7] Seite 86. Großherzoglich badisches Regierungsblatt. Jahrgang 1810, S. 873ff.

VI.

[1] Seite 96. Martini, S. 289.

[2] Seite 101. Ebendort, S. 233.

[3] Seite 101. „Ausführliche Beschreibung des rein kirchlich — und kirchlich politischen Zuſtandes der Großh. Bad. Diöces Hornberg nebſt den unterthänigſten Vorſchlägen zur Verbeſſerung desſelben. Entworfen von dem gegenwärtigen Dekan Philipp Wilhelm Ludwig im Frühjahr 1813". Ein im Archiv des evangeliſchen Oberkirchenrats in Karlsruhe befindliches Manuſkript von 417 Folioſeiten.

[4] Seite 107. Für die geſamte Induſtrie des Schwarzwaldes iſt zu vergleichen: Trenkle, Geſchichte der Schwarzwälder Induſtrie, 1874 (die Notizen über St. Georgen ſind bürftig). Die älteſte Schrift über die Uhreninduſtrie iſt: Franz Steyrer (Pater in St. Peter), Geſchichte der Schwarzwälder Uhrmacherkunſt, 1796. Dieſelbe iſt großenteils in R. Kreuzer's Geſchichte von Furtwangen, S. 152 ff., wiedergegeben. Ferner hat Jäk in Jahnenbergs Magazin für die Handlung, Handlungsgeſetzgebung und Finanzverwaltung Frankreichs und der Bundesſtaaten, Band I, S. 65 ff., Mitteilungen gemacht, von welchen ein Sonderabdruck erſchienen iſt unter dem Titel: Tryberg oder Verſuch einer Darſtellung der Induſtrie und des Verkehrs auf dem Schwarzwald, 1826.

Beilagen.

1. Beilage.
Die katholischen Äbte.

1. Heinrich I.	. . . . . .	1086—1087.
2. Konrad	. . . . . .	1087—1088.
3. Theoger	. . . . . .	1088—1118.
4. Werner I.	. . . . . .	1118—1134.
5. Friedrich	. . . . . .	1135—1138 u. 1141—1154.
6. Johannes I. von Falkenstein	.	1138—1141.
7. Sintram	. . . . . .	1154—1168.
8. Werner II.	. . . . . .	1168—1170.
9. Mangold	. . . . . .	1170—1188 und 1190.
10. Albert	. . . . . .	1188—1190.
11. Dietrich	. . . . . .	1191—1209.
12. Burkard I.	. . . . . .	1209—1220.
13. Heinrich II.	. . . . . .	1220—1259.
14. Dietmar	. . . . . .	1259—1280.
15. Berthold I.	. . . . . .	1280—1284.
16. Walter	. . . . . .	1284—1286.
17. Burkard II.	. . . . . .	1286—1289.
18. Berthold II.	. . . . . .	1289—1307.
19. Ulrich I., Herzog von Teck	.	1307—1334.
20. Heinrich III., Freiherr von Stein		1334—1347.
21. Ulrich II. von Trochtelfingen		1347—1359 u. 1364—1368.
22. Johannes II., Graf von Sulz		1359—1364.
23. Eberhard I., der Kanzler	. .	1368—1382.
24. Heinrich IV. Grüel	. . . .	1382—1391.
25. Johannes III. Kern	. . . .	1391—1427.
26. Silvester Billing	. . . .	1427—1434.
27. Heinrich V. Ungericht	. . .	1434—1457.
28. Johannes IV. Schwigger	. .	1457—1467.
29. Heinrich V. Marschall	. . .	1467—1474.
30. Georg I. von Asth	. . . .	1474—1505.

31. Eberhard II. Bletz v. Rothenstein 1505—1517.
32. Nikolaus Schwander . . . 1517—1530.
33. Johannes V. Kern . . . . 1530—1566.
34. Nikodemus Leupold . . . . 1566—1585.
35. Blasius Schönlein . . . . 1585—1595.
36. Michael I. Gaisser . . . . 1595—1606.
37. Martin Stark . . . . . 1606—1615.
38. Melchior Haug . . . . 1615—1627.
39. Georg II. Gaisser . . . . 1627—1655.

Äbte in Dillingen.

40. Michael II. Rederer . . . . 1655—1661.
41. Johannes Franz Scherer . . 1661—1685.
42. Georg III. Gaisser . . . . 1685—1690.
43. Michael III. Glückherr . . . 1690—1733.
44. Hieronymus Schue . . . . 1733—1757.
45. Cölestin Wahl . . . . . 1757—1778.
46. Anselm Schababerle . . . . 1778—1810.

---

2. Beilage.

Die evangelisch-lutherischen Äbte.

1. Severus Bersinus . . . . 1566—1567.
2. Heinrich Renz . . . . . 1567—1600.
3. Johannes Weckmann . . . . 1600—1614.
4. Michael Österlin . . . . 1614—1616.
5. Christoph Brunn . . . . . 1617.
6. Georg Hingherr . . . . . 1618—1624.
7. Johannes Ulrich Pauli . . . 1624—1630.

Designierte Äbte:

8. Johannes Kappel . . . . 1652—1662.
9. Elias Springer . . . . . 1662—1663.
10. Johannes Baur . . . . . 1663—·1670.
11. Johann Heinrich Wieland . . 1673—1675.
12. Johann Eberhard Knoll . . 1675—·1678.
13. Samuel Gerlach . . . . . 1680—1684.
14. Joseph Kappel . . . . . 1684—1685.
15. Andreas Karoli . . . . . 1686—·1704.
16. Johann Georg Essich . . . 1704—1705.
17. Johann Bernhard Härlin . . 1706—1712.
18. Andreas Adam Hochstetter . . 1712—1717.

19. Tobias Meurer	. . . . .	1717—1726.
20. Christoph Friedrich Stockmayer		1726—1733.
21. Johannes Schölin	. . . .	1733—1738.
22. Christian Friedrich Faber	. .	1738—1744.
23. Johann Georg Blanchot	. .	1744—1770.
24. Johann Jakob Erbe	. . . .	1770—1773.
25. Karl Friedrich Jäger	. . .	1773—1791.
26. Georg Friedrich Griesinger	.	1791—1810.

3. Beilage.

Die evangelischen Geistlichen in St. Georgen.

1. Die Prädikanten der ersten Zeit.

1535	Johann Spreter.
1535	Arsacius Seehofer?
1538	?
1542—1548	Matthias Hermann.
1556—1558	Marx Füeß.
1559—1560	Erhard Frischmann.
1560—1562	M. Joh. Leonhard Gehring.
1562—1564	Paul Kruoger.

2. Klosterpräceptoren und Prediger.

| 1556—1560 | M. Joachim Decius. |

(An der Klosterschule mit einer Präceptorstelle:)

1561—1563	Ludwig Schumaier.
1563	Johannes Stecher.
1563—1564	M. Peter Körner.
1564—1565	Paul Kruoger.
1565	M. Georg Rober.
1565—1566	„ Lukas Erhard.
1566—1568	„ Johannes Auch.
1568—1571	Johannes Sartor.
1571	M. Johannes Steinhofer.
1571	„ Konrad Erfflin.
1571—1573	„ Johannes Zeller.

(An der Klosterschule mit zwei Präceptorstellen:)

1. Stelle.	2. Stelle.
1573—1574 M. Johannes Zeller.	1573—1574 M. Georg Hemminger.
1574—1576 „ Gg. Hemminger.	1574—1575 „ David Aubelin.
1576—1578 „ Peter Meuberlin.	1575—1576 „ Joachim Molitor.
1578—1580 „ Konr. Böringer.	1576 „ Peter Meuberlin.
1580—1583 „ Christ. Gaukler.	1576—1578 „ Konr. Böringer.
1583—1585 „ Nik. Kuppenheimer.	1578—1579 „ Chr. Stingelheimer.
1585 „ Joh. Kastolus Hunn.	1579—1580 „ Christ. Gaukler.
1585—1588 „ Martin Biler.	1580—1583 „ Nik. Kuppenheimer.
1588 „ Jakob Beurlin.	1588—1585 „ J. K. Hunn.
1588—1590 „ Seb. Hartmuth.	1585 „ M. Biler.
1590—1593 „ Hier. Stahel.	1585—1588 „ Jakob Beurlin.
1593—1595 „ Kasp. Eisentrucker.	1588 „ S. Hartmuth.
1595 „ Georg Hengher.	1588—1590 „ Sam. Grammer.
	1590 „ Jerem. Gräber.
	1590—1593 „ Joh. Falko.
	1593 „ K. Eisentrucker.
	1593—1595 „ Georg Hengher.
	1595 „ Friedrich Karioth.

3. Diakonen als Gehilfen des lutherischen Abtes.

1595—1596 M. Dietrich Wunderlich.
1596 „ Valer. Weinschreier.
1596—1598 „ Joseph Niethammer.
1598—1600 „ Heinrich Kreber.
1600—1603 „ Johannes Knaus.
1603—1606 „ Konrad Weinland.
1606—1608 „ Matth. Deubler.
1608—1611 „ Joh. Friedr. Zeller.
1611 „ Gg. Heinrich Liebler.
1611—1613 „ Konrad Schmol.
1613—1615 „ Johann Georg Piser.
1615—1617 „ Joh. Leonhard Klein.
1617 „ Joh. Jak. Weckmann.
1617—1618 „ Isak Münderlin.
1618—1620 „ Georg Ludwig Kaiser.
1620—1621 „ Ulrich Beringer.
1621—1625 „ Elias Schieftel.
1625—1630 „ Philipp Schweickart.
1630—1632 „ David Kanz.
1632—1634 „ Melchior Moseder.

4. Pfarrer.

1649—1653 M. Jakob Sebold.
1653—1658 Johann Jakob Schech.
1659—1661 Daniel Rompert.
1661—1664 Johann Georg Staiger.
1664—1669 M. Johannes Majer.
1669—1674 „ Johannes Schmid.
1674—1675 „ Joh. Heinrich Gsell.
1675—1681 „ Michael Walz.
1681—1689 „ Philipp Jak. Dreher.
1689—1694 Christoph Schmid.
1694—1701 M. Johann Bischer.
1701—1703 Joh. Balthasar Müller.
1703—1712 M. Gg. Christoph Riecker.
1712—1739 „ Joh. Gg. Tritschler.
1739—1755 „ Johann Georg Wüst.
1755—1765 „ Georg Friedr. Rapp.
1765—1774 Krato Erich Simon.
1774—1783 Wilh. Fr. Weigenmayer.
1783—1789 M. Jakob Ulrich Bohle.
1789—1797 „ Tobias Gottl. Engel.
1797—1806 „ Ferd. Friedr. Dreher.
1806—1818 „ Georg Konrad Faber.
1818—1836 Georg Heinr. Heymann.
1836—1851 Karl Friedr. Lebberhose.
1852—1862 Eduard Christ. Martini.
1863—1867 Friedrich Fath.
1868—1873 Hermann Specht.
1873—1879 Karl Friedrich Oehler.
1880—1884 Otto Weeber.
Seit 29. Dez. 1884 Karl Theodor Kalchschmidt.

Zeittafel.

1083, 4. Januar. Hezilo und Hesso stiften zu Walba (Königseckwald) ein Kloster.

1084, 22. April wird mit dem Bau des Klosters in St. Georgen begonnen.

1085, 24. Juni wird das Kloster eingeweiht.

1088, 1. Juni. Stifter Hezilo †.

1094, 26. August. Schirmvogt Hermann wird auf der Reichenau ermordet.

1094. Herzog Berthold II. wird der erste Schirmvogt aus dem Zähringergeschlecht.

1095. Das Kloster erhält die erste päpstliche Bestätigung durch Urban II.

1108. Erster kaiserlicher Schutzbrief durch Heinrich V.

1114. Stifter Hesso †.

1218. Herzog Berthold V., der letzte Zähringer Schirmvogt †.

1224. Erster Brand des Klosters.

1245—1250. Die Schirmvogtei geht an die Herren von Falkenstein über.

1328. Zweiter Klosterbrand.

1350—1360. Zwei weitere Klosterbrände.

1449. Graf Ludwig von Württemberg erwirbt eine Hälfte des Schirmrechts.

1474. Das Kloster durch Feuersbrunst zerstört.

1507, 21. August. St. Georgen wird durch Kaiser Max I. zum Marktflecken.

1525, 10. Mai. Besuch des Hans Müller im Bauernaufstand.

1532. König Ferdinand kauft den Rest der Falkensteiner Vogtei und besitzt nunmehr das ganze Schirmrecht, welches

1534 an Herzog Ulrich von Württemberg übergeht.

1535 im April wird Hans Spreter der erste evangelische Geistliche in St. Georgen.

1536 am 5. Januar vertreibt der Obervogt Joß Münch die Mönche aus dem Kloster.

1556. Einführung der württembergischen Klosterordnung.

1561—1595. Klosterschule in St. Georgen.

1566 wird der erste lutherische Abt eingesetzt.

1630 am 7. September erhält der Villinger Abt das Kloster wieder.

1648. Im westfälischen Frieden wird St. Georgen Württemberg zugesprochen.

1659. Verkauf der beiden Meierhöfe an die St. Georgener Bürgerschaft.
1680. Restaurierung des Turmes der Lorenzkirche.
1688—1714. Kriegsdrangsale durch die Franzosen.
1810, 5. Oktober. St. Georgen kommt an das Großherzogtum Baden.
1865, 19. September. Die Kirche und 22 Häuser durch Feuersbrunst zerstört.
1867, 27. Oktober wird die neue evangelische Kirche eingeweiht.
1873, 10. November. Eröffnung der Schwarzwaldbahn.
1884. Gaugewerbeausstellung in St. Georgen.
1891. Erbauung der katholischen Kirche.
1891, 17. Dezember. St. Georgen wird Stadt.

C. F. Winter'sche Buchdruckerei.